Fritzi Bimberg-Nolte · Ein halber Segen reicht für ein ganzes Leben

Fritzi Bimberg-Nolte

Ein halber Segen reicht für ein ganzes Leben

Meine Lebensreise mit dem Automobil
und was mir dabei wirklich wichtig war

Mit einem Geleitwort von Ernst Dossmann

Bibliografische Information der Deutschen Nationalbibliothek

Die Deutsche Nationalbibliothek verzeichnet diese Publikation in der Deutschen Nationalbibliografie; detaillierte bibliografische Daten sind im Internet über http://www.dnb.de abrufbar.

ISBN 978-3-8429-1307-3

Bestell-Nr. 5.121.307
© 2017 mediaKern GmbH, 46485 Wesel
Umschlagbild und Innenbilder: privat
Umschlaggestaltung, Layout, Satz: Ch. Karádi
Lektorat: Dr. Ulrich Parlow
Gesamtherstellung: Drukarnia Dimograf, Bielsko-Biała, Polen
Printed in the EU 2017

www.media-kern.de

INHALT

Rückblick und Ausblick in Dankbarkeit

Bildteil
(ohne Paginierung; die Reihenfolge der Bilder richtet sich nach der Abfolge der Kapitel)

Geleitwort von Ernst Dossmann

Unsere Heimatstadt Iserlohn hatte im letzten großen Krieg nicht so stark unter Bombardements feindlicher Luftgeschwader zu leiden wie die Nachbarstädte Dortmund und Hagen. In ihnen hatten die britischen und amerikanischen Bomber nicht nur die Waffenschmieden des Dritten Reiches vernichtet, sondern ihren ganzen historischen Kern dem Erdboden gleichgemacht. Tausende der dort wohnenden Menschen kamen dabei zu Tode und viele unersetzliche Kulturgüter sind unwiederbringlich zerstört worden. Iserlohn zählte damals rund 39.000 Einwohner und war vor allem seiner Kleinindustrie wegen und durch die zahlreichen Fabriken für die Herstellung von Bedarfsgütern aus Eisen, Messing und Bronze bekannt. Natürlich wurden hier auch Waffen hergestellt wie z. B. das feuerspeiende Maschinengewehr MG 42, aber dies war den Alliierten wohl weniger bekannt. Dennoch hatten einzelne Bombenangriffe auf unser Stadtgebiet ganze Häusergruppen in Trümmer gelegt, was bis zum Frühjahr 1945 mehr als 50 Bewohnern den Tod brachte.

Auch Iserlohns ehrwürdige doppeltürmige Oberste Stadtkirche hatte durch Bombenabwürfe erheblichen Schaden erlitten. Der kalte Wind pfiff durch ihr Inneres, da alle Chorfenster zu Bruch gegangen waren. Die für den 25. März 1945 angesetzte Konfirmation der von Pfarrer Samuel Balzer betreuten Konfirmanden konnte hier keinesfalls stattfinden. Stattdessen wurde diese Feier in die weit ältere, im Tal des Baarbaches außerhalb des Mauerringes der alten märkischen Stadt befindliche Kirchspielskirche verlegt, die im Iserlohner Sprachgebrauch »Bauernkirche« heißt. Sie hatte einst den heiligen Pankratius als Namenspatron erhalten, der als Schutzheiliger für das gute Gedeihen von Saaten und Ernten gilt. Die eintürmige Kirche war ursprünglich das Gotteshaus für die im Umfeld der Stadt gelegenen Dörfer, Weiler und Bauernschaften. Sie war mithin für die Menschen gedacht, die zwischen Ruhr und Lenne ihren Lebensunterhalt durch Viehzucht und den Anbau von Getreide, Gemüse und Obst zu sichern wussten. Diese Menschen scheuten keine weiten Fußwege und Anfahrten, um an Feiertagen ihre Kirche zu besuchen. Neben Kalthof im Norden und Orten wie Kesbern und Evingsen im Süden oder Lössel und Grüne im Westen Iserlohns gehörten zu ihrem Einzugsbereich sogar Ortschaften und Weiler, die links des Lennelaufs und südlich der Ruhr lagen.

Gerade war Pfarrer Balzer an jenem Märzsonntag des Jahres 1945 dabei, den vier auf den Altarstufen der Kirchspielkirche knienden Mädchen den Konfirmationssegen zu spenden. In genau dem Augenblick, als er seine Hand über den Kopf von Fritzi Nolte hielt, um ihr den göttlichen Segen zuzusprechen mit den Worten »Ich segne dich im Namen des Vaters, des Sohnes und des Heiligen Geistes«, ertönten die schrillen Sirenentöne. Das war ein Warnsignal höchster Gefahr durch im Anflug befindliche Feindbomber. Die Worte »… des Sohnes und …« waren gerade noch zu verstehen gewesen, da stürzten unter Sirenengeheul alle Kirchenbesucher zu den Ausgängen ihres Gotteshauses, um im nahen Luftschutzstollen unter der auf höherem Felsplateau liegenden Obersten Stadtkirche Schutz zu suchen. In größter Eile erhielten die vier Konfirmandinnen noch ihre Konfirmationsurkunden, bevor auch sie das bergende Dunkel des sicheren Stollensystems umfing.

Gottlob luden die Feindmaschinen ihre todbringende Fracht nicht über unserer Stadt ab, sondern flogen weiter. Fritzi Nolte war dennoch sehr besorgt. Sie hatte ja nur den halben Segen erhalten! Doch Pfarrer Balzer wusste sie zu beruhigen: »Dieser Segen gilt! Er wird dich dein Leben lang beschützen – auch wenn er nur halb ausgesprochen war!«

Heute, 70 Jahre später, dürfen wir feststellen: Die tröstlichen Worte des Pfarrers haben sich als voll zutreffend erwiesen. Obgleich die nun 85-jährige Fritzi Bimberg-Nolte Hunderte von Fährnissen hat überstehen müssen, hat ihr Leben bis heute einen gesicherten Verlauf nehmen dürfen – trotz des nur »halben Segens« in damals so kriegerischer Zeit.

Schon in jungen Jahren trat sie die Nachfolge ihres Vaters als Firmenchefin an, nachdem dieser an den Folgen seines schweren Leidens, das er sich im Ersten Weltkrieg zugezogen hatte, verstorben war. Sie führte seither sein Lebenswerk erfolgreich fort. Heute blickt sie gemeinsam mit ihrer Tochter Petra Pientka auf acht weitere von ihnen errichtete Autohäuser. Trotz mancher gesundheitlicher Probleme ist sie tagtäglich in ihrem Unternehmen tätig – wie die Unruhe einer Uhr. Ihr Werdegang, in dem gerade die Autos eine wichtige Rolle spielen, wie sie in diesem Buch bekennt, zeigt auf, wie sie ihr Leben gemeistert hat. Rund 200 Mitarbeiter ihrer Betriebe und Werkstätten sowie ungezählte Mitbürger und Kunden bewundern, wie sie als aufrechte Christin zielsicher im Vertrauen auf Gott ihren Weg geht.

Fritzi Bimberg-Nolte hat gern den Rat hervorragender mittelalterlicher Gelehrter beherzigt, besonders den von Meister Eckhart (um 1260–1327/28), der da lautet:

Der Mensch lerne zuerst, dass sein Herz festbleibe in Gott,
so wird er auch beständig werden in allen seinen Werken.

Auch hat sie ihr ganzes Leben lang viel Mut bewiesen. Dazu forderte Wilhelm von Humboldt (1767–1835) schon vor zwei Jahrhunderten die Menschen auf mit den Worten:

Man kann viel, wenn man sich nur recht viel zutraut.

Wer dieses Buch aufmerksam liest, begreift sofort, was Mut bewirken kann.

Vorwort der Autorin

In der Sturmnacht des Orkans Kyrill, vom 18. auf den 19. Januar 2007, kam mir erstmals der Gedanke, etwas zu schreiben. Mein Mann Peter, von einem Landgut stammend, hatte mir viel von seiner Naturverbundenheit mitgegeben. In dieser vom Brausen des Sturms erfüllten Nacht dachte ich: Wenn einmal alles vernichtet wird und wenn wir alle nicht mehr leben werden, sollte doch etwas übrig bleiben von mir – und das könnte ein Buch sein. Meine jüngste Tochter, Petra Pientka, gab mir wichtigen Antrieb dazu.

Im Sommer 2012 begann ich mit der Arbeit an dem Buch. Adele von Bünau als kundige Biografin unterstützte mich dabei nach Kräften, und so konnte zum hundertjährigen Bestehen unserer Firma Gebrüder Nolte, am 1. Mai 2014, ein erster Band erscheinen, die Firmengeschichte »Da hinten wird es schon wieder hell ...«. Darin blieb für Persönliches jedoch nur wenig Raum. Deshalb widme ich meiner Familie, guten Freunden, Seelsorgern, Ärzten und den Mitarbeitern unserer Unternehmen nun diesen zweiten Band, in dem ich aus den inzwischen 85 Jahren meines glücklichen Lebens in Gottes Hand erzähle.

Und der Herr, unser Gott, sei uns freundlich und fördere das Werk
unsrer Hände bei uns.
Ja, das Werk unsrer Hände wollest du fördern!
Psalm 90,17

Eine Lebensreise mit dem Automobil

Ich bin oft gefragt worden, warum ich dem Automobil mein Leben lang so zugetan gewesen bin. Kurz gesagt: aus Liebe zu den Menschen. Auch weil die Eltern es so vorgegeben hatten, aus Pflichtgefühl. Ich habe die Leistung meiner Vorfahren immer bewundert und sie mir zum Vorbild genommen. So empfinde ich meinen Beruf als ererbte Wertschätzung, die ich Eltern und Großeltern schulde, ohne es je hinterfragt zu haben. Ich habe einfach alles gemacht, was für das väterliche Unternehmen wichtig war und wovon ich den Eindruck hatte, dass es getan werden musste. Natürlich hätte ich gerne studiert, aber das ging nicht, ich wurde zu Hause gebraucht. Ich habe auch nie gefragt, wie viel Geld ich verdienen oder welche Anteile ich erben würde – ich habe einfach getan, was nötig war. Die Liebe zum Automobil kam erst im zweiten Schritt dazu. Seither begleitet sie mich.

»Fange nie an aufzuhören, höre nie auf anzufangen« – das ist ein Grundsatz meines Vaters, den ich übernommen habe. Die Zukunft der Arbeit gleicht im übertragenen Sinne einer Reise. Sie lässt sich nicht an einem festen Arbeitsplatz oder einem konkreten Ort festmachen. Um Zukunft zu gestalten, muss man Wandel anstoßen in den Köpfen der Mitarbeitenden. Flexibilität wird jedem abverlangt, denn alles ist in Bewegung. Es ist Gottes Auftrag an uns, etwas mit seiner Schöpfung anzufangen. Er hat sie uns anvertraut und im Gegenzug machen wir uns an die Arbeit: Es gibt immer etwas zu tun, zu bewegen, Ideen in die Tat umzusetzen. Deswegen arbeite ich auch immer weiter, denn das Leben fühlt sich dann richtig gut für mich an.

Gleichzeitig kämpfen wir inzwischen in der Arbeitswelt gegen die Vereinsamung des Einzelnen vor seinem Bildschirm. Automobile bringen von jeher Menschen zusammen. Man kann sie in die Garage fahren, aber von dort aus geht es nicht weiter. Das Auto treibt Menschen immer wieder hinaus, weil es Räder hat, die rollen wollen. Während das Arbeiten im Homeoffice, ähnlich wie das Essen allein, keine Entspannung bietet, öffnet sich der Blick in die Welt mit ihren vielen Wundern, sobald ich mit dem Auto hinausfahre; dann erlebe ich die

Natur, dann sehe ich Menschen, dann kann ich mich von Gott berühren lassen. Wir werden von Gott berührt, um menschlich zu sein, auch das Unsichtbare zu sehen und das Leben zu genießen. Daran glaube ich fest.

In einer Radio-Morgenandacht hörte ich einmal einen Text, der mir aus der Seele sprach. Es ging um »der Deutschen Lieblingsspielzeug«, das Auto: »Dieses mobile Wohnzimmer ist für viele Menschen auch ein alltäglicher Ort der Religion, der religiösen Kommunikation.« Entsprechend war »Das Automobil – ein Kommunikationsmittel zum Himmel« mein erster Einfall für einen Buchtitel gewesen, weil er illustriert, was das Auto für die Menschheit bedeutet. Der Rosenkranz am Rückspiegel, der Fisch an der Heckklappe stehen für ein religiöses Bekenntnis der Fahrer. Ich selbst habe das Auto mehr als Rückzugsort genutzt, in dem ich beten und zur Ruhe kommen konnte. In ihm konnte ich sogar einmal fluchen, als mein Mann sehr krank war. Das Auto bot mir den nötigen Schutz. Und wenn ich auf der Fahrt zwischen zweien unserer Betriebe verzweifelt Gedanken wälzte, fuhr ich gelegentlich rechts an den Straßenrand, schloss mich im Auto ein und nahm mir Zeit, mich zu besinnen. Das Auto fängt das alles auf. In ihm bin ich ungestört, kann ein vertrauliches Gespräch führen, kann jemanden aus der Euphorie wieder auf den Boden der Tatsachen holen oder ihm in der Angst Mut zusprechen.

Mit dem Auto kann ich überall hinfahren, wo ich Schönes erlebt habe, und kann Erinnerungen wieder wach werden lassen. Es ermöglicht mir neue Erlebnisse, von denen ich lange zehren kann. Vieles hätte ich ohne das Auto so nicht erlebt, zum Beispiel die Begegnung mit einer ganz besonderen Taxifahrerin im französischen Rouen: Als unsere Kinder in Verneuil-sur-Avre in der Sprachenschule waren, haben mein Mann und ich ihnen ein paar markante Punkte in Frankreich gezeigt – Paris, das Schloss von Versailles, das Marne-Gebiet, in dem mein Vater seine Kriegsverletzung erlitten hatte, den Wald von Compiègne, wo das Waffenstillstandsabkommen des Ersten Weltkriegs unterzeichnet wurde, und Rouen, wo man die Spuren von Jeanne d'Arc verfolgen kann. In dieser wunderschönen alten Stadt mit ihren

Fachwerkhäusern blieben wir mehrere Nächte. Der Hotelbesitzer, den wir nach Sehenswürdigkeiten fragten, vermittelte uns eine Taxifahrerin, die sich als ausgezeichnete Fremdenführerin entpuppte. Wir ließen uns von ihr die Stadt erklären und stellten bald fest, dass die Dame früher Opernsängerin gewesen war. Sie sang uns im Auto einige Arien vor und mein Mann bestellte sie jeden Tag wieder, um noch mehr von ihrem Gesang zu hören. Unsere Mädchen fragten schon, warum es denn immer dieses Taxi sein müsse, aber Peter und ich genossen ihren Gesang, sie sang auch wunderbar italienisch und ein gutes Trinkgeld belohnte sie für ihre Mühe. Weil es uns in ihrem Taxi so gut gefiel, haben wir auch viel von Rouen gesehen.

Heute, wo mir jeder Schritt zu gehen schwerfällt, hilft mir das Auto, meine Beweglichkeit zu bewahren. Nur mit seiner Hilfe kann ich Menschen erreichen, ob ich nun selber fahre oder andere mich mitnehmen, wenn ich nicht mehr selber ans Steuer möchte. Im Auto entsteht Gemeinschaft.

So, wie die Räder immer weiterlaufen, streben wir alle nach Erfolg. Dafür muss ich allerdings bereit sein, mich für die schöne Welt zu öffnen, den Blick aufs eigene Ich zu verlassen und mich hinauszubewegen – auch das hat mir das Auto gezeigt. Es bringt mich schnell über glatte Fahrbahnen und sicher über holprige Wege meinen Zielen entgegen.

Wenn ich gefragt werde, ob ich denn keine schweren Zeiten hatte, so kann ich sagen: Doch, ich habe vieles erlebt, aber ich wurde von der Gewissheit getragen, mit Gottes Hilfe immer wieder herauszukommen. Manchmal habe ich mich in schweren Stunden ins Auto gesetzt und bin ein Stück gefahren. Dann war das Auto mir ein Zufluchtsort, in dem ich unerreichbar war, mein eigener Kapitän.

WIE ALLES BEGANN

Meine Heimat Iserlohn

Seit mehr als hundert Jahren ist unsere Familie Nolte inmitten der unternehmenden Waldstadt Iserlohn tief verwurzelt und hat allen wirtschaftlichen Stürmen erfolgreich getrotzt. Im Namen »Iserlohn« steckt »Eisen«. Hier wurden Galmei-Erze gefördert (Zinkcarbonat, ein Rohstoff für die Messingproduktion) und ich habe es immer so gesehen: Eisen ist etwas Festes, Beständiges, und gerade in der Innenstadt, wo wir uns angesiedelt haben, lagen die Einfahrtstollen der Bergwerke. Fest wollen auch wir an dieser Stelle bleiben, dafür fühlen wir uns verantwortlich und unsere Bauten sind sehr massiv gegründet, damit die alten Stollen uns hoffentlich nicht schaden.

Vor dem Ersten Weltkrieg stand Iserlohn in großer Blüte – die größte Industriestadt Westfalens und nach Wiesbaden die bedeutendste Millionärsstadt Deutschlands. Bergbau und Metall verarbeitendes Gewerbe waren im 19. Jahrhundert groß geworden; in der Nadel- und Drahtherstellung war man führend.

Die Nadelfabrik Dossmann lieferte ihre Nähnadeln, Strick- und Häkelnadeln in die ganze Welt. Prym-Druckknöpfe wurden in Iserlohn produziert und es wurden Friedrichs des Großen Tabaksdosen originalgetreu in Messing und in Silber nachgebaut. »Die beste Feder, lieber Sohn, ist die von Brause – Iserlohn«: Die Brause GmbH war bekannt, die zunächst Nadeln und später auch Fahrradspeichen und Schreibfedern produzierte. Manchmal kamen Kunden zu uns und präsentierten stolz eine Mokkamühle, die sie sich von einer Fernreise aus Istanbul oder Teheran mitgebracht hatten. Dann sagte mein Vater: »Guckt mal unten, wer das produziert hat!« Oft kamen die Mühlen damals von K&M aus Iserlohn und diese Leute hatten sie im Orient teuer gekauft, um sie wieder nach Hause zu transportieren.

Im Tal gab es ungemein viele kleine und sehr innovative Fabriken.

Im Keller fingen die Leute oft an und wuchsen zu stattlichen Betrieben heran. Vor 1914 gab es schon Industriellen-Gattinnen, die mit auf Großwildjagd nach Afrika genommen wurden – ein sagenhafter Wohlstand trat da zutage. Das Klima des Aufbruchs, das in dieser Industriestadt herrschte, hat sicher dazu beigetragen, dass mein Vater, unser Firmengründer Fritz Nolte, überhaupt auf den Gedanken kam, sich mit dem Automobil auseinanderzusetzen. Und da es uns immer wichtig gewesen ist, nicht die Bodenhaftung zu verlieren, haben wir konsequent alle Angebote ausgeschlagen, unsere Innenstadtfläche aus der Hand zu geben – da ist der Ursprung unseres Unternehmens und da behalten wir Verbindung zu unseren Wurzeln.

Bis heute gibt es in Iserlohn das pharmazeutische Unternehmen Medice Arzneimittel Pütter, das ins In- und Ausland liefert. Durch die großen Reitturniere auf dem Gelände dieser Firma wäre Iserlohn fast zur maßgeblichen Reiterstadt Deutschlands geworden. Die Oberste Stadtkirche beherbergt mit ihrem flandrischen Schnitzaltar aus der Zeit um 1400 einen besonderen Kunstschatz. Zu erwähnen ist auch das Iserlohner Pilsener, das in einer kleinen Privatbrauerei bis 2014 gebraut wurde. Im Danzturm, Iserlohns Wahrzeichen auf dem Fröndenberg, erinnert eine Dokumentation an den zwischen 1832 und 1849 bestehenden »Preußischen optischen Telegrafen«, ein mit optischen Signalen arbeitendes telegrafisches Kommunikationssystem zwischen Berlin und der Rheinprovinz (mit dem Endpunkt Koblenz). Das war die längste Telegrafenlinie ihrer Zeit, und auf dem Fröndenberg stand die Telegrafenstation Nr. 43.

Wir sehen: In Iserlohn gab es Industrie und Handel, hier war man immer sehr fortschrittlich, hier war Pioniergeist zu finden.

Wie es mit der Firma Gebrüder Nolte begann

Mein Vater Friedrich Heinrich Ernst Nolte, genannt Fritz, kam am 7. Februar 1894 in Dortmund zur Welt und zog als Wickelkind ein Jahr später mit nach Iserlohn. Sein Vater Heinrich Johann war als Hauptkutscher bei einem Bergwerksdirektor in Dortmund tätig gewesen, seine Mutter Marie geborene Niggebrügge im herrschaftlichen Haus dieses Direktors als Köchin. Dort haben sie sich kennen- und lieben gelernt und dort haben sie auch geheiratet. Marie gebar insgesamt neun Kinder. Für diese biologische Leistung verliehen ihr später die Nationalsozialisten das »Ehrenkreuz der Deutschen Mutter« in Gold.

Fritz war ihr viertes Kind, als sie es wagten, 1895 in Iserlohn die Gebäude Mendener Straße 21–23 zu kaufen und in die Selbstständigkeit zu gehen. Mein Großvater betrieb mit seiner Pferdekutsche eine Hauderei, d. h. ein Transportunternehmen; er trug also auch schon die Liebe zum Gefährt in sich. Großvater war Bauernsohn und Großmutter stammte ebenfalls von einem Bauernhof im Bielefelder Land. Ein Hof konnte jedoch oft nur die Familie des Hoferben erhalten, die Geschwister mussten ihr berufliches Glück in den Städten suchen. Die Industrialisierung zog viele junge Leute ins Ruhrgebiet, so auch meine Großeltern.

Heinrich Nolte, der Hauderer, transportierte Möbel und Bierfässer, hatte auch eine eigene Bierversorgung und eine Bronni-Abfüllung (Bronni war eine Mineralbrunnen-Firma in Bad Breisig in der Eifel). Mein Vater Fritz, der mittlere der fünf Brüder – es gab außerdem noch drei Schwestern – fuhr schon als 14-Jähriger im Auftrag seines Vaters zwei- und vierspännig bis ins Sauerland, um die Wirtschaften und Geschäfte mit Getränken zu beliefern oder Möbel zu transportieren.

Die Adam Opel AG produzierte zu dieser Zeit noch Nähmaschinen und Fahrräder; erst 1899 kam der erste »Opel Patent-Motorwagen System Lutzmann« auf den Markt. Die Jahrhundertwende markierte den Beginn des Automobils, von dem Heinrich Nolte noch wenig hielt. Er setzte wie die meisten seiner Zeitgenossen lieber auf echte Pferdestärken.

Nach der Schule begann Vater Fritz 1910 eine Ausbildung bei der Firma Dürkopp in Bielefeld, denn seine Eltern stammten beide aus dem Ravensberger Land. Dürkopp produzierte damals schon Automobile. Viel später durfte unsere Familie in der »Villa Roseneck« der

Dürkopps in Bad Salzuflen Ferien machen. Die alte Dame Dürkopp führte in diesem Haus ein Hotel. Noch heute ist die Firma Dürkopp Fördertechnik in der Textil- und Automobilindustrie bekannt; seit Mitte 2010 gehört sie zur österreichischen Knapp AG.

1914 kehrte mein Vater, technisch und kaufmännisch ausgebildet, nach Iserlohn zurück, um sich selbstständig zu machen. Großvater Heinrichs Kutschen standen oft am Westbahnhof in Iserlohn. Dort kamen Holländer, Franzosen und Belgier an, um Exportgüter wie Nadeln, Kaffeemühlen, Druckknöpfe, Schreibfedern und vieles mehr zu kaufen. Diese Herrschaften ließen sich in die Hotels kutschieren. Fritz konnte indessen seinen Vater davon überzeugen, dass er eine »Kraftdroschke« brauche. Der ließ ihn ein solches technisches Ungetüm anschaffen unter der Bedingung, dass Fritz die »Leibzucht«, d. h. die lebenslange Unterhaltsverpflichtung, für seine Eltern übernehmen würde; und auch die Geschwister müssten abgefunden werden, falls er den Betrieb an der Mendener Straße übernähme.

Das war eine hohe Verpflichtung, die der Sohn da eingehen sollte. Warum tat er das? Ich sage heute, dass er eine Berufung in sich gefühlt hat. Es war ein steiniger Weg, selbst wenn er am 1. Mai 1914, als er seine Firma gründete, noch nicht ahnen konnte, dass Monate später der Erste Weltkrieg ausbrechen würde. Es war eine mutige Entscheidung, die seinen Glauben und das Vertrauen in das Leben ausdrückte. Vater hatte immerhin acht Geschwister, die Ansprüche an ihn stellten, und ich habe noch die alten Goldmark-Quittungen, mit denen er diese Ansprüche abgegolten hat.

Zunächst sah es aber nicht danach aus, als sei es ihm möglich, mit seiner »pferdelosen Kutsche«, für die er am 29. Mai 1914 den Führerschein erworben hatte, ausreichend Geld zu verdienen. Am Iserlohner Westbahnhof, wo er seine Dienste als Taxichauffeur anbot, wartete er oft vergeblich auf Kunden. Die Leute vertrauten der gefährlichen Technik mit Verbrennungsmotor nicht. Fritz musste zusehen, wie die Kutscher seines Vaters abends zufrieden und mit viel Trinkgeld nach Hause gingen, während er wieder einmal nichts verdient, sondern nur Geld für Benzin ausgegeben hatte, weil er von der Mendener Straße aus zum Westbahnhof und zurückgefahren war.

Dennoch – er hatte eine Vision, an die er glaubte. Daraus muss er eine enorme Kraft geschöpft haben. Ich denke auch, er wusste um Gott, den Schöpfer des Lebens, auf dessen Beistand er sich in jedem Augenblick seines Lebens verlassen konnte. Nach seinem Tod wurde er in der Zeitung als »Autopionier des Sauerlandes« bezeichnet – eine treffende Charakterisierung.

Das Warten auf Kundschaft ließ ihm Zeit zum Nachdenken, und so überlegte sich Fritz, ob er vielleicht ein Auto nicht nur fahren, sondern auch verkaufen könnte. Hin und wieder fragte ihn jemand danach. Das war der Anfang von Gebrüder Nolte, gegründet mit Bruder Alfred. Doch schon nach wenigen Monaten in der Selbstständigkeit brach am 28. Juli 1914 der Erste Weltkrieg aus. Fritz Nolte wurde Soldat. Seine Taxe aber, sein größtes Wertobjekt, versteckte er unter einem großen Haufen Stroh. Da sein Vater mit seiner Hauderei auf dem gleichen Gelände an der Mendener Straße tätig war und dort seine Stallungen hatte, fiel eine Ecke mit Stroh nicht weiter auf. Die Kutschen und die Pferde wurden als kriegswichtige Güter bald requiriert, also beschlagnahmt, aber das Automobil blieb unentdeckt.

Der Erste Weltkrieg ließ unsere Familie nicht ungeschoren davonkommen, zumal vier Söhne von Heinrich Nolte Kriegsdienst leisten mussten: Karl, Wilhelm, Fritz und Erich. Der älteste Bruder meines Vaters fiel in den ersten Junitagen 1915 in Litauen, nahe der russischen Grenze. Er wurde von einem Geschoss ins Herz getroffen und war sofort tot. Ein Kamerad, der ihn neben sich hatte sterben sehen, schrieb eine Feldpostkarte und schickte das blutgetränkte Soldbuch des Gefallenen, der es wohl in der Tasche über dem Herzen getragen hatte. Sein Regimentskommandeur schrieb an Großvater Heinrich, dass ein Soldat aus Menden Näheres berichten könne, denn er habe ihn beerdigt. Da ich von diesem keine weiteren Unterlagen gefunden habe, gehe ich davon aus, dass auch er später gefallen ist, bevor meine Großeltern Kontakt aufnehmen konnten.

Erich, Fahnenträger bei der Kavallerie, musste allen voran in die feindlichen Stellungen reiten. Man schoss ihm den Arm ab, der die Fahne trug. Ich kenne ihn mit einem Lederarm und wusste, dass ich ihn an dieser Seite nicht anfassen durfte.

Mein Vater, der in Frankreich kämpfte und das Eiserne Kreuz zweiter Klasse verliehen bekam, erlitt einen schweren Bauchdeckenbruch, der ihm zeitlebens zu schaffen machen sollte: Im Jahr 1917 nahe Verdun, schon auf dem Rückzug, hatte sich eine Fahrzeugkurbel in seinen Unterleib gebohrt. Operieren konnte man solche Verletzungen damals noch nicht. Seinen inneren Organen fehlte seither der Halt im Körper. Er musste lernen, sie an die richtige Stelle zu massieren und dann mit einer Bauchbinde zu fixieren, sonst wölbten sie sich in einer Hautausstülpung nach vorne aus dem Leib. Ich habe ihn nur als einen schwer gezeichneten Mann kennengelernt. Aber er trug diese Bürde mit beeindruckender Haltung und war immer fröhlich. Seine roten Wangen – das brachte seine Herzkrankheit mit sich – ließen ihn gesünder aussehen, als er war. Mit nur 61 Jahren starb er an den Spätfolgen der Verletzung.

1918 aus dem Krieg heimgekehrt, konnte er sein Geschäft wieder aufnehmen, da sein Automobil wie gesagt erhalten geblieben war. Es war jetzt eines von bereits neun Taxis in Iserlohn. Bald begann er außerdem, mit Fahrzeugen zu handeln. Dazu musste er 1925 einen Fahrlehrerschein machen, denn von den Kunden besaß noch kaum jemand einen Führerschein. Die erste private Fahrschule gründete er 1926 – eine weitere Pionierleistung. Weit und breit gab es nichts Vergleichbares.

Jupp Dollberg

1922 stellte Vater seinen ersten Lehrling ein – Josef Dollberg, Jupp genannt. Seinen handgeschriebenen Lehrvertrag sowie sein erstes, glänzendes Zeugnis nach Abschluss der dreijährigen Ausbildung habe ich in meinen Unterlagen. Er blieb als Meister später im Betrieb und ich erinnere mich aus Kindertagen an ihn, weil er mit den Ohren wackeln konnte. Das hat mich tief beeindruckt. Auch unsere Kinder Fritzi und Petra waren später begeistert von dieser Fähigkeit und forderten »Onkel Dollberg« immer wieder auf: »Bitte wackle noch mal!«

Dieser riesengroße Mann flößte mir als Kind allerdings auch Angst ein. Ich besaß ein Kinderbuch, »Gerda fasst den Dieb«. Beim Lesen stellte ich mir bildlich vor, dass Jupp Dollberg der beschriebene Dieb war, und nahm mich fortan in Acht vor ihm. Später fasste ich aber doch Vertrauen und er erzählte mir von seiner Anfangszeit in unserem Betrieb, von Großvater Heinrich, der von den Wagenwäschern der Gebrüder Nolte verlangte, auch seine Kutschen zu säubern, über die er nach dem Krieg noch verfügte. Und anschließend sei Großvater – eine stattliche Erscheinung mit Zwirbelbart wie Kaiser Wilhelm persönlich – an den Kutschen entlanggeschritten und habe das Ergebnis überprüft. Nur wenn die Schutzbleche auch von unten so blank waren, dass sein Finger beim Hinüberstreifen sauber blieb, war er zufrieden. Sonst schimpfte er über seine Söhne Fritz und Alfred, dass sie ihr Geschäft nicht ordentlich führten.

Meine Eltern lernen sich kennen

Meine Mutter Martha Wilhelmine stammte aus Thüringen. Ihr Vater Karl Friedrich Eckardt war Gärtnermeister und Sohn eines der ersten Gemüsezüchter in Dittelstedt bei Erfurt. Der »Erfurter Zwerg« stammte aus seiner Zucht: ein Blumenkohl, der nur in den feinsten Restaurants und besten Delikatessgeschäften angeboten wurde.

Man war wohlhabend und konnte sich einiges leisten. Auch die Bildung seiner Töchter: Mutter genoss, 1902 als älteste von fünf Geschwistern geboren, eine gute Schulbildung, sprach Französisch, spielte Klavier und verstand sich aufs Sticken; Tischdecken, Taschentücher und Spenzer (enge, kurze Blusen) mit feinen Stickereien von ihr sind mir aus meiner Kindheit vertraut. Als Schulmädchen durfte sie einmal der Kaiserin einen Blumenstrauß überreichen, wie sie mir später erzählte.

Da Erfurt eine Garnisonsstadt war, konnte Mutter von den Gemüsefeldern aus die Offiziere beobachten, wie sie mit ihren Pferden vorüberritten oder feine Damen mit ihren Sonnenschirmchen ausführten. Manchmal träumte sie davon, ebenfalls lustwandeln zu können, nicht arbeiten zu müssen, sondern sich der Muße hingeben zu dürfen – das schien Luxus zu sein, ein Hauch der großen Welt. Ihr Vater, der ihr sehr nahestand, sagte dann: »Du kannst es anders haben, geh nur! Du brauchst mir nicht zu helfen.« Sie hätte diese Freiheit genießen können, aber letztlich fühlte sie wohl doch die Verpflichtung dem Werk der Eltern gegenüber.

Und sie wollte auch einen Beruf ergreifen: Im »Marie Voigts Institut Erfurt«, einer ersten Adresse, besuchte sie nach Abschluss der höheren Mädchenschule einen einjährigen Lehrgang, um anschließend Gewerbelehrerin zu werden, und zwar Lehrerin der Hauswirtschaftskunde. Der Unterricht umfasste die Fächer Kochen, Hausarbeit, Waschen, Plätten, Wäschenähen, Hand- und Kunsthandarbeiten, Zeichnen, Turnen, Singen, Kunstgeschichte, Haushaltungskunde, Bürgerkunde, Pädagogik, Ernährungs- und Gesundheitslehre, Samariterkunde, Deutsch, Französisch und Englisch. Damit verfügte sie über alles Wissen, das eine Dame in der Familie wie auch auf dem feineren Parkett benötigte. Marie Voigt hatte ein eigenes Kochbuch herausgegeben, ein kleines Schaubild darin spricht mich sehr an. Es zeigt eine Treppe mit Schülerinnen und dazu die Worte: »Sehen, hören, lesen, lernen, wissen, können – das sind die Stufen zum Erfolg! Es gibt keinen anderen Weg!« Ich habe es mein Leben lang vor Augen gehabt, denn es entspricht auch meinem Wesen.

Doch dann kam alles anders: Der zweitälteste Bruder meines Vaters, Wilhelm, war Rittmeister (Offizier der Kavallerie) gewesen, was durch die Pferde seines Vaters nahelag. Er war im Krieg auf dem Rückzug 1918 in Dittelstedt einquartiert gewesen. Trotz der widrigen Umstände, die ihn nach Thüringen geführt hatten, verliebte er sich in Dora, eine Freundin meiner Mutter. Sie heirateten bald nach dem Krieg und luden meine Mutter ein, sie in Iserlohn zu besuchen. Sie besaßen ein schönes Haus in der Hans-Böckler-Straße, neben der Heilig-Geist-Kirche, mit einem sehr großen Platz dahinter. Onkel Wilhelm hatte gemeinsam mit seinem Bruder Erich vom Vater den Bierhandel und die Bronni-Abfüllung übernommen, während mein Vater Fritz sich mit Bruder Alfred den Rädern von Kutschen und Autos zugewandt hatte. Später überließ Wilhelm das Getränkegeschäft Erich und zog mit seiner Frau nach Bad Salzungen. So löste sich auch langsam seine Verbindung zu Iserlohn.

Meine Mutter kam also Anfang der 1920er-Jahre zu Besuch nach Iserlohn. Da in der Mendener Straße einige Kinder bereits aus dem Haus waren, durfte sie dort in einem Gästezimmer wohnen. Bei dieser Gelegenheit lernte sie auch die anderen Söhne und Töchter der Familie Nolte kennen.

Fritz, der mittlere Sohn, der in der Werkstatt arbeitete, wurde ihr als Liebling der Familie vorgestellt. Einen schönen Anblick bot er nicht, denn er litt damals immer noch an Krätze, die er sich im Kriege eingefangen hatte. Die Milben hatten seine Kopfhaut angegriffen, weswegen er einen Verband um den ganzen Kopf tragen musste. Doch das spielte für Martha keine Rolle. Als sie ihm die Hand gab, so erzählte sie später, habe es in ihr gezuckt und sie sei sich sicher gewesen: »Dieser Mann und kein anderer!«

Das sagte sie, obwohl sie bereits versprochen war an einen jungen Mann in der Berliner Markthalle, obschon sie das bequeme Leben in den Großstädten Erfurt und Berlin hinter sich lassen musste und obwohl Fritz bereits quälende Probleme mit seinem Bauchdeckenbruch hatte.

Die Eltern Eckardt warnten ihre Tochter davor, einen kranken Mann zu heiraten. Warum sie die Verbindung zu dem jungen Berliner aufgegeben hat? Der besaß zwar ein eigenes Flugzeug und hatte Martha bereits einmal mitgenommen auf einen schönen Flug, doch der hatte meine Mutter so abgeschreckt, dass sie sich nicht wieder in ein Flugzeug setzen wollte. Selbst viele Jahre später tat sie es nicht, als wir bei Opel eine Flugreise nach Spanien gewonnen hatten. Wir redeten mit Engelszungen auf sie ein und holten den Rat eines erfahrenen Piloten ein. Man müsse im Schwanz des Fliegers sitzen, empfahl der, dort sei es am sichersten. Aber Mutter blieb bei ihrem Nein. Ich habe ihre Flugangst geerbt. Als unsere Tochter Petra einige Jahre in England lebte, versprach ich ihr: »Ich fliege zu dir, sogar mit dem Hubschrauber, wenn es sein muss – aber nur im Notfall, wenn du krank bist!« Einmal flog ich dann doch, auch ohne Not: Ein Fahrrad mit Rücktritt sollte unsere Tochter Petra in England bekommen. Um den Zoll zu umgehen, musste es mit dem Flugzeug transportiert werden. So habe ich dann meine »Angst« überwunden.

Mutter kehrte ganz bewusst dem reichen, schönen Leben, mit Opern-, Theater- und Konzertbesuchen, den Rücken. Ich besitze noch heute in vier Tellergrößen feines Hutschenreuther Porzellan und Silberbestecke sowie handgesäumte Tisch- und Bettwäsche aus ihrer Aussteuer. Ihre Hochzeit feierten meine Eltern in der Erfurter Reglerkirche. Es gibt Bilder davon, wie sie auf Stroh wandelten, damit sie keine nassen Füße bekamen.

Bei den Noltes in Iserlohn ging es einfacher zu, denn ihr Geschäft war noch im Aufbau und Mutter musste tüchtig mit anpacken, um es zum Gelingen zu führen. Ihr Vater aber kam jedes Jahr, wenn sie Geburtstag hatte, zu Besuch und schenkte ihr eine schöne Schwarzwälder Kirschtorte vom Konditor, die sie so gern aß, doch in jenen Aufbaujahren sich niemals selbst hätte leisten können. Das letzte Stück Torte, das sie als alte Dame am Tag vor ihrem Tode aß, war ebenfalls Schwarzwälder Kirschtorte.

Vater hatte ja die Leibzucht seiner Eltern übernommen und musste die Geschwister abfinden dafür, dass er den Betrieb an der Mendener Straße übernommen hatte. Dazu kam, dass das Automobil immer noch eine brandneue Technik war und deshalb seine Verbreitung hohe Investitionen erforderte. So war es ja auch beim Opelwerk: Alles, was die Familie mit Fahrrädern und Nähmaschinen verdient und aufgebaut hatte, ist in die Entwicklung des Automobilbetriebs geflossen. Bei neuen Erfindungen ist das immer so.

Vor diesem Hintergrund wird verständlich, wie Vater reagierte, als Mitarbeiter ihm erzählten, seine Frau könne beeindruckend gut Schlittschuh laufen. Da hatte sie kurz nach ihrer Hochzeit gerade einmal etwas Zeit gefunden, sich auf dem im Jahre 1925 zugefrorenen

Seilersee diesem Vergnügen hinzugeben, und bekam prompt Ärger mit ihrem Ehemann. Während andere für sie arbeiteten, könne sie sich nicht so offenkundig dem Müßiggang widmen, meinte Vater Nolte. Das gehöre sich nicht. Im Betrieb gebe es genug zu tun, auch für sie. Sie nahm die Kritik an und stand zu ihrem Mann; und ich denke, das war gut so.

Die schweren 1920er-Jahre

Der Erste Weltkrieg und der ihn beendende Friedensvertrag von Versailles 1919 hatten in den 1920er-Jahren zunächst die große Inflation in Deutschland, mit ihrem Höhepunkt und Ende 1923, und nach der kurzen Scheinblüte der »Goldenen Zwanziger« schließlich ab 1929 die Weltwirtschaftskrise zur Folge. Die Not war groß nach dem verlorenen Krieg und dem Zusammenbruch des Kaiserreichs; in Thüringen besonders, da dort keine Industrie angesiedelt war. Als meine Mutter Martha nach Iserlohn geheiratet hatte und »in den Westen« gegangen war, wie es damals bereits hieß, verschaffte sie auch einigen Arbeitern aus ihrer Heimat eine Lehrstelle in unserem Betrieb. Wo »Eckardts Marthchen« wirkte, musste es gut sein. Die Thüringer wohnten im sogenannten »Arbeiterhaus« hinter dem Betrieb an der Mendener Straße, schliefen in rot-weiß karierter Bettwäsche, die meine Mutter für ihr Dienstpersonal als Aussteuer mitbekommen hatte, und wurden von den Noltes verköstigt, wie es auch in der Landwirtschaft damals üblich war. Einer dieser Jungen, die bei meinen Eltern in Iserlohn das Kfz-Handwerk erlernt hatten, wurde später in den Anfangsjahren der DDR sogar Landwirtschaftsminister in Thüringen, bevor die Länder dort 1952 aufgelöst wurden.

Wenn unsere Töchter später in die Jugendherberge gingen, schliefen auch sie am liebsten in der rot-weiß karierten Arbeiterbettwäsche meiner Mutter. Ich habe extra ein paar heile Bezüge aus der alten Wäsche für sie nähen lassen. Heute habe ich noch Sitzkissen, die aus diesem Stoff genäht sind.

Ähnlich wie bei Noltes hatten auch die Krupps einst begonnen und sich um ihre Belegschaft gekümmert: Die alte Bertha Krupp versorgte ihre Arbeiter ebenfalls und kochte für sie. Dieses Prinzip haben meine Eltern im Kleinen für sich übernommen, sonst wären sie vielleicht nicht so weit gekommen. Ich kann mich erinnern, dass kaufmännische Lehrlinge aus den Nachbargebieten von Iserlohn mittags mit unserer Familie am Mittagstisch aßen und zum Dank ihre Mittagspause damit verbrachten, mir als ganz junger Schülerin Rechnen und Schreiben beizubringen.

MEINE KINDERJAHRE

Fast in Sanssouci geboren

Am 17. Juni 1931 kam ich als zweites Kind meiner Eltern im großel-
terlichen Haus in Iserlohn zur Welt, wo meine Eltern und die unver-
heirateten Brüder und Schwestern meines Vaters in einer Großfamilie
zusammenlebten. Dabei wäre ich beinahe in Sanssouci geboren worden!

Sanssouci hieß ein Ausflugslokal im Hönnetal nahe Balve. Am
Abend des 16. Juni 1931, der ein sehr heißer Sommertag war, fuhr
mein Vater zu einem Speditionsunternehmen nach Balve, um Opel-
Nutzfahrzeuge zu verkaufen. Er bat meine Mutter, ihn zu begleiten,
in der Hoffnung, das würde vielleicht die Verkaufsgespräche erleichtern. Das tat sie auch und Vaters Rechnung ging auf: Er konnte einige
Kaufabschlüsse tätigen. Mutter drängte dann auf eine zügige Rückfahrt
nach Iserlohn, aber Vater wollte sich auf das gute Geschäft noch ein
kühles Bier in besagtem Sanssouci gönnen, wo man auf der Rückfahrt
ohnehin vorbeikam. Auf inständiges Bitten unserer Mutter hin ließ er
es bei einem Bier bewenden und brauste danach mit ihr zurück nach
Iserlohn, stoppte nur kurz unterwegs bei der Hebamme, um sie gleich
mitzunehmen. Sie erreichten noch rechtzeitig unser Haus an der Mendener Straße, wo mich meine Mutter in den Morgenstunden des 17.
Juni zur Welt brachte.

Entgegen den gesetzlichen Vorschriften, wonach ein Kind innerhalb von drei Tagen nach seiner Geburt ordnungsgemäß anzumelden
sei, hat es bei mir fünf Tage gedauert, bis ich als »Fritzi Friedburg«
zu den Akten genommen wurde. Mein Vater hatte mir seinen Namen
vererben wollen, und weil ich ein Mädchen war, kam an den »Fritz«
noch ein »i«. Im Standesamt in Iserlohn weigerte man sich aber, diesen Namen anzuerkennen – er war in den offiziellen Namenslisten
nicht aufgeführt. Da mein Vater aber auf diesem Namen bestand,
ging die ganze Angelegenheit zur Klärung nach Berlin. Von dort kam

einige Tage später grünes Licht: In der Hauptstadt kannte man aus Operette und Revue die Sängerin und Schauspielerin Fritzi Massary, die damals auf dem Höhepunkt ihrer Karriere stand. Damit war der Name auch in Iserlohn zulassungsfähig. In einer Biografie über diese Fritzi Massary habe ich später gesehen, dass sie auch eine Autonärrin war und einen Maybach fuhr. Ob meinem Vater wohl diese Verbindung bekannt war?

Während meine Schwester ein Sonntagsmädchen war, sie wurde am 27. November 1927 ebenfalls zu Hause geboren, bin ich mitten in der Woche zur Welt gekommen. Das passt auch zu meinem Leben. Meine Schwester sagte oft: »Musst du alles so offenherzig überall erzählen?« Sie war sehr viel zurückhaltender als ich, aber mir kam es ganz natürlich vor, mich in aller Offenheit anderen Menschen mitzuteilen. Da lachte meine Schwester: »Du bist ja an einem Mittwoch geboren, eine echte Marktfrau!«

Noch etwas unterscheidet uns: Im Gegensatz zu meiner Schwester, die einen großen Teil ihrer Schulzeit im Internat verbracht hat und während ihres Studiums ebenfalls fern von der Familie, in Gießen und Hannover, gelebt hat, war ich die meiste Zeit zu Hause. Das stellte sich später als deutlicher »Heimvorteil« heraus: Ich kannte mich in den Iserlohner Kaufmannsfamilien und in der hiesigen Gesellschaft bestens aus. Nur während meiner kaufmännischen Lehre in Hamburg und meines kurzen Studiums in Freiburg »war ich mal weg«, um den Duft der großen, weiten Welt zu erschnuppern.

Tod der Großväter

Heinrich Nolte, der Hauderer, der der Firma Nolte in Iserlohn eine Heimat gegeben hatte, starb am 16. September 1933, als ich zwei Jahre alt war. Ihn kenne ich also nur aus Geschichten, die man von ihm gerne erzählte.

Gleiches gilt für meinen Großvater Karl in Thüringen: Er starb am 3. April 1930, ein Jahr vor meiner Geburt, an einem Lungenriss. Er hatte bei der Einfahrt in die Scheune seines Hofes einen kräftigen

Schlag des Scheunentores abbekommen. Damals konnte man einen Lungenriss noch nicht behandeln. Meine Großmutter rief nach dem Unfall sofort bei meinen Eltern an. Unverzüglich fuhren sie gleich mit dem Auto nach Dittelstedt los. Sie trafen die Großmutter an, die ihren Karl noch lebend im Arm hielt. Als er seine älteste Tochter sah, ließ er jedoch den Kopf sinken und starb – er hatte wohl bloß noch auf sie gewartet. Er wurde nur 56 Jahre alt.

Meine Mutter hat immer befürchtet, ich hätte durch dieses unglückliche Ereignis einen bleibenden Schaden erlitten, weil sie noch über meine Geburt hinaus sehr traurig war. Aber ich denke, ich bin froh und munter durchs Leben gegangen.

Christliche Prägung

Das Elternhaus meiner Mutter war sehr christlich. Großvater Karl (14. Oktober 1872 – 3. April 1930) war Kirchmeister, Großmutter Auguste geborene Volkmar (5. Januar 1875 – 21. Oktober 1961) gehörte dem Gustav-Adolf-Frauenverein von Thüringen an. (Das Gustav-Adolf-Werk ist das älteste evangelische Hilfswerk in Deutschland und unterstützt evangelische Christen in der Diaspora.) Sie sang immer die altlutherische Liturgie, selbst gegen die lutherische, die in der Iserlohner Kirche gesungen wurde; das war mir als Kind manchmal peinlich. Großmutter war eine sehr gottesfürchtige Frau. Durch sie habe ich die Offenbarung des Johannes zu schätzen gelernt, das am schwersten verständliche Buch der Bibel.

Auch meine Eltern prägten mich von Kindheit an im christlichen Glauben, wobei mir meine Großmutter ein ganz besonderes Vorbild war. Als eine echte »Erfurter Nudel« war sie überall bekannt. Wenn ich mit ihr über die Dörfer fuhr, lernte ich überall ihre Freundinnen kennen, bei denen wir ganz kurz einkehrten. Ihre beste Freundin führte ein großes Geschäft auf der Krämerbrücke in Erfurt, das ich als Kind oft besuchte, um ihr beim Verkaufen zu helfen.

In den Häusern Thüringens lernte ich den malerischen Anblick handgestickter Hardanger-Gardinen an den Fenstern kennen. (Hardangerarbeit ist eine bestimmte Art von Durchbruchstickerei, die ursprünglich aus Norwegen kommt.) Oft stand dort in der guten Stube ein Harmonium, ein inzwischen aus der Mode gekommenes Tasteninstrument. Bevor man gemeinsam Kaffee, Kakao oder Tee trank, stimmte man zunächst »Lobe den Herrn, meine Seele« an und jemand spielte dazu auf dem Harmonium. Es folgte ein Gebet, dann gab es Kuchen. Als Kind nahm ich für mich mit, dass in diesen schönen Häusern Menschen wohnten, die von Gott behütet waren und ihn in den Mittelpunkt ihres Lebens stellten. Ich fühlte mich wunderbar aufgehoben, und so wurde auch meine Liebe zur Musik geweckt: Ich spielte später Klavier. Inzwischen setze ich mich allerdings nur noch selten an ein Instrument, weil meine Hände nach mehreren Krebsoperationen nicht mehr beweglich genug sind.

Bei Großmutter lernte ich »Die Glocke« von Schiller auswendig, auch die ganze Offenbarung des Johannes. Wenn ich bei ihr zu Besuch war, musste ich morgens im Bett bleiben, bis sie alles fertig vorbereitet hatte. Erst dann durfte ich aufstehen. »Komm, ich höre dir Schillers ›Glocke‹ ab!«, forderte meine Großmutter mich auf. Anschließend folgten häufig auch noch Teile aus der Offenbarung. Das gehörte zum gewohnten Tagesritual. Als sie während des Krieges einmal bei uns in Iserlohn war und wir sorgenvoll am Horizont auf das brennende Wuppertal blickten, das mit Spreng- und Phosphorbomben angegriffen worden war, sagte Großmutter zu mir: »Siehst du, da sind die feurigen Rosse und die Flammen, die vom Himmel fallen! Das steht alles schon in der Offenbarung des Johannes!«

Das Vertrauen auf Gott und die Orientierung an Glaube, Liebe und Hoffnung – all das lebte mir meine Großmutter vor. Sie trug früher, unter Plexiglas gesichert, Anker, Kreuz und Herz aus Gold, die Symbole für den Glauben, die Hoffnung und die Liebe. Diese christlichen Symbole sollte ich einmal erben, versprach sie. Aber nach dem Krieg, als Amerikaner und Russen im Haus gewütet hatten, waren diese Anhänger nicht mehr aufzufinden.

Ich habe meinen Töchtern diese Symbole – Anker, Herz und Kreuz – später von einem Goldschmiedemeister nacharbeiten lassen. Sie tragen sie als Anstecknadcl oder als Kettenanhänger in Erinnerung an meine thüringische Großmutter. Ich selbst trage auch einen solchen Anstecker auf dem Revers, den mir unsere Tochter Petra im Andenken an die Großmutter bei einem hiesigen Juwelier arbeiten ließ. Wenn mich die Leute erstaunt danach fragen, dann sage ich: »Das ist ein Erinnerungsstück an meine Großmutter.« So begleitet mich diese Frau weiterhin durch mein Leben.

Großmutter trug auch ein Medaillon um den Hals mit einem Bild ihres verstorbenen Mannes. »Das ist mein Karlchen«, sagte sie dazu liebevoll. Ein ähnliches Medaillon trage ich heute auch mit den Bildern meines Schwiegervaters und meines lieben Peter, ein Erbstück von meiner Schwiegermutter Meta.

Nach dem Krieg durfte Großmutter aufgrund ihres Alters mit einer speziellen Genehmigung über die Zonengrenze reisen und zu uns zu Besuch kommen. Dann saßen da zwei Generationen Frauen aus ihrer Nachkommenschaft, nämlich ihre Tochter Martha – meine Mutter – sowie meine Schwester Martha und ich mitsamt unseren beiden Cockerspaniel-Hündinnen; und für gewöhnlich sagte sie dann zu meinem Mann: »Peter, stecke du dir wenigstens eine Zigarre an, dass es hier endlich mal nach Mann riecht!«

Später wollte sie uns nicht mehr besuchen kommen; sie müsse doch bald sterben, sagte sie, und das wolle sie zu Hause tun. Wenn ich ihr zusicherte, wir brächten sie schon wieder zurück, da könne sie ganz getrost sein, dann antwortete sie so voller Zärtlichkeit, dass ich es heute noch spüren kann: »Weißt du was? Außer meinem Karlchen hat mich kein Mann bisher nackt gesehen und das soll auch so bleiben. Ich will nicht, dass die Russen oder DDR-Soldaten an der Grenze meinen Sarg aufmachen, und dann sieht mich irgendein fremder Mann nackt.« Das war so voller Scham und Warmherzigkeit gesprochen, wie es diese Generation früher eben liebte! Noch heute denke ich darüber nach.

Als Kind auf dem Gemüsehof

Großmutter kam aus Erfurt, von einem großen Bauernhof, direkt unterhalb des Domes gelegen, in der Weißen Gasse. Der Hof steht heute noch dort. Einmal hatte meine Cousine extra eine Kutsche mit zwei schweren Pferden bestellt, als ich nach Erfurt zu Besuch kam, um mir zu zeigen, wie die Großeltern früher unterwegs gewesen waren. Das gehört zu meinen Erinnerungen an Thüringen. Großmutter selbst hatte im Betrieb natürlich längst Autos im Einsatz. Aber ihre Liebe zur Natur, ihre Achtung vor den Feldern und den Samen, die in die Erde gesetzt werden, damit sie Frucht bringen – all das gab sie an mich weiter. Höre ich heute das biblische Gleichnis vom Samenkorn, denke ich immer an meine Großmutter Auguste.

Großmutter lebte seit ihrer Heirat in Dittelstedt, einem Vorort von Erfurt. Sie hatte auf dem Hof eine Samenkammer, die mit drei Schlüsseln gesichert war. Die Schlüssel trug sie unter ihrer großen schwarzen Schürze und manchmal nahm sie mich mit in diese Kammer hinein. Dann hatten wir nur eine kleine Kerze an, denn die Samen vertrugen nicht viel Licht. Ich höre sie noch sagen: »Mein Kind, ein Händchen voll Blumenkohlsamen kann eine ganze Familie ein ganzes Leben lang ernähren. So kostbar ist dieser Samen.«

Sie hatte recht unterschiedliche Gemüsesamen. Der Blumenkohl, der »Erfurter Zwerg«, war die erfolgreichste Züchtung ihres Mannes und eine große Kostbarkeit. Die Holzstiegen für das Gemüse waren mit lila Strickbändchen gekennzeichnet und mit verschiedenfarbigen Holzkugeln, die die unterschiedlichen Sorten markierten.

Tomaten wurden auf dem Hof gewaschen, Spinat in großen Kübeln ebenfalls. Die Stiegen (oben offene kastenförmige Behälter mit Stapelhilfen) wurden mit Ölpapier ausgelegt, bevor das Gemüse darin verpackt wurde. Im Güterzug ging es dann in die große Markthalle nach Berlin. Dort kauften Hoteliers und Restaurantbesitzer Großvaters Gemüse. Sein »Erfurter Zwerg« ging aber auch auf die Reise bis nach Warschau und Moskau.

Wenn ich als Kind meine Ferien in Dittelstedt verbrachte, half ich bei der Feldarbeit mit. In der Erntezeit, ab Sommer, gab es viele Saisonarbeiter auf dem Hof. »Deputatarbeiter« nannte Mutter sie. Viele von ihnen kamen aus Polen. Neben dem Waschhaus und dem Backhaus gab es ein Wohnhaus für diese Arbeiter, das im Winter leer stand. Noch heute spielen polnische Erntehelfer in der Gemüsezucht eine große Rolle, etwa beim Spargelstechen. Wenn Möhren, Blumenkohl, Tomaten und Spinat gleichzeitig reif sind und geerntet werden müssen, ist man auf fremde Hilfe angewiesen.

Die Erntehelfer hatten zum Teil auch Kinder bei sich, mit denen meine Mutter gerne spielte. Sie knüpfte regelrechte Freundschaften mit ihnen, was wiederum meine Großeltern nicht gerne sahen – die Erntehelfer lebten natürlich deutlich einfacher. Damals fand man es wichtig, näheren Umgang nur in der gleichen Gesellschaftsschicht zu pflegen. Aber Mutter wurde oftmals dort entdeckt, sie war gerne mit diesen Kindern zusammen.

Ich ging als Kind mit den Arbeitern die Gemüsereihen ab: Der beste Blumenkohl war der ganz weiße, der über eine gewisse Härte verfügen musste, ohne zu hart zu sein. Ab einer bestimmten Wachstumsphase war es wichtig, dass er keine direkte Sonnenstrahlung mehr abbekam, da er sonst gelb geworden wäre. Die Wärme der Sonne war aber für den Reifungsprozess noch nötig. Deshalb schlugen wir von Hand die großen Blätter über den Kohl, erst von der einen Seite und einige Stunden später von der anderen Seite, dann waren die großen Köpfe ganz abgedeckt. Das geschah morgens beim Sonnenaufgang zwischen fünf und sechs Uhr je nach Wetterlage. Wenn ich heute einen Blumenkohl kaufe und eine gelbe Stelle daran entdecke, weiß ich genau, dass er nicht richtig abgedeckt worden ist. Nur der ganz weiße Blumenkohl brachte beim Verkauf gutes Geld ein.

Heute kommt unser Gemüse meistens aus Holland. Durch den russischen Einfluss und die Planwirtschaft der DDR sind die Thüringer Böden leider nicht mehr so gepflegt worden wie zu Zeiten meiner Großeltern.

Gerade erleben wir ein historisches Jahrzehnt: die Lutherdekade, in der wir 500 Jahre Reformation feiern. Auch das verbinde ich mit Thüringen. Im September 2014 habe ich meine Tochter Petra und ihre Familie eingeladen, mit mir nach Eisenach zu fahren. Petra und ihre Töchter waren zuvor noch nie auf der Wartburg gewesen. Ihnen allen wollte ich Luther näherbringen. Im Eisenacher Hof, einem sehr alten Hotel, haben wir gewohnt. Ich vermisste einen Lift, aber die Kinder halfen mir. Wenn ich früher mit meiner Mutter nach Thüringen fuhr, haben wir auch im Eisenacher Hof übernachtet. Der Weg nach Dittelstedt war nämlich sehr weit und es führte keine Autobahn dorthin. Vor dem Krieg fuhren die Autos normalerweise ohnehin höchstens 60 km/h, da war man lange unterwegs. Als Kind hatten mich im Eisenacher Hof vor allem die sanitären Einrichtungen begeistert: zwei Waschbecken im Schlafzimmer, und zwar in weißem, zart schwarz gezeichnetem Marmor – »wow!«, würde man heute sagen. Meine Eltern erklärten mir, das sei sehr nützlich, so könne sich der Mann an dem einen Becken rasieren, während die Frau sich am anderen die Haare mache. »Wenn ich mal heirate, will ich auch zwei Waschbecken haben!«, nahm ich mir vor. Aber dann war später »Am Tyrol« schon alles eingerichtet und kein Gestaltungsspielraum mehr vorhanden. Jetzt war ich gespannt, das noch einmal zu sehen, was mich früher so beeindruckt hatte: die Waschbecken im Eisenacher Hof und die Kanone vor der Wartburg, die mich als Kind schon fasziniert hatte.

Mit Luther verbinde ich nicht nur Erinnerungen an Eisenach, sondern auch an Erfurt: Während des Krieges durfte ich ganz alleine bei Großmutter Ferien machen, während Martha mit den Eltern in ein Kurbad fuhr. Zwar fühlte ich mich zunächst zurückgesetzt, weil ich nach Erfurt sollte, aber später kam mir doch die Erkenntnis, dass die Stunden mit Großmutter kostbarer waren als alle Zeit, die ich mit der Familie im Kurbad hätte verbringen können. Großmutter erklärte mir damals die Geschichte unseres schönen Landes, vor allem die Vorzüge Mitteldeutschlands, das einen Großteil unserer bedeutenden Dichter und Denker hervorgebracht hat und dazu einige namhafte Komponisten und Kirchenmusiker. In Erfurt gab es Luthers Augustinerkloster mit einer Grünanlage und Bänken, zu dem es mich immer wieder hinzog. Im Krieg hatte man Hunger. Es gab nur wenig zu essen, denn alles war streng rationiert. Aber Großmutter hatte ihre Beziehungen: Eine ihrer Freundinnen besaß an der berühmten Krämerbrücke ein Delikatessengeschäft, da gab es vieles, an was während des Krieges kaum noch zu denken war, zum Beispiel Fassgurken und Fleischsalat. Beides aß ich so gerne und von beidem besorgten wir uns eine Portion. Dann ging es weiter zu Onkel Fritz, dem Bruder meines verstorbenen Großvaters. Er führte die ehemalige Hofbäckerei direkt unter dem Dom. Bei ihm bekamen wir Brötchen, die sonst kaum noch zu kaufen waren. Großmutter hatte das wohl »unter der Hand« geregelt. Mit diesen Schätzen setzten wir uns dann auf eine Bank vor dem Lutherdenkmal und ließen es uns schmecken. Stammt etwa daher meine besonders innige Beziehung zu Luther? Liebe geht ja bekanntlich durch den Magen! Das Lied des Reformators »Ein' feste Burg ist unser Gott« ist mir im täglichen Leben jedenfalls wichtig geworden.

Zu meinen Erfurter Kindheitserinnerungen gehören auch die Felder mit Brunnenkresse und die Spargelbeete, damals ein sehr exklusives und teures Gemüse. Brunnenkresse aß man als Gemüse oder Salat, die Erfurter Gegend war bekannt dafür.

An der Seite des Erfurter Doms zur Severikirche hin schmückte damals noch ein großes Marienmosaik den Giebel, 10 m mal 6 m groß und von weit her zu sehen. Dazu erzählte mir Großmutter eine Geschichte, die mich in Ehrfurcht versetzte: Das Mosaik sei von einem italienischen Meister geschaffen worden. Der habe seinen Lehrling schwer dafür gerügt, dass er einen Finger der Maria nicht ganz so in das Mosaik eingebunden hatte, wie es gedacht gewesen war. Der Lehrling aber habe sich diesen Tadel so zu Herzen genommen, dass er sich vom Gerüst hinab in den Tod gestürzt habe. Diese Geschichte hat mich sehr bewegt. So etwas hätte doch nicht passieren dürfen, fand ich. Später habe ich in unserem Betrieb versucht, dafür zu sorgen, dass die Meister ihre Lehrlinge nicht zu hart behandelten. Natürlich: Wenn einer unserer Lehrlinge vergessen hätte, eine Schraube richtig anzuziehen, hätte dies schnell ein Menschenleben gefährden können. Dennoch sollte der Druck, der auf dem dafür Verantwortlichen lastete, ein gewisses Maß nicht überschreiten.

Mir ist übrigens wirklich später einmal ein Autounfall passiert. Das muss etwa 1953 gewesen sein. Martha begann gerade mit ihren klinischen Semestern in Hannover. Ich selbst war schon im Betrieb tätig. Vater schickte uns an einem Samstagmorgen mit Fahrer nach Hannover, um ein Zimmer für Marthi, wie wir meine Schwester nannten, zu suchen. Auf dem Rückweg, nach einem Halt in Garbsen, führte die Autobahn durch den Teutoburger Wald. Marthi saß vorne neben dem Fahrer, ich auf der Rückbank. Da ich seit meinem Reitunfall Probleme mit dem Rücken hatte, hatte ich noch früh am Morgen eine Spritze bekommen. Plötzlich sackte der Opel hinten runter und ich sah, wie Funken sprühten. Dem Fahrer gelang es aber, den Wagen auf den grünen Mittelstreifen zu lenken und zum Stehen zu bringen.

Was war passiert? Der Meister hat es mir später, nach gründlicher Untersuchung, genau erklärt: Die Muttern an den Hinterrädern waren nicht ordentlich festgezogen worden; damals gab es noch keine Schlagschrauber, man machte das mit der Hand. Im Laufe der Fahrt hatten sich die Schrauben langsam gelöst und waren nach außen gewandert. Nach dem Halt in Garbsen rutschten sie dann endgültig aus dem Gewinde. Das eine Rad sprang zuerst ab, dann schlug das Chassis auf die Fahrbahn, die Funken sprühten und die Bremstrommeln bekamen einen heftigen Schlag ab. Von diesem Reifen haben wir später nichts mehr gesehen. Das zweite Hinterrad sprang ebenfalls ab. Verletzt hatte sich glücklicherweise niemand.

Da standen wir ratlos auf dem Mittelstreifen. Es war inzwischen Abend geworden und wir wussten uns nicht zu helfen. Schließlich hielt ein Porsche-Fahrer an, ein Mann mit nur einem Arm. Er bot uns seine Hilfe an. Damals habe ich mir gemerkt: »Du hast beide Arme, dazu einen Kopf und zwei Beine. Wie oft versäumst du es, jemandem zu helfen?« Dieser Mann riet nun unserem Fahrer, das eine Hinterrad und das Reserverad aufzuziehen und vorsichtig auf dem Grünstreifen auszuprobieren, ob wir nicht doch noch mit dem Wagen fahren könnten. Der Fahrer versuchte es erfolgreich und beschloss, die Heimfahrt zu wagen – allerdings sehr langsam, mit Rücksicht auf die deformierten Bremstrommeln, und ruckelnd wie ein Pferdefuhrwerk.

Da es noch keine Handys gab, konnten wir Vater nicht Bescheid geben. Er lag bereits im Bett und machte sich Sorgen, wo wir wohl blieben. Als wir endlich um Mitternacht vor seiner Tür standen, sagte er nur: »Hauptsache, ihr lebt!« Den Verantwortlichen im Betrieb begegnete er mit Nachsicht, da uns nichts passiert war: »Gott hat seine Hand über meine Töchter gehalten. Er wird hoffentlich auch über euch mal seine Hand halten, dass ihr solchen Unsinn nicht wieder macht!«, sagte er den beteiligten Handwerkern.

Es war ein Glück, dass dieser Unfall uns und nicht einem Kunden passiert war, denn das wäre wie ein Lauffeuer durch die Stadt gegangen und hätte uns unseren guten Ruf kosten können. So blieb die Nachricht in der Familie. Seit dieser Zeit aber bestehe ich bei jeder größeren Fahrt darauf, dass vorher die Schrauben an den Rädern nochmals angezogen werden. Ich fahre auch nicht mehr gerne die Strecke durch den Teutoburger Wald. Lieber fahre ich über Münster gen Norden.

Handarbeiten mit der Großmutter

Zurück in meine Kindheit: Wenn Großmutti aus Thüringen zu uns zu Besuch kam, brachte sie mir das Häkeln und das Stricken bei. Ich habe heute noch Berge von Topflappen, die ich nach ihrer Anleitung gehäkelt habe. Wenn irgendwo ein wenig Wolle übrig war, sammelte ich sie. Aus einem Stück Papier drehte ich mir eine Spule und wickelte den Wollrest darüber. Strickwerk, das nicht mehr benötigt wurde, ribbelte ich auf. Vor dem Krieg konnte man neue Wolle kaufen, während und nach dem Krieg ribbelte man Altes auf und wickelte es auf eigene Knäuel. Ich hatte meine Freude an diesen selbst gewickelten Wollknäueln, besonders wenn sie rund wie ein Tennisball vor mir lagen. Später bekam ich ein Bastkörbchen mit einem Deckel und einem Loch. Dort steckte ich mein Wollknäuel hinein, und durch das Loch führte ich den Faden, den ich verarbeitete. Abends saßen wir dann beisammen und widmeten uns unseren Handarbeiten. Mutti stickte, das nahm nicht so viel Platz weg. Ich besitze noch einige von ihr bestickte

Decken. Am schwierigsten war es, Socken mit einer Ferse zu stricken. Auch die Spitze gleichmäßig hinzubekommen war eine Kunst, in der ich mich mit Freuden übte.

Dass mir Großmutti das Stricken schon in so jungen Jahren beigebracht hatte, kam mir später sehr gelegen, denn mein Mann liebte es, mich stricken zu sehen. Zu Anfang unserer Ehe, wenn wir uns mit Verbindungsfreunden meines Mannes und ihren Gattinnen trafen, saßen wir Frauen oft mit unserem Strickzeug zusammen, während die Männer eine Pfeife rauchten; das war für alle angenehm. (Peter hatte als Student der Forstakademischen Gesellschaft Freia angehört, einer Göttinger Studentenverbindung mit langer Tradition, der er – wie es üblich war – ein Leben lang als »Alter Herr« treu blieb.) Später fragte mich Peter manchmal: »Hast du nichts zu stricken?«, denn das schien ihn gut zu beruhigen.

Als die Kinder da waren, habe ich gern gestickt, wenn ich dazu Zeit fand. Meinen Töchtern habe ich je eine Decke bestickt. Manche Nacht hindurch habe ich daran gearbeitet, um sie bis Heiligabend fertig zu bekommen. Von einer Dame, die wir in Grömitz häufig trafen, übernahm ich das Sticken im Strandkorb. Da saßen wir dann beide mit unseren Handarbeiten und sahen den Kindern beim Spielen zu. So habe ich es häufig gemacht: mir andere Menschen zum Vorbild genommen und mich gefragt, ob ihr Tun vielleicht auch gut für mich wäre.

Das Ende der eckardtschen Gemüsezucht

Nach dem Zweiten Weltkrieg ging es mit der eckardtschen Gemüsezucht auf entsetzliche Weise zu Ende: Meine Großmutter hatte nach dem Tod ihres Mannes zunächst noch alles gut erhalten und weiterführen können. Ihr Sohn Karl-Friedrich, der als Gärtnermeister den Betrieb in Dittelstedt übernehmen sollte, kam erst sehr spät aus der Kriegsgefangenschaft zurück. Eines Tages stand er, gerade entlassen, mit zerrissenem Mantel bei uns in Iserlohn vor der Tür. Ich hatte ihn in diesem Zustand nicht erkannt. Meine Eltern päppelten ihn ein bisschen auf, bevor er die Reise nach Hause antrat.

Aber dort musste er feststellen, dass Thüringen inzwischen unter sowjetischer Herrschaft stand. Zunächst war es von den Amerikanern besetzt gewesen. Da war es seinem Elternhaus noch ganz gut ergangen, wovon sich mein Vater bald nach Kriegsende hatte überzeugen können. Das hatte sich mit dem Einmarsch der Russen jedoch geändert: Sie besetzten den Hof und richteten dort ein Tierlazarett ein, weil der Großvater alle seine Ställe vorbildlich mit Fliesen hatte versehen lassen, denn für Reinigung und Verpackung des feinen Gemüses war Hygiene notwendig. Die Russen wüteten schlimm im Haus und auf dem Hof. Davon berichtete man meinem Onkel, als er in sein Dorf Dittelstedt zurückkehrte. Es wühlte ihn sehr auf.

Mit dem Sozialismus in der DDR kamen bald weitere Schläge: Im Rahmen der Zwangskollektivierung und Industrialisierung der Landwirtschaft wurde mein Onkel in die LPG (Landwirtschaftliche Produktionsgenossenschaft) gezwungen. Der größte Teil seiner Flächen für Gemüseanbau war nun enteignet. Ihm blieb nur ein kleiner Teil der Felder zur eigenen Versorgung. Außerdem hatte man ihm nun den Stempel eines »Großgrundbesitzers« aufgedruckt, ein gefährlicher Makel. Wie meine Mutter als älteste der Geschwister erzählte, war Karl-Friedrich von den Eltern schon früh und auch später immer wieder ermahnt worden, seine Zunge im Zaum zu halten. Das jedoch konnte er nicht gut, was ihm schließlich zum Verhängnis wurde.

Vielleicht lag es daran, dass es seine Arbeiter, die er noch auf den eigenen Feldern beschäftigte, am nötigen Fleiß fehlen ließen. Er ermahnte sie mit dem Hinweis, im Westen könnten sie auch nicht derartig bummeln. Solche »imperialistischen« Äußerungen waren aber im neuen »Arbeiter- und Bauernstaat« der DDR nicht mehr tragbar. Man zeigte ihn an und er wurde verhaftet und zu Zwangsarbeit verurteilt. Wir erfuhren nichts Genaues, denn eine freie Kommunikation war mit dem Ostteil Deutschlands nicht möglich. Jedenfalls kam er nach Niederschlesien, um dort Uhren zusammenzusetzen. Meine Mutter erfuhr dies von einer Thüringer Freundin, die von der Verhaftung des Gärtnermeisters Eckardt im Radio gehört hatte. Wenn wir ein Paket schickten, kam es kaputt und ausgeräubert bei ihm an, selbst die Öl-sardinendose leer als aufgerissene Hülle.

Es blieb für Karl-Friedrich nicht bei dieser ersten Verhaftung: Nach seiner Entlassung eckte er erneut beim System an. Aus dieser zweiten Haft kehrte er als schwerkranker Mann zurück und starb am 6. Oktober 1961 an ihren Folgen.

Meine Mutter bekam eine Einreisegenehmigung zur Beerdigung ihres Bruders. Da der Name »Eckardt« aber für die Sozialisten keinen guten Klang hatte, wurden wir als Familienmitglieder an der Grenze immer schlecht behandelt. So wurde meiner Mutter die Handtasche bei der Einreise in die DDR durchsucht. Dabei fand man ihre kleinen Tütchen mit Migränepulver, die sie vorsorglich dabeihatte. Diese Tütchen riss man vor ihren Augen auf, verstreute das Pulver im Bahnabteil und befahl ihr, es mit den Händen wieder vom Boden aufzuwischen. Mit solchen Schikanen war immer zu rechnen.

Meine Mutter war gerade von dieser Beerdigung nach Hause zurückgekehrt, als es hieß, sie müsse erneut kommen: Ihre Mutter Auguste gehe ihrem Ende entgegen. Meine Großmutter starb am 21. Oktober 1961. Auch an dieser Beerdigung durfte meine Mutter teilnehmen, mit neuem Visum und wiederum erniedrigenden Erlebnissen an der deutsch-deutschen Grenze.

Auch ich habe meine eigenen »Grenzerfahrungen« gemacht, die nicht viel besser waren – ganz davon abgesehen, dass Reisen in die DDR mit hohen bürokratischen Hürden verbunden waren. Als ich mit meiner Mutter einmal in der DDR zu Besuch war, mussten wir uns bei der Grenzkontrolle splitternackt ausziehen. Und in den 1970er-Jahren, als meine Schwester und ich zur Beerdigung meiner Tante unterwegs waren, wurden wir beide aus dem Zug geholt. Der Name »Eckardt« hatte wohl wieder Verdacht erregt. Man tastete uns überall ab und fragte uns aus. Wir durften zwar weiterfahren bis nach Erfurt, doch als unsere Cousine uns abholte, gab sie uns mit deutlicher Geste zu verstehen, dass wir nicht mit ihr sprechen sollten. Sie wusste, dass sie belauscht wurde. Es herrschte ein Klima des Misstrauens und der Angst – jeder konnte ein Spitzel des Systems sein. Wurde man bei der Staatssicherheit angeschwärzt, konnte das schlimmste Konsequenzen haben. Diese Cousine fuhr uns zu ihrer Schwester und ließ sich sonst nicht mehr mit uns blicken. Ihr Chef hatte ihr zu verstehen gegeben, dass sie ihre Anstellung verlieren würde, wenn sie erneut Verbindung mit uns aufnähme. Bei einer anderen Cousine konnten wir übernachten, aber im Garten erteilte sie uns ebenfalls Redeverbot, weil sie davon ausging, durch die Hecke belauscht zu werden. Das Leben in der DDR war nicht einfach für unsere Familie.

Ich habe es hier für nötig gehalten, die in der DDR herrschenden Verhältnisse zu schildern. Gerade die jüngeren Menschen wissen oft nicht oder können es kaum glauben, wie schwer die Drangsale für die Bewohner Mittel- und Ostdeutschlands nach dem Jahr 1945 waren, als der Kommunismus dort unter dem Schutz der russischen Sieger die Macht übernahm und ein menschenverachtendes Regime aufrichtete. Gottlob gehört die DDR seit der deutschen Wiedervereinigung 1990 der Geschichte an.

Großmutter Nolte

Großmutter Nolte, geboren am 8. Juni 1863 in Borgholzhausen im Kreis Halle (Westfalen) und gestorben am 21. August 1941, hatte neun Kinder geboren. Sie war dafür von den Nationalsozialisten mit dem Mutterkreuz geehrt worden. Als alte Frau, das habe ich deutlich in Erinnerung, ging und saß sie immer noch kerzengerade. Ihr Kleid war stets hochgeschlossen. Ich habe sie nie mit einer Schürze gesehen, obgleich sie bis zuletzt im Haushalt tätig war.

Großmutti, wie ich sie nannte, lebte bei uns im Haus und war immer der Mittelpunkt, um den sich unsere Familie scharte. Der älteste Sohn war im Ersten Weltkrieg Anfang Juni 1915 gefallen, die anderen Kinder kehrten alle zurück ins Elternhaus, bis sie ihre eigenen Familien gründeten. Auch aus meiner Kinderzeit weiß ich, dass Großmutti selten alleine war. Andererseits war sie eigentlich ruhebedürftig und aus Kindersicht erschien sie eher unnahbar. Für alle ihre Nachkommen war sie jederzeit bemüht, Ausgleich und Harmonie zu schaffen. Nie wollte sie jemanden vorziehen oder zurücksetzen, obwohl alle anscheinend etwas von ihr wollten. Für sie war das oft nicht leicht.

In ihrer Küche durfte ich auf einem großen Ledersofa sitzen und zusehen, wie sie in einer Pfanne Reibekuchen buk – die besten Reibekuchen, die ich je gegessen habe. Dieser Genuss wurde sogar ein Freitagabend-Ritual. Samstags wurde neues Fett gekauft. Dafür standen in der Küche große Steintöpfe: einer für Schweineschmalz, einer für Gänseschmalz, weitere für andere Fettsorten, die sie zum Teil selbst gewann. Sie verfügte über vier oder fünf Töpfe mit verschiedenen Fetten und verbrauchte freitagabends die Reste, um danach die Töpfe zu säubern, weil sie samstags wieder gefüllt werden sollten. In riesigen Pfannen buk sie dann Reibekuchen, manchmal auf westfälische Art mit Rübenkraut, manchmal auch mit Apfelmus zubereitet.

Als später sein Elternhaus an der Mendener Straße abgerissen werden musste, richtete mein Vater eine Dreizimmerwohnung für Großmutti ein, denn er hatte ja die Leibzucht übernommen. In dieser Zeit war sie aber schon sehr krank. Vater ließ ein Podest für sie bauen, damit sie von ihrem Sessel aus auf die Straße und auf die Türme der St.-Aloysius-Kirche blicken konnte. Meistens waren ihre Hände gefaltet, wenn sie erzählte. Gern saß ich als Kind auf einem bestickten Bänkchen zu ihren Füßen und erlebte mit ihr ruhige Momente. Meine Eltern nahmen sie mit in den »Kur-Urlaub«, wir Kinder brachten ihr dann das Quellwasser zum Liegestuhl, auf dem sie sich im Garten ausruhte. Sie war Respektsperson, dennoch von allen geliebt. Die runde goldene Brosche, die es heute noch gibt, erinnert mich an sie. Trotz ihrer fortschreitenden Nierenkrankheit hat sie nie gestöhnt. Für Kinder und Enkel war sie einfach immer da. Sie wohnte direkt neben uns. Als es ihr schlechter ging, brauchte sie viel Ruhe, worauf ich Rücksicht zu nehmen hatte. So unterblieb während dreier Monate mein Klavierunterricht, damit sie nicht gestört würde. Vermutlich hatte sie große Schmerzen. Sie wollte aber nicht ins Krankenhaus und starb zu Hause in ihrem eigenen Bett.

Konkurrenz unter Puppenmüttern

Bei unserer Feier zum hundertjährigen Bestehen von Gebrüder Nolte fiel mein Blick auf unsere grünen Gartenmöbel, die jetzt im Autogarten stehen: Diese Möbel sind fast so alt wie das Unternehmen! Meine Mutter hatte sie schon 1925 mit in die Ehe gebracht. Viele Schichten Farbe liegen bereits auf dem Holz. Die strapazierten Füße sind mittlerweile mit Metallkappen geschützt. Als Kind habe ich gerne an diesem Gartentisch mit seinen Stühlen gespielt. Der Tisch hatte in der Mitte ein großes Loch mit einem Fuß, in den man einen ausladenden Sonnenschirm stecken konnte. So saß man bei Regen und Sonnenschein geschützt. Wir hatten Tischdecken mit handgeklöppelter Knopfleiste und Schlitz, die man um den Schirm herum drapieren konnte.

An diesem Tisch spielte ich Puppenkrankenhaus. Die Stühle schob ich zu Zweibettzimmern zusammen und auf dem Tisch wurde operiert. Zu meinen Lieblingspuppen, die als Patienten herhalten mussten, zählte eine etwa 80 cm große Zelluloidpuppe namens Heinz, also ein Junge. Das hatte ich selbst so definiert, denn selbstverständlich waren unsere Puppen anständigerweise »neutral« gemacht. Ich hatte verschiedene Mädchenpuppen. Wenn alle paar Wochen die Schneiderin zu uns nach Hause kam, um meine Schwester und mich neu einzukleiden, bekamen unsere Püppchen aus den Stoffresten ebenfalls neue Kleider genäht. Aber Heinz war nun mal ein Junge, dem passten keine Mädchenkleider, also musste für ihn ein anderer Stoff gefunden werden. So bekam er einen roten Samtanzug mit kleinen Pünktchen, dazu eine Mütze und eine schöne Jacke.

Eines Tages erlitt mein Heinz einen Nabelbruch. Der Zelluloidbauch war tatsächlich beschädigt, und da ich ja vom Bauchdeckenbruch meines Vaters wusste, diagnostizierte ich bei Heinz sofort, dass er an einer ähnlichen Verletzung leiden müsse. Er brauchte also eine Bauchbinde, die er von nun an ständig zu tragen hatte. Meine Mutter stellte mir breite Binden zur Verfügung, mit denen ich ihn verarzten konnte. Die Hose hatte Träger und konnte damit an den Schultern hängen; über der Binde hing das Hemdchen. So sah er bald wieder aus wie früher.

Ich spielte für mein Leben gern mit Puppen, während meine Schwester sich bereits früh für Tiere interessierte. Wir hatten zwei Käthe-Kruse-Puppen mit Porzellanköpfen und weichen Körpern aus Stoff. Außerdem gab es in unserer Kindheit Schildkröt-Puppen, die wunderschöne Kleidchen trugen. Dazu hatten sie Windeln an. Ich wickelte sie und versorgte sie wie Babys. Auch bereitete ich ihnen im Garten ein schönes Bad mit Seifenlauge und höre meine Mutter noch heute sagen: »Du musst mit klarem Wasser nachspülen! Du kannst sie doch nicht so seifig, wie sie sind, einfach wieder einpacken!«

Wenn einmal an den zarten Stofffingern der Puppen etwas auszubessern war, wenn die Nase abgestoßen oder das Porzellan irgendwo gesprungen war, gab es dafür eine Puppenklinik in Iserlohn, die solche Schäden wieder reparierte. Einmal wurde dort auch eine hübsche Perücke mit Haaren von meiner Mutter präpariert, die fortan eine von Marthis Puppen trug. Sie wurde sehr in Ehren gehalten. Da meine Mutter seit ihrer Heirat nach Iserlohn häufig an Kopfschmerzen litt, hatte ihr ein Arzt geraten, sich die langen Haare abzuschneiden, um den Kopf zu entlasten. So waren wir an ihren langen Zopf gekommen.

In der Kinderzeit teilte ich mir mit Marthi ein Zimmer. Wir hatten darin einen großen alten Kleiderschrank, eine Wäschekommode mit Spiegel und unsere Betten. Ich liebte Süßigkeiten, während Marthi sie zwar sammelte, aber selten davon aß. Süßigkeiten waren zu unserer Zeit vorwiegend Bonbons, die es lose aus großen Gläsern zu kaufen gab. Ich kaufte meistens Himbeerbonbons für einen Pfennig das Stück. Für fünf Pfennig bekam ich dann fünf Bonbons, während andere Sorten teurer waren. Schokolade war eine große Besonderheit. An solche Leckerbissen kamen wir selten. Die Himbeerbonbons aber lutschte ich mit Vorliebe. Ich zerbiss sie sogar zwischen den Zähnen, ohne dass diese davon einen Schaden erlitten. Die schlechteren Zähne hatte Marthi, obwohl sie so selten Süßigkeiten naschte.

Das führte allerdings dazu, dass meine Vorräte stets schnell erschöpft waren, während Marthi in einer Schublade einen wachsenden Bestand anhäufte. Wenn sie im November zu ihrem Geburtstag Süßigkeiten bekam, waren meine aus dem Sommer längst gegessen. Das nahende Weihnachtsfest bot indes Aussicht auf neue Leckereien. Ich bettelte Marthi also an, mir doch etwas abzugeben, mit dem Argument, es würde sonst zu alt werden. Anfangs blieb sie jedoch hart. Sie wollte einfach Freude an ihrem Schatz haben.

Einmal ärgerte mich das derart, dass ich mich nicht mehr beherrschen konnte und mich zu rächen beschloss: Ich hängte ihre Lieblingspuppe, die Mutters Haare trug, mit den Zöpfen am Kleiderschrank auf. Als meine Schwester nach Hause kam, lag die Puppe aber auf der Erde, denn ihre Perücke hatte sich gelöst und hing allein am Kleiderschrank. Glücklicherweise war der Porzellankopf nicht kaputtgegangen! Ich bekam trotzdem großen Ärger, was bekanntlich unter Geschwistern nicht unüblich ist.

Ich verpetzte Marthi auch bei den Eltern, wenn sie abends im Bett noch lange las. Wenn wir nämlich Taschengeld bekamen und ich mir davon gleich Bonbons kaufte, besorgte Marthi sich für zehn Pfennig »Wiete will nach Afrika«, ein Reiseabenteuerbuch für Mädchen. Dieses »Kolonialheft«, das es jede Woche neu zu kaufen gab, war eine Art Vorläufer der heute üblichen Taschenbücher von Disney. Vermutlich gab es mehrere Bände davon, aber auch viele andere ähnliche Hefte, die von Abenteuern in fernen Ländern erzählten. Marthi wollte unbedingt Zoologie studieren, um danach die Nationalparks in Afrika zu bereisen. So stellte sie sich ihren späteren Beruf vor. Weil sie nach bestandenem Abitur in Deutschland infolge der Bombardierungen der Kriegszeit nur zerstörte Tierparks fand, studierte sie dann Tiermedizin. Sie verabschiedete sich von Afrika, blieb aber der geliebten Tierwelt treu.

Marthi las ihre Hefte abends im Bett. Eines Abends klagte ich bei meinen Eltern, dass ich nicht schlafen könne, weil Marthi immer das Licht anhabe. Mein Vater redete daraufhin ein ernstes Wort mit ihr und sie versprach, das künftig zu unterlassen. Weil sie aber doch so leidenschaftlich zu lesen wünschte, versuchte sie es jetzt mithilfe einer Taschenlampe unter ihrer Bettdecke, wobei es allerdings schwer für sie war, an frische Batterien zu gelangen. Einmal war wohl den Eltern ein Lichtschein unter unserer Tür aufgefallen, als sie abends an unserem Zimmer vorbei in ihr Schlafzimmer gingen. Jedenfalls ließ Vater unsere Zimmertür ersetzen durch eine Tür mit einem Milchglasausschnitt. So konnte er auf einen Blick sehen, ob in unserem Raum Licht schimmerte. Nun musste meine Schwester ihr nächtliches Lesen endgültig aufgeben.

Allerdings konnte auch Marthi petzen. Wir hatten einen Arzneischrank, in dem Pflegeprodukte für uns Kinder aufbewahrt wurden, darunter eine Flasche mit Saft, der dem Eisenmangel entgegenwirken sollte. Er war dem bekannten »Kräuterblut« ähnlich, das es heute noch zu kaufen gibt. Davon bekamen wir jeden Abend ein kleines Pinnchen voll unter strenger Kontrolle unserer Mutter zu trinken. Dieser Saft schmeckte mir vorzüglich. Weil ich ihn so gerne mochte, schlich ich mich manchmal heimlich zum Schrank und nahm direkt aus der Flasche einen ordentlichen Zug. Das viele Eisen hat mir nicht geschadet, doch kam mir meine Schwester auf die Schliche. Als Mutter sich wieder einmal wunderte, dass so viel aus der Flasche fehlte, kam von Marthi ein Aufschrei der Empörung: »Ja, die hat wieder getrunken!«, wobei sie auf mich zeigte. So bekam jeder einmal etwas ab. Das gehört wohl in jeder Familie zum Heranwachsen.

Meistens regelten unsere Eltern solche Streitigkeiten souverän. Aber wenn ich heute bei Petra zu Besuch bin und auf einem der alten Esszimmerstühle sitze, dann erinnere ich mich an eine Begebenheit, als es meiner Mutter nicht gelang, Marthi und mich friedlich zu stimmen. Wir hatten uns dermaßen kräftig in der Wolle, dass wir nicht voneinander ablassen wollten, sosehr Mutti uns auch zu beruhigen versuchte. Das brachte sie so in Rage, dass sie schließlich von einem dieser Stühle das Kissen nahm und damit nach uns warf. Ich weiß gar nicht mehr, wer von uns beiden getroffen wurde. Wir waren jedenfalls so verblüfft, dass wir endlich Ruhe gaben. Unsere Mutter war eine Seele von Mensch, aber auch sie hatte sich einmal nicht beherrschen können.

Ferien in der Dürkopp-Villa

Mein Vater war bei Dürkopp in Bielefeld ausgebildet worden, einem großen Unternehmen, das damals schon Hunderte und später Tausende von Mitarbeitern hatte. Obwohl Vater, als Sohn eines Hauderers aus Iserlohn, ein ganz einfacher Junge war, muss er doch etwas dargestellt haben, denn er wurde von Familie Dürkopp geradezu freundschaftlich behandelt. So kam es, dass wir in den 1930er-Jahren die Gelegenheit bekamen, in der hochherrschaftlichen Villa Roseneck der Dürkopps in Bad Salzuflen unsere Ferien zu verbringen. Es gibt Urlaubsbilder, die unsere Familie gemeinsam mit der alten Dame Dürkopp zeigen. Mein Vater war viel in Salzuflen zur Kur, wo die Salinen – Anlagen zur Salzgewinnung mittels Verdampfung – seinem schwachen Herzen guttaten. Eines Tages luden die Dürkopps unsere ganze Familie ein. Ihre Privatvilla war so umgestaltet, wie heute ein Fünfsternehotel aussehen würde. Eigentlich wurden in diesem Hause keine Kinder geduldet, aber wir bildeten die Ausnahme. Die alte Dame Dürkopp kümmerte sich sogar in besonderer Weise um mich, denn ich war es noch mit drei oder vier Jahren gewohnt, abends ein Fläschchen Milch zu trinken. Dazu sollte ich mich am Lieferanteneingang auf der Rückseite der Villa einfinden, wo mir Frau Dürkopp persönlich die fertig gemachte Milchflasche in die Hand drückte.

Nun wurde während unseres Urlaubs ein großes Lampionfest im Park der Villa gefeiert, an dem auch unsere Eltern teilnahmen. Meine Schwester und ich waren früh ins Bett gebracht worden. Darum kümmerte sich eine »Schreckschraube« von Kindermädchen, die unsere Eltern jedes Jahr für uns in Salzuflen engagierten. Wir konnten aber nicht schlafen, weil unsere Gedanken immer wieder bei dem Fest waren und wir der Tanzmusik zuhörten. Die Dienstmädchen, die abends in den Gästezimmern die Betten aufdeckten, hatten Verständnis für unsere Neugier. Sie nahmen uns schließlich mit, damit wir von einem bestimmten Balkon aus einmal einen Blick auf das Fest werfen konnten.

Leider gehörte dieser Balkon nicht zum Zimmer unserer Eltern, sondern zu einem anderen Zimmer, dessen Bewohnerin uns unglück-licherweise vom Garten aus entdeckte. Sie schrie sogleich in die Ge-sellschaft hinein: »Diebe, Diebe!« Der Aufruhr war gewaltig. Auch unsere Eltern waren entsetzt, als sie sahen, dass wir die vermeintlichen Diebe waren. Aber zum Glück hielt Frau Dürkopp ihre Hand schüt-zend über uns, indem sie sagte: »Nun regen Sie sich nicht auf! Es ist doch normal, dass Kinder von einem solchen Fest etwas miterleben wollen! Wenn bei Ihnen etwas gestohlen wurde, dann mit Sicherheit nicht von den beiden Mädchen!« Trotzdem hatten wir unsere Eltern in eine peinliche Lage gebracht. Auch die Zimmermädchen gerieten in Erklärungsnöte, weil sie uns in der kurzen Zeit, die sie für das Auf-decken der Betten und das Auffrischen des Badezimmers brauchten, auf den Balkon gelassen hatten. Die Dame, um deren Zimmer es ging, sah sogleich nach, ob etwas in ihrem Zimmer fehlte oder in Unord-nung geraten war. Höchst befriedigt kam sie dann von ihrer Inspektion zu den anderen Gästen zurück.

Mit Mutter unterwegs nach Rüsselsheim

Meine Mutter arbeitete nicht täglich im Betrieb. Sie half aber aus, wenn es nötig war. So gibt es eine handschriftliche Erinnerung einer Metzgersgattin, die berichtet, dass meine Mutter an einem Samstag-morgen mit dem Chauffeur in die Metzgerei ihrer Eltern gekommen sei, um sich persönlich dafür zu bedanken, dass die Familie drei Autos bei Nolte gekauft hatte.

Da Mutter schon einen Führerschein besaß, was für Frauen in der damaligen Zeit sehr ungewöhnlich war, wurde sie gerne vom Betrieb als Fahrerin in Anspruch genommen. So bat man sie auch, Autos vom Opelwerk in Rüsselsheim nach Iserlohn zu überführen. Autos musste man damals noch einfahren und das machte meine Mutter auf dem Rückweg nach Hause. So konnten sich die Kunden gleich ans Steuer setzen und mussten nicht mehr über das sorgfältige Einfahren in ver-schiedenen Geschwindigkeiten nachdenken.

Als ich im Grundschulalter war, nahm Mutter mich in den Ferien oder an Wochenenden gern mit nach Rüsselsheim. Wir fuhren mit dem Zug dorthin und nahmen den Rückweg am Rhein entlang nach Hause, eine wunderschöne Strecke, die rechts und links von Burgen umsäumt ist. Mutter nutzte die Gelegenheit, mit mir einige dieser stolzen Burgen zu besichtigen. Mit Filzpantoffeln an den Füßen sahen wir sie uns an. Manchmal übernachteten wir in einem hübschen Hotel, um einen besonders schönen Tag zu erleben. Auf diese Weise lernte ich das Geschäft eines Autohausinhabers von einer sehr angenehmen Seite kennen. Selbst einmal Auto fahren zu können, um auch in einem Hotel abzusteigen, erschien mir damals sehr erstrebenswert.

Als wir Anfang Mai 1937 im Dom Hotel in Limburg zu Abend aßen – an einem Tag wäre die Rückfahrt von Rüsselsheim nach Iserlohn nicht zu schaffen gewesen –, hieß es plötzlich: »Der Zeppelin ›Hindenburg‹ überfliegt die Stadt Limburg!« Wir ließen alles stehen und liegen, liefen nach draußen und bestaunten dieses majestätische Luftschiff über uns, eines der beiden größten jemals gebauten Luftfahrzeuge. Ich war damals sechs Jahre alt und sehr beeindruckt, kannte ich doch bisher nur Kleinflugzeuge, die ich bei Flugvorführungen im Sauerland beobachten konnte, auf einer Bierkiste auf der Wiese sitzend. Dieser Zeppelin hatte ein anderes Kaliber! Wenige Tage später hörten wir in Iserlohn, dass die »Hindenburg« am 6. Mai bei der Landung in Lakehurst in den USA in Flammen aufgegangen war und es dabei zahlreiche Todesopfer gegeben hatte.

Auch von unseren Zugfahrten gibt es einiges zu berichten. So erinnere ich mich, dass wir einmal im D-Zug erste Klasse fuhren. In den Abteilen waren die Kopfbereiche der Sitzplätze mit hübscher Spitze bezogen. In jedem dieser Waggons sorgte eine adrette Toilettenfrau für Ordnung und Sauberkeit. Diese Bahnbediensteten trugen ein schwarzes Kleid und ein weißes Häubchen, ähnlich der Bedienung in einem Café. Man leerte die Aschenbecher in den Abteilen und reichte jedem ein frisches Handtuch, der die Toilette benutzte. Wenn ich groß sein würde, nahm ich mir damals vor, wollte ich solch eine Fachkraft für D-Züge werden. »Warum das denn?«, fragte meine Mutter. »Dann kann ich kostenlos die ganze Welt sehen!«, schwärmte ich, »und noch dazu in einem so hübschen Kleid!«

Im Zug sah ich zum ersten Mal in meinem Leben eine Schwarze, eine »Negerin«, wie man damals noch ganz unbefangen sagte. Sie trug einen goldenen Ring durch die Nase. »Na und?«, würden meine Enkelkinder heute sagen, wo viele Jugendliche Piercing lieben. Damals war mir eine Erscheinung wie diese Frau mit dunkler Haut und Nasenring jedoch vollkommen fremd. In natura sah man damals sehr selten Afrikaner bei uns. In der Schule hatten wir die Erdteile noch nicht durchgenommen, Fernsehen oder Illustrierte gab es bei uns nicht. Diese fremde Frau faszinierte mich. Ich starrte sie unverhohlen an. Da ihr das unangenehm war, beschwerte sie sich irgendwann bei meiner Mutter, die mich sicherlich bat, doch woanders hinzugucken. Doch ich konnte meinen Blick einfach nicht von dieser Frau wenden. Als sie drauf und dran war, den Schaffner zu holen, wechselten wir schließlich das Abteil.

Wenn bei einem Kind die Neugier einmal geweckt ist, kann man es kaum bremsen. Eine ähnliche Situation erlebte ich später einmal mit meiner eigenen Familie. Wir saßen in einem Hotel-Restaurant in Brüssel, als sich unsere Töchter sehr für irgendein Geschehen hinter mir interessierten. »Wo guckt ihr denn immer hin?«, fragte ich. »Oh, das ist so interessant!«, schwärmten die Mädchen. »Da sitzen Frauen, die keine Deutschen sind, sie haben eine andere Hautfarbe als wir und tragen Gewänder, die wir noch nie gesehen haben. Dabei haben sie komische Klebeflecken im Gesicht. Eine hat einen ganz großen auf der Stirn!« – »Aber nun starrt sie doch nicht so an!«, bat ich sie und erzählte von meinem Erlebnis mit der Afrikanerin im Zug. Ich selbst traute mich nicht, mich umzudrehen. Das wäre mir unhöflich vorgekommen, doch hatte ich ein wenig Sorge, dass man uns aus dem Restaurant verweisen würde, falls sich die Damen von unseren Mädchen gestört fühlten. So weit kam es jedoch nicht. Als wir schließlich aufbrachen, sah ich, dass es Inderinnen waren. Eine trug das typische Bindi, das »dritte Auge«, auf der Stirn. Heute sind jedem Kind solche Menschen von Bildern oder aus eigenem Erleben vertraut. Früher aber war das anders, man reiste noch nicht so einfach um den ganzen Globus und Fotografien sah man selten. Als ich 1939 in der Schule erzählte, mein Vater besitze eine Leica-Kamera, war das etwas ganz Besonderes. Kaum einer fotografierte zu dieser Zeit schon selbst.

Beängstigend war ein anderes Erlebnis, das ich einmal mit meiner Mutter während einer Zugfahrt entlang des Rheins hatte. Mutti war gerade auf den Gang getreten, als sie sah, wie ein Mann bei rasender Fahrt die Außentür aufgerissen hatte – es gab noch keine elektronische Zentralverriegelung der Türen. Er wollte sich offensichtlich aus dem Zug stürzen. Mutter umklammerte ihn sofort, um ihn daran zu hindern. Zum Glück kam just in diesem Augenblick der Schaffner vorbei und zog die beiden zurück, um die Tür wieder zu schließen. Ich war noch relativ klein, wollte aber besorgt nach meiner Mutter schauen, als ich Zeuge dieser Szene wurde. Allein der heftige Windzug durch die geöffnete Tür bei voller Fahrt ängstigte mich schon, als ich bestürzt sehen musste, wie meine Mutti mit einem fremden Mann kämpfte. Ich verstand nicht, was da los war. Für mich war das ein ganz schreckliches Erlebnis.

Kinderstreiche

Ich spielte als Kind immer viel mit Jungen, weil ich gerne draußen Rollschuh lief. Im Winter war ich am liebsten mit Schlittschuhen auf der Straße unterwegs. Ein Nachbarsjunge aus der Bäckerei und Konditorei direkt neben unserem Geschäft ging mit mir gemeinsam in die Grundschule. An einem Kriegstag, als ich wegen der recht knappen Essensrationen wieder mal sehr hungrig war, versprach er mir, etwas für mich aus der Bäckerei zu besorgen. Wir trafen uns heimlich in luftiger Höhe: Ich kletterte auf unser Werkstattdach, während er im Hof, wo der Backofen stand, auf das Dach der Konditorei stieg. In der Mitte des Flachdaches trafen wir uns, um feierlich einige Honigkuchenteilchen zu essen, die er stibitzt hatte. In der Folge vermisste die Frau des Konditors die ihr fehlenden Honigkuchen. Danach gab es böse Worte!

Auf den Dächern gab es Fugen, die mit Teer abgedichtet waren. In der Sonne wurde dieser Teer so weich, dass man ihn mit den Fingern herauspulen und zu klebrigen Kügelchen formen konnte. Mit einer Freundin machte ich mir einen Spaß daraus, auf dem Bauch bis zum Rand des Daches zu robben und die Leute, die unterhalb von uns an der Bushaltestelle warteten, heimlich mit Teerkugeln zu bewerfen. Während wir uns so vergnügten, hörten wir plötzlich hinter uns die strenge Stimme meines Vaters: »Meine Damen, wollen Sie wohl sofort herunterkommen?« Nach außen blieb Vater immer betont höflich, er konnte aber auch sehr energisch werden. Meine Freundin meinte daher, es sei vielleicht sicherer, im Versteck zu bleiben, aber ich hielt es doch für ratsam zu gehorchen. Wir kamen also auf allen vieren angekrochen, sahen meinen Vater unten auf dem Betonboden des Hofes stehen und hörten, dass sich Leute bei ihm beschwert hatten. Seitdem hatten wir einen Riesenrespekt vor meinem Vater!

Der reichte allerdings nicht so weit, dass ich mir das Rollschuhfahren hätte verkneifen können, obwohl Vater immer schimpfte, wenn er mich mal wieder irgendwo auflesen musste, weil ich gestürzt war und mich verletzt hatte. Zunächst sauste ich die Mendener Straße entlang, bis Anwohner darüber klagten, dass ihnen das Gerappel der Räder auf gerastertem Pflaster zu laut sei, zumal in der Mittagszeit. Also suchte und fand ich eine neue Rennstrecke hinter dem Betrieb. Einmal allerdings war ich dann doch zu schnell. Ich konnte nicht mehr rechtzeitig bremsen und fuhr einem Fremden von hinten in die Hacken. Wieder gab es eine Beschwerde bei meinem Vater. Aber trotzdem lockten mich meine Rollschuhe weiter und ich suchte eine neue geeignete Strecke, die ich am Seilersee fand. Sie war völlig glatt und sogar abschüssig. Fußgänger gab es dort kaum am Straßenrand. Leider war diese Strecke zu den Rändern hin abgesenkt, um das Regenwasser in eine Rinne zu leiten. Die Randstreifen waren grob gepflastert. So kam ich einmal mit meinen Rollschuhen dem Rand zu nahe und stürzte auf die Pflastersteine. Oh wie tat das weh! Untröstlich saß ich am Straßenrand mit meinen blutenden Knien. Ich wusste nicht, wie ich damit nach Hause kommen sollte. Da kam zufällig unser Meister Dollberg bei einer Probefahrt mit einem Kundenfahrzeug vorbei. Er war sofort bereit, mir zu helfen, aber meine blutigen Beine durften auf keinen Fall den

Wagen beschmutzen. Kurzerhand zog er seinen grauen Meisterkittel aus und setzte mich darauf. Meine Schmerzen verkniff ich mir tapfer. Als Kind musste man ja hart im Nehmen sein! Ich war in dieser Notlage aber heilfroh, nach Hause kutschiert zu werden.

Einen Tankwart unserer Hoftankstelle, die Tag und Nacht besetzt war, beauftragte Vater damit, mir das Radfahren beizubringen, falls es für ihn zwischendurch mal nichts anderes zu tun gäbe. Und da früher ja nur selten getankt wurde, gab es immer wieder genügend zeitlichen Freiraum. Gegenüber von unserem Betrieb stand eine Kastanie auf einem runden Platz, der Baum ist immer noch da. Um ihn herum auf diesem Platz habe ich mühevoll das Radfahren gelernt. Ich fühlte mich dabei unglaublich steif. Deshalb konzentrierte ich mich ganz aufs Lenken und Treten, während der arme Tankwart immer neben mir herlaufen und das Rad mit einer Hand am Gepäckträger festhalten musste. Ich konnte einfach keine Balance halten. Anfangs bin ich oft hingefallen. Mehrere Abende hintereinander versuchte dieser Tankwart, mir das Radfahren beizubringen, bis er schließlich sagte: »Bist du denn eigentlich wirklich so blöd? Ich glaube, du hast einen Blödsinn!« – »Wieso?«, fragte ich zurück. »Alle normalen Menschen haben nur fünf Sinne«, gab er zur Antwort, »aber du hast einen sechsten Sinn, das ist eben dein Blödsinn!« Das habe ich behalten. Aber schließlich schaffte der brave Mann es doch noch, mir das Radfahren beizubringen.

Nicht immer durfte ich ungefragt zum Spielen gehen: »Erst die Arbeit, dann das Vergnügen!« war der für uns Kinder geltende Grundsatz. Als einmal ein paar Jungen aus der Nachbarschaft bei uns klingelten, weil sie gerne mit mir draußen spielen wollten, sagte mein Vater: »Ihr könnt Pflaumen döppen (westfälisch für »entsteinen«) helfen und euch dabei satt essen. Erst wenn das geschafft ist, könnt ihr raus!« Meine Freunde nahmen sein Angebot gern an, sie halfen sogar mit Begeisterung, die Steine aus den Früchten zu schneiden. Dabei aßen sie so viele Pflaumen, dass sie am nächsten Tag nicht in die Schule gehen konnten und Stunden auf der Toilette verbringen mussten.

Schulzeit im Nationalsozialismus

Im Frühjahr 1937 war ich noch nicht sechs Jahre alt, also eigentlich noch zu jung, um in der Grundschule eingeschult zu werden. Das Schuljahr begann im Frühjahr. Bis dahin hatte ich einen privaten Kindergarten besucht. Dazu wurde ich morgens abgeholt und mittags zurückgebracht. In der Zwischenzeit »arbeiteten« wir. In kleiner Gemeinschaft wurde gebastelt, ausgeschnitten, gehäkelt und andere Tätigkeiten ausgeübt; »spielen« aber – das, was man heute für so wichtig hält – durften wir damals nicht! Es hätte als unnützes Vertrödeln von Zeit gegolten und war deshalb verpönt.

In der Schule wollte es mir nicht recht gefallen. Dabei versuchten meine Eltern, mir den Anfang so schmackhaft wie möglich zu machen: Meine Lieblingstante wurde nach Iserlohn geholt und im Haus einquartiert, damit sie mich morgens in die evangelische Volksschule bringen konnte. Oft sah sie mich, noch bevor sie wieder bei uns zu Hause angekommen war, dort schon wieder vor der Haustür hocken. Ich hatte Angst vor dem Lehrer und wollte nicht bleiben. Lieber wollte ich weiter mit meinen Püppchen spielen. Meine Eltern luden deshalb extra einmal meinen Klassenlehrer zu uns ein und gaben sich sehr viel Mühe, meine Ängste abzubauen. Ich brauchte aber viel Zeit, um mich an die Schule zu gewöhnen. In meinem ersten Zeugnis stand daher: »Fritzi hat nur einen befriedigenden Anfang gemacht. Die Versetzung ist gefährdet.« Ich hatte zu oft gefehlt.

Ich besserte mich jedoch stetig. Vier Jahre später bestand ich die Aufnahmeprüfung für das Gymnasium. Die Klassen dort waren sehr groß, 50 Mädchen oder mehr. Jede Schülerin hatte dem »Bund Deutscher Mädel« (BDM) beizutreten, dem weiblichen Zweig der Hitlerjugend – ein Tribut an die herrschende Ideologie. Mein Vater machte mir zunächst Schwierigkeiten, weil er nicht einsah, die nötige Uniform für mich zu bezahlen, mit der ich einmal in der Woche »antreten« musste. Zähneknirschend erhielt ich schließlich doch einen schwarzen Rock, in den 10 cm Saum eingenäht wurde, damit er noch bis zu meinem 14. Lebensjahr tragbar wäre. Dazu gab es eine sandfarbene Jacke, ebenfalls mit umgenähten Ärmeln als Wachstumsreserve, einen Lederknoten und einen Schlips. Die weißen Blusen waren unproblematisch, denn die konnte man auch zivil verwenden.

Mein größtes Problem waren die geforderten Schuhe, die man mit weißen Söckchen zu tragen hatte: »Nur einmal werden diese Schuhe gekauft!«, befahl mein Vater – sie sollten so groß gekauft werden, dass ich sie vier Jahre lang tragen könnte. »Dann stopfst du erst mal die Spitze mit Zeitungspapier aus, das wird schon gehen«, sagte er. Onkel Paul, sein bester Freund, der auch im Betrieb als Verkäufer beschäftigt war, sprang aber für mich in die Bresche: »Fritz, das kannst du dem Kind nicht antun! Die bricht sich noch das Genick! Dann bezahle ich ihr lieber die passenden Schuhe.« Die beiden Freunde begannen sich richtig zu zanken. Endlich gab mein Vater nach und ich bekam die passenden Schuhe.

Wer auf der Oberschule war, sollte im BDM eigentlich schnell aufsteigen: Zunächst wurde man Schaftführerin über eine kleine Gruppe, dann Scharführerin und schließlich Gruppenführerin. Die Gymnasiasten sollten das gewünschte Führerprinzip vorleben. Ich schaffte es trotzdem, mich so doof anzustellen, dass ich, wenn auch widerwillig, nur mitzulaufen brauchte. Das musste sein, mehr wollte ich nicht.

In der Schule gab es immer wieder Ermahnungen, nicht mit jüdischen Kindern zu spielen. Wir taten es auch bald nicht mehr, weil wir Angst hatten. Man erzählte uns fortgesetzt nur das Schlechteste von den Juden. Wenn man meint, begriffen zu haben, dass jemand klaut, möchte man als Kind auch nicht mehr dessen Freund sein. Diese Hetze war allgegenwärtig. Man war sich nie ganz sicher, ob nicht doch etwas davon stimmen könnte. Ich bin aber froh, dass ich zu jung war, um ernsthaft einer Ideologie zum Opfer zu fallen. Das habe ich nicht zuletzt meinen Eltern zu verdanken, denn zu Hause hieß es: »Rede nicht schlecht, gegen niemanden!« In Iserlohn gab es damals viele Juden; wir hatten etliche jüdische Freunde und Nachbarn. Auch beteten wir bei jeder Mahlzeit, morgens, mittags und am Abend, obwohl das ebenfalls bald gesellschaftlich geächtet war. »Wir dürfen es nicht, aber wir beten!«, sagten meine Eltern mit Bestimmtheit.

Sehr viele Geschäfte in der Wermingser Straße waren in jüdischer Hand. Ihre Inhaber fuhren alle Autos, sie hingen also auch geschäftlich mit unserem Betrieb zusammen. Ich kann mich sehr gut erinnern, wie später ein jüdisches Geschäft nach dem anderen in Iserlohn geschlossen wurde. Wenn bei uns zu Hause über Politik gesprochen wurde, dann nur in Verbindung mit den Juden. »Jetzt haben sie auch noch die letzte jüdische Familie geholt!«, hieß es zum Beispiel. Es war eine schlimme Zeit. Die Synagoge in der Stadt grenzte an unser Geschäft. In der von den Nazis initiierten Reichspogromnacht im November 1938 wurde auch sie ein Opfer der Flammen.

An eine Begebenheit im Jahr 1938 kann ich mich gut erinnern: Meine Schwester und ich sahen im Schaufenster eines jüdischen Porzellangeschäfts eine wunderschöne Kristallschale. »Das wäre doch was, um es unserer Mutti zu schenken!«, dachten wir beide. Wir gingen also in den Laden und erzählten der Inhaberin von unserem Vorhaben. »Habt ihr denn Geld?«, fragte sie. »Ja!«, nickten wir. Ich glaube, wir hatten fünf Mark, für uns ein gefühltes Vermögen. »Oh, dann packe ich euch die Schale mal schön ein für eure Mutti!«, sagte sie. Natürlich war die Schale sehr viel mehr wert, aber damals gab es noch keine Preisschilder und man erfuhr erst, was etwas kostete, wenn man es kaufen wollte. In diesem Fall erfuhren wir es nicht, aber Mutti fragte uns, wie wir denn an eine solch schöne Schale gekommen seien. Wir erzählten stolz, wir hätten sie von unserem ersparten Geld gekauft. Später ging Mutter diskret in das Geschäft und bezahlte, was noch offen war. Manchmal stelle ich bedauernd fest: Solche Erlebnisse kann man heute in Geschäften nicht mehr haben. Diese Kristallschale mit kleinen Füßchen gibt es nicht mehr, aber die dazu passenden Teller besitzt heute unsere Tochter Petra. Sie sind wirklich etwas ganz Besonderes. Wenn ich bei ihr von diesen Tellern esse, erinnere ich mich an diese großzügige Frau.

Bald nach Kriegsausbruch sahen wir die ersten Verwundeten. Sie wurden in Zügen nach Iserlohn gebracht. Als BDM-Mädchen mussten wir damals im Baarbachtal nördlich von Iserlohn Huflattich stechen, der wegen seiner entzündungshemmenden Wirkung gebraucht wurde. Erst hatten wir dabei Uniform zu tragen, dann wurde es auch in Zivilkleidung erlaubt, damit unsere Uniform nicht übermäßig verschmutzt wurde. Niemand hatte mehrere Uniformen zum Wechseln.

Die Mutter meiner guten Freundin, eine Ärztin, die das Gesundheitsamt während des Krieges in Iserlohn leitete, schickte uns eines Tages zum Bahnhof. Ihr Mann war als erfahrener Internist an der Ostfront eingesetzt und sollte den medizinischen Überblick über den gesamten Nordostabschnitt der Front behalten. »Heute kommt wieder ein Lazarettzug an«, sagte die Mutter zu uns elf- oder zwölfjährigen Mädchen. Wir sollten beim Entladen helfen und den Verwundeten heißen Tee aus Blechkannen reichen. Gleich hinter dem Bahnhof lag das Krankenhaus Bethanien. In seinen Zimmern waren mehrere Betten übereinander, sogar auf den Gängen lagen noch einige Verwundete. Auch dorthin wurden wir geschickt, um den Soldaten etwas Gutes zu tun – mal eine Postkarte zur Post bringen, mal eine andere kleine Hilfe leisten. Das wurde uns als »Kriegsdienst« angerechnet und irgendwo erfasst. Durch diesen Dienst im Krankenhaus erfüllten wir unser Soll. Wir wurden auf diese Weise nicht auch noch woanders eingesetzt.

Eine Begebenheit aus dieser Zeit ist mir unvergesslich: Wir hatten Postkarten bekommen und sollten die Verwundeten dabei unterstützen, wenn sie nach Hause schreiben wollten. Ein junger Soldat diktierte mir für seine Mutter: »Es geht mir gut. Ich bin jetzt im Lazarett in Iserlohn.« Ich saß zu seinen Füßen auf dem Feldbett und sagte: »Ich kann doch nicht schreiben, dass es dir gut geht!« Ihm waren beide Hände abgeschossen worden, er war verstümmelt. »Wenn ich dir sage, du sollst das schreiben, dann schreib es auch so«, antwortete er. »Du musst doch deiner Mutter schreiben, dass du keine Hände mehr hast!«, versuchte ich es noch einmal. »Aber einen Kopf habe ich noch!«, gab er zurück und beeindruckte mich damit sehr. Man muss stets dankbar sein für alles, was man noch hat!

Als BDM-Mädchen zogen wir auch mit Bollerwagen herum und sammelten Altpapier. Meine Vorstellung war, dass man aus diesem Papier Mullbinden für die Soldaten machte – aus Papier und Holz konnte man doch viele Stoffe herstellen. Deshalb nahm ich diese Arbeit sehr ernst. Der Rektor meiner Schule schenkte mir schließlich im Auftrag des Bürgermeisters ein Buch als Zeichen des Dankes für meinen Sammelfleiß.

Wenn ich in den Katechumenen- und Konfirmandenunterricht ging oder sonntagmorgens in den Kindergottesdienst, verlangte mein Vater von mir, die Bibel oder das Gesangbuch offen zu tragen. Man hatte ein weiß umhäkeltes Taschentuch, das man, zum Dreieck gefaltet, als Schmutzschutz darüber trug. Ich wäre lieber weniger aufgefallen als Christin, denn auf der Wermingser Straße standen SA- oder SS-Posten, die die Hauptstraße überwachten. Sie konnten mich schon von Weitem erkennen. Vor ihnen hatte ich immer Angst. Ich hatte etwas von den »Deutschen Christen« und den »Bekennenden« gehört, was man in der Bevölkerung unterschied, doch wusste ich nicht, ob die NS-Schergen mir gefährlich werden könnten. Offen angefeindet oder drangsaliert wurden wir allerdings nicht. Die Stunden wurden auch mit Bedacht so gelegt, dass sie sich nicht mit BDM-Terminen überschnitten, besonders nicht mit dem Antreten an jedem Mittwoch- und Samstagnachmittag. Daran nicht teilzunehmen wäre ohne ärztliche Bescheinigung undenkbar gewesen. Kinder wie Eltern hätten sich damit unnötig in Gefahr begeben.

Am 25. März 1945 wurde ich in der Bauernkirche konfirmiert. Allerdings reichte die Zeit nur für einen halben Segen bei mir, denn als wir zu viert zur Segnung niederknieten, ertönte plötzlich die Sirene: Fliegeralarm! Sofort wurde alles abgebrochen. Alle flüchteten gemeinsam in den Luftschutzkeller. Unter der Stadtmauer Iserlohns gab es einen langen Stollen, der für den Luftschutz eingerichtet worden war. Dorthin sollten alle fliehen, die in der Altstadt unterwegs waren, so auch wir. Von den geplanten 500 m Länge sind allerdings bis Kriegsende nur 200 m fertig geworden. Entsprechend eng war es daher für alle, die dort Zuflucht suchten.

Paul Lüling

Mein Vater hatte einen guten Freund: Paul Lüling. Der arbeitete als Verkäufer bei uns im Betrieb, war alleinstehend und häufig in unserer Familie zu Gast. Wenn es meinem Vater nicht gut ging, konnte Onkel Paul mühelos seine Rolle als Gastgeber übernehmen, so vertraut war er uns. Er war in jeder Hinsicht das, was man früher eine »gute Partie« genannt hätte: eine stattliche Erscheinung, ausgesprochen erfolgreich im Beruf, häufig in schicken Autos unterwegs und immer charmant. Es gab auch viele junge Damen, die ein Auge auf ihn warfen, und auch er schien an ihnen häufig Gefallen zu finden.

Er war verlobt. Ich erzähle gern, wie Martha und ich wohl verhindert haben, dass es zu einer Hochzeit kam. Wir hatten Onkel Paul bekniet, uns am Wochenende mitzunehmen auf einen Ausflug, den er mit seiner Verlobten geplant hatte. Das Auto, das für Glanz und Fortschritt stand, brachte es damals mit sich, dass man sich bei Geselligkeiten und Vergnügungen blicken lassen musste, um es erfolgreich verkaufen zu können. Ich selbst habe einmal einen Kaufvertrag im Café Hübner in Iserlohn abgeschlossen. Es galt als Tanzcafé, in dem mich mein Vater nicht gern gesehen hätte. Mit standfestem Charakter geht jedoch vieles!

Paul Lüling starb 1941 plötzlich. Er ist nur 39 Jahre alt geworden. Mein Vater sprach noch jahrelang davon, wie sehr ihm dieser Freund fehlte.

»Onkel Nolte« und die Kinder

An der Mendener Straße lag die Iserlohner Ostschule, eine Volksschule, die ich vier Jahre lang besucht habe. Man konnte dort seine Grundschulzeit wie auch seine gesamte Pflichtschulzeit verbringen – damals waren das acht Jahre. Die Konfirmation fiel üblicherweise zusammen mit dem Schulabschluss. So kam es auch in unserem Betrieb zu den vielen Betriebsjubilaren, die ein halbes Jahrhundert bei Gebrüder Nolte verbracht hatten: Mit 14 Jahren hatten sie zumeist ihre Lehre begonnen und bis zum Ruhestand bei uns gearbeitet.

Wer von der Ostschule aus die Mendener Straße entlang in Richtung Innenstadt ging, kam an unserem Betrieb vorbei. Nun hatte es sich bei den Kindern herumgesprochen, dass »Onkel Nolte«, mein Vater Fritz, für sie Brausetütchen bereithielt. Wenn sie aus der Schule kamen, marschierten sie also geradewegs in sein Chefbüro hinein, streckten ihm ihre bereits mit Wasser gefüllten Becher entgegen und baten um ein bisschen Brause. Vater zog dann seine Schreibtischschublade auf und füllte den Kindern den Becher mit der zumeist gewünschten Geschmacksrichtung Waldmeister, auch Zitrone und Kirsche. Die leeren Tütchen sollten sie mitnehmen, damit er den Abfall nicht in seinem Büro hatte, und so zogen die Kinder fröhlich weiter. Das Personal hatte den klaren Auftrag, die Kinder nicht abzufangen vor seinem Büro. Vater sorgte immer dafür, dass sein Vorrat an Brausetütchen nicht so schnell zur Neige ging.

Die Autos zogen besonders die Jungen magisch an. Wir mussten immer wieder dafür sorgen, dass sie nicht zwischen den Autos umherliefen und sich in Gefahr brachten. Ab 1951 veranstaltete Opel bundesweite Seifenkistenrennen. Auch in unserer Werkstatt wurden solche »Rennwagen« gebaut. Vater lud dazu Schüler von etwa 10 bis 14 Jahren und die eigenen Lehrlinge am Sonntag in die Werkstatt ein, um diese Seifenkisten mithilfe unserer alten Meister zu konstruieren und zu bauen. Auch Vater selbst beteiligte sich mit großem Vergnügen daran. Von Opel gab es einheitliche Räder und in unserem Lager ließen sich sicher Gestänge, Lenkräder und andere nützliche Dinge finden, die die Werkstatt nicht mehr als Ersatzteile brauchte, die aber in diesen Kleinfahrzeugen verarbeitet werden konnten. Die Jungen lernten von den Meistern, wie man Splinte einsetzt, Schrauben sicher befestigt und Räder anbringt. Darüber hinaus wurde das gebaut, was immer die Jungen wollten – hier ein Bullauge, dort eine andere Besonderheit. Vater warb dafür, auf Stromlinienförmigkeit zu achten: »Wenn ihr Sieger werden wollt, müsst ihr die Kiste ähnlich wie einen Pfeil konstruieren, damit ihr nicht so viel Windwiderstand habt!«, sagte er zum Beispiel.

Die Rennen wurden zunächst lokal ausgetragen. Dazu wurde in Iserlohn die Schapke gesperrt, weil es auf dieser Straße schön bergab ging. Die Seifenkisten hatten ja keinen eigenen Antrieb, sie mussten anfangs richtig Schwung bekommen. Die Straßenränder wurden vorsorglich mit Strohballen gesichert. Alle »Rennfahrer« bekamen eine Startnummer wie bei einem echten Autorennen. Den ersten Schwung holten sich die Wagen auf der Startrampe, von der sie hinuntersausen mussten. Mein Vater und der jeweilige Oberbürgermeister der Stadt waren Schirmherren dieser Rennen. Per Motorrad inspizierte Vater die Strecke und achtete auf Sicherheit und Ordnung, bevor der Startschuss fiel.

Die Strecken in den einzelnen Städten wurden weitestmöglich aufeinander abgestimmt. Wer in seinem Heimatort siegte oder dort eine bestimmte Zeit unterschritt, qualifizierte sich damit für das große, bundesweite Opel-Seifenkistenderby in der Wedau in Duisburg. Dort war eine Riesenrampe mit Tribüne aufgebaut, auf der man die Spitzen der Opelwerke sitzen sah. Mehrmals war auch eine unserer Seifenkisten bei diesem Derby dabei. Bereits im Jahre 1952 stammte einer der Sieger aus unserem Iserlohner Rennwagenteam.

20 Jahre lang organisierte und förderte Opel diese Seifenkistenrennen mit enormem Aufwand, 1971 leider zum letzten Mal. Aber sehr viel später, in den 1990er-Jahren, gab es ein Wiederaufleben dieser Wettbewerbe, nun ausgetragen vor unserem Betrieb in der Giesestraße. Das hatte wohl der Jugendzug der Iserlohner Bürgerschützen organisiert. Gebrüder Nolte hatte zugesagt, sich zu beteiligen. In unserer Karosserieabteilung wurden mit den Jugendlichen zwei Seifenkisten für die »freie Klasse« gebaut, in der es wenig Vorgaben gab. Zwei dieser Kisten stehen noch heute im Betrieb – eine blaue mit Saab-Emblem und eine gelbe mit dem Opel-Zeichen. Beide waren in den folgenden Jahren im Schützenzug zu sehen. Anfangs wurden sie noch gezogen. Inzwischen werden sie jedoch aus Sicherheitsgründen auf einem Tieflader präsentiert.

Viele Jahre lang veranstaltete der Jugendzug der Schützen noch diese Rennen. Gebrüder Nolte stiftete für die Sieger Medaillen und Pokale. In den letzten Jahren aber ist die Veranstaltung eingeschlafen. Die schöne Zeit der Seifenkistenrennen in Iserlohn ist vorbei.

Von Diakonissen begleitet

Mein Vater erlitt um das Jahr 1938 seinen ersten Herzinfarkt und musste ins Krankenhaus, wo ihn Diakonissen pflegten. Seit dieser Zeit wurden wir auch zu Hause regelmäßig von Diakonissen begleitet. Es verging kein Weihnachtsfest mehr, ohne dass mein Vater zum Dank ein oder zwei Schwestern aus dem Krankenhaus einlud, mit uns Heiligabend zu feiern. Für mich gehörten die Diakonissen fast zur Familie.

Diese Schwestern verbrachten ihre Freizeit gerne mit uns. Vor 1939 war es ja noch eine Sensation, wenn jemand ein Auto hatte. Auch wir machten damit gelegentlich einen Sonntagsausflug ins Sauerland. Eine Diakonisse erklärte mir scherzhaft, warum es auf den Weiden Kühe gab, die stehen, und andere, die knien: »Die, die steht, ist die evangelische Kuh, die kniende ist katholisch«, war ihre Erläuterung. Wir hatten unseren Spaß miteinander.

In meiner Ehe setzte ich später ebenfalls ein besonderes Vertrauen in die Diakonissen. Wenn ich in unserem Autohaus mal eine Schwester mit Häubchen sehe, die vielleicht ihr Fahrzeug betankt, scheint sie wie aus einer anderen Welt zu kommen. Es ist gleich so etwas wie Respekt da. Ich schätze es daher auch, wenn ein Pfarrer außerhalb des Gottesdienstes ein Beffchen – die zum Talar gehörende Halsbinde – trägt, damit man ihn erkennt. Für mich sind das Menschen, die ihr Leben und Arbeiten an Gott festgemacht haben, um für andere da zu sein. An solche Menschen kann man sich wenden. Ich finde es schön, wenn man sie auch an ihrer Kleidung erkennt.

ZWEITER WELTKRIEG

Schlaglichter aus der Kriegszeit

An den ersten Kriegstag kann ich mich genau erinnern: Meine Schwester und ich waren zu Beginn der großen Ferien in Bad Sassendorf in einem privaten Kinderheim zur Erholung, wohin uns unsere Eltern regelmäßig schickten. Das kostete sie viel Geld, aber sie taten das, weil auch sie Erholung nötig hatten: Wenn wir in Sassendorf waren, hatte unser Hausmädchen frei und fuhr nach Hause, Vater ließ sich im Hotel »Franzosenhohl« in Iserlohn versorgen (und blieb im Betrieb) und Mutter ging zur Kur nach Bad Mergentheim, da sie Probleme mit ihrer Galle hatte. Um eine Operation kam sie immer herum, aber sie spülte die Galle gezielt, aß Öl und Kartoffeln als Schonkost und kehrte regelmäßig in einem privaten Sanatorium ein. Zu Hause wurde in diesen Zeiten die Haustür einfach zugeschlossen. Diese Zeiten zur Erholung waren schon vor dem Zweiten Weltkrieg wichtig.

Wir Kinder sollten dabei jedoch nicht zu kurz kommen. Wir zogen jeden Morgen in Sassendorf vom Kinderheim aus los und badeten in großen Holzbottichen im Solebad. Das tat uns gut. Mit einem Handtuch unterm Arm gingen wir hinaus, der Kälte trotzend, denn man sollte auch abgehärtet werden.

Mein Vater hatte in solchen Zeiten immer große Sehnsucht nach uns. Einmal fuhr er einfach von Iserlohn aus los – es war ja nicht sehr weit – und setzte sich in Sassendorf irgendwo etwas versteckt in ein Lokal, nur um einen kurzen Blick auf uns werfen zu können, wenn wir in unserer Kindergruppe vorbeizogen. Kontakt zu den Eltern war vonseiten der Leitung eigentlich nicht erwünscht, denn die Kinder hatten auch so schon häufig genug mit Heimweh zu kämpfen. Aber nun saß Vater einfach auf dieser Caféterrasse. Doch ich habe ihn durch die Büsche hindurch erkannt. »Da ist mein Papa!«, rief ich laut, scherte aus der Reihe aus und lief sofort zu ihm, meine Schwester kam hinterher. Vater musste sich nun bei unserer Betreuerin entschuldigen, erhielt aber sogleich die Erlaubnis, mit uns etwas zu trinken. Wie er erzählte, ist er bei anderer Gelegenheit auch einmal abends gekommen, als wir schon schliefen. Er hatte die Oberin sogar überredet, ihn einen Blick auf seine Mädchen werfen zu lassen. Wir schliefen in unterschiedlichen Zimmern, ich mit den kleinen, Martha mit den größeren Mädchen. Das waren die üblichen Kinderferien in Bad Sassendorf.

Im Sommer 1939 jedoch verlief einer der Tage anders als sonst. Ein Mädchen aus Holland wurde plötzlich nach Hause geholt. Uns wurde erklärt, das geschehe, damit sie nicht interniert würde, wenn der Krieg ausbräche. Das Wort »internieren« hörte ich da zum ersten Mal. Man befürchtete, die Grenze zu Holland würde geschlossen, sodass sie dann nicht mehr nach Hause zurückkehren könnte. Unerwartet standen auch unsere Eltern wenige Tage später vor der Tür, um uns vorzeitig abzuholen. Wir fragten nach dem Grund und erhielten zur Antwort: »Weil der Krieg ausbricht.«

Es gab damals noch keine freien Informationen wie heute. Dass meine Eltern den Kriegsbeginn kommen sahen, war meiner Mutter zu verdanken. Sie hatte im Kurpark von Bad Mergentheim zufällig gehört, wie zwei deutsche Offiziere sich darüber unterhielten, dass deutsche Soldaten im Sudetengau ständen, wo schon geschossen werde; es könne sich nur noch um Stunden handeln, bis der Krieg ausbreche. In Polen nahm dann der Zweite Weltkrieg seinen Anfang. Meine Mutter hatte dann sofort bei Vater angerufen und ihn inständig gebeten, uns abzuholen. Vergeblich hatte er versucht, sie zu beruhigen: In ein paar Tagen seien die Ferien doch ohnehin vorbei.

Am selben Abend dieses Tages waren wir alle wieder zu Hause, auch das Hausmädchen war zurückgekommen. Am nächsten Morgen bekamen wir die erste Auswirkung des Kriegsbeginns zu spüren: Mutter schickte uns zum Bäcker, Brot zu holen. Da fanden wir an der Ladentür ein Schild, dass es Essbares nur noch auf Lebensmittelkarten gebe. Vom ersten Tag des Krieges an war alles rationiert. An diesem Morgen machten wir Konserven aus dem Kellervorrat auf, um überhaupt etwas zu essen zu haben, denn sonst war ja nichts da. Dann mussten wir uns beim Amt melden, um die Lebensmittelkarten zu beantragen, um überhaupt wieder einkaufen zu können. Da Papier knapp wurde, hieß es in den Geschäften: »Bitte Tüten mitbringen!«

Ein junger Mann nach dem anderen aus unserem Betrieb wurde eingezogen. Vater fragte sich bei jedem Stellungsbefehl, den ein Mitarbeiter bekam, wie es weitergehen sollte. Als Nächstes holte man die fabrikneuen Autos aus den Schaufenstern heraus. Das letzte war ein schwarzes, zweisitziges Opel-Kapitän-Cabriolet mit roten Polstern – ich war so darin verliebt!

An eine Szene wenige Wochen nach Kriegsausbruch erinnere ich mich deutlich. Das in Iserlohn beheimatete Schützenregiment war aus Polen zurückgekehrt, um in den hiesigen Kasernen aufgefrischt und auf neue Einsätze vorbereitet zu werden. Das wurde zum Fest hochgespielt, bei dem die siegreichen Soldaten gefeiert werden sollten: »Heil Hitler! Wir haben Polen erobert!«, jubelte man. Aber mein Vater stand nur am Fenster und wies mich darauf hin, wo ein Platz unbesetzt war: »Überall da, wo ein Stahlhelm liegt, da fehlt ein Mensch. Schau, da saßen mal vier, jetzt sitzen da nur noch drei – einer ist tot.« Das klang ganz anders als der Jubel, den man im Radio und auf der Straße hörte.

Wir Kinder begannen, Fragen zu stellen: »Warum fallen die Soldaten? Und warum gibt es so viele Verwundete?« Am Himmel sah man bald die bedrohlichen Tiefflieger und ich bekam wohl mit, dass die Propaganda der Radionachrichten darüber, was wieder alles erobert worden sei, im Widerspruch zu dem stand, was wir erlebten. »Das stimmt doch alles nicht!«, murmelten unsere Eltern. Wie konnte das sein, dass man im Radio etwas Unwahres verbreitete? Es war bald auch offensichtlich falsch, dass Deutschland immer auf dem Vormarsch sei. Unsere Soldaten waren lange schon auf dem Rückzug. Darüber unterhielten sich die Eltern. Ärgerlich sagten sie: »Komm, dreh den Kasten ab!«

An einem Sonntagmorgen wollten die Nationalsozialisten meinen Vater sogar verhaften, weil er der Aufforderung der Partei nicht gefolgt war, an ihrer Versammlung teilzunehmen. Ich kam aus dem Gottesdienst und sah von Weitem, dass unsere Haustür offen stand. Mannschaftswagen der Sicherheitskräfte standen davor. Unser Hausmädchen kam mir entgegengelaufen und rief: »Die wollen deinen Vater mitnehmen!« Was »mitnehmen« hieß, das wusste man schon – selten sah man einen von diesen Mitgenommenen wieder. Die Bedrohung war mit Händen zu greifen. Ich hatte schreckliche Angst um meinen Vater. Er litt ja an seinem im Ersten Weltkrieg erlittenen Bauchdeckenbruch. Als ich ins Haus kam, sah ich die braun gekleideten SA-Männer mit ihren Armbinden vor seinem Bett stehen. Sonntags nutzte Vater gern die Gelegenheit, in Ruhe zu baden. Die Woche über duschte er mit einem wasserdichten Verband über der Leibbinde, aber sonntags nahm er die Leibbinde ab und badete. Das bedeutete allerdings, dass er danach mehrere Stunden im Bett verbringen musste, um seine Organe wieder an ihren Platz zu massieren. Dann erst konnte er die Leibbinde wieder anlegen. Diese ganze Prozedur hatte er gerade hinter sich, als die Männer in sein Schlafzimmer stürmten. Sie schlugen seine Bettdecke zurück und wollten ihn eben packen, da riss er vor ihren Augen die Binde herunter, sodass sich seine Innereien wieder wie ein Kindskopf nach außen stülpten, nur von der Haut gehalten. Das erschreckte sie derart, dass sie von ihm abließen und sich zurückzogen. Sie hatten Angst vor dieser unbekannten Krankheit. Sie hätten es sich wohl auch nicht leisten können, meinen Vater als den Kopf eines kriegswichtigen Betriebes aus dem Verkehr zu ziehen, denn es gab ja kaum noch Leute; die Meister und fast alle Mitarbeiter waren an der Front. Man konnte auf die wenigen Fachkräfte, die noch blieben, nicht verzichten – Feuerwehr-, Kranken- und Polizeiwagen mussten schließlich repariert werden.

Wie die Eltern mir später erzählten, hatte Vater zuvor eine »letztmalige Aufforderung zum Antreten« erhalten, war diesem Appell aber nicht gefolgt. Wer solchen Aufrufen nicht Folge leistete, musste mit schlimmen Konsequenzen rechnen. Sein Bauchdeckenbruch aus dem Ersten Weltkrieg bewahrte Vater letztlich davor. Er hatte wohl gedacht, dass die Behörden über seine Kriegsverletzung ausreichend informiert waren. Nach diesem bedrohlichen Erlebnis besorgte er sich eine ärztliche Bescheinigung, die sich bewährte, als man gegen Ende des Krieges versuchte, ihn zum »Volkssturm« heranzuziehen. Das war ein letzter, verzweifelter Versuch des Regimes, mit Kindern und Alten das Land zu verteidigen.

Ein anderes Mal bangte ich um meinen Vater, weil er auf ein Fahrrad stieg, um Express-Teile vom Bahnhof abzuholen. Er fuhr sonst nie mit dem Rad, weil er dafür entschieden zu krank war. Wegen der Benzinknappheit durfte man nicht mehr Auto fahren. Nun waren aber Ersatzteile nötig, um mit den Reparaturen voranzukommen. Ein anderes Mal zog er schwere Ersatzteile mit dem Leiterwagen in den Betrieb. Seine Mitarbeiter waren ja überwiegend eingezogen; höchstens waren ihm ein paar Lehrlinge geblieben, die mit 14 Jahren noch zu jung für die Front waren und nur in der Hitlerjugend dienen mussten.

Selbst meine Schwester, Jahrgang 1927, blieb vom Kriegsdienst nicht vollkommen verschont: Sie wurde aus ihrem Internat in Stift Keppel bei Hilchenbach für ein paar Wochen abkommandiert nach Iserlohn. Hier musste sie bei einer kinderreichen Nazi-Familie im Haushalt helfen. Wie linientreu diese Familie mit ihren sechs oder acht Kindern war, konnte man daran sehen, dass sie jeden Morgen frisch gebackene Brötchen aßen, während Marthi zuschauen und arbeiten musste. Wer in der Partei eine Rolle spielte, war auch während des Krieges bestens versorgt. Marthi musste morgens unentgeltlich in aller Frühe zum Dienst antreten. Abends kam sie erschöpft nach Hause, um zu schlafen. Mutter rieb ihr dann die schmerzenden Arme ein und redete ihr gut zu, am nächsten Tag einfach wieder weiterzumachen. Als Gymnasiastin war sie körperliche Arbeit nicht gewohnt, da waren nur feine Tätigkeiten wie lernen, sticken oder Gambe spielen gefragt. Schlimm traf es sie daher, dass sie jetzt die Waschmaschine für die Großfamilie zu bedienen hatte. Mit der »Waschmaschine« zu arbeiten bedeutete damals, eine schwere Metalltrommel voller nasser Wäsche per Handkurbel durch heiße Seifenlauge zu drehen. Stundenlang drehte Marthi, bis die ganze Wäsche sauber war. Andere Mädchen ihres Jahrgangs wurden damals sogar an die Front geschickt, zum Beispiel um in einem Lazarett zu helfen. Meine Schwester tat mir schrecklich leid in diesen Wochen. Aber es half nichts, sie musste da durch!

Und es ging leidvoll für sie weiter: Als sie an die Schule zurückkehrte, fehlte die Oberin, eine Christin, die das Stift hatte verlassen müssen. Die Schulgebäude wurden teilweise mit Verwundeten belegt. Für die Mädchen hieß es: eng zusammenrücken. Aus Ein- oder Zweibettzimmern wurden Unterkünfte für acht bis zehn Mädchen. Da die hygienischen Verhältnisse an der Front natürlich katastrophal waren, schleppten manche Verwundeten Krankheitskeime ein. Penizillin gab es damals noch nicht. So kam es, dass sich Marthas beste Freundin mit Wundfieber infizierte und daran starb. Es war eine schreckliche Zeit!

Von 1940/41 an erzählte Vater uns mittags immer häufiger, wer von den Mitarbeitern gefallen war. Die Firmen wurden stets benachrichtigt. Mit dem Frankreichfeldzug kamen auch die ersten »Halbgefangenen« aus Frankreich nach Iserlohn, um bei uns zu arbeiten. Der Autohandel war zwar zum Erliegen gekommen, aber es wurde eifrig repariert. Ersatzteile, die nicht beschlagnahmt worden waren, mussten dafür herhalten, Wehrmachts- und Feuerwehrfahrzeuge sowie Krankenwagen zu reparieren. Aus fast nichts wurde nun vieles wieder »hingeschustert«. Man machte auch viel mehr mit der Hand. Defekte Zylinderköpfe wurden plan geschliffen und wieder eingesetzt, statt sie gegen neue auszutauschen und wegzuwerfen, wie es heute üblich ist.

Die französischen Halbgefangenen mussten bei uns im Betrieb arbeiten, durften sich sonst aber frei bewegen und konnten sich auch selbst versorgen. Sie wohnten in unserem alten Haus über den Tankstellenräumen. Als Kind ging ich manchmal mit einem Stückchen Zucker in der Hand zu ihnen, um mir »einen Tropfen« zu holen: Die Franzosen hatten ein Pfefferminzöl, das zusammen mit Zucker wie Bonbon schmeckte. In dieser Zeit ist wohl meine Liebe zum Französischen entstanden. Ich schnappte damals auch meine ersten französischen Wörter auf. Diese Leute waren sehr freundlich zu mir, aber ich fing mir regelmäßig Läuse und Flöhe von ihnen ein.

Die Russen, die später zu uns kamen, mussten in Gefangenenlagern hausen. Sie wurden morgens zur Arbeit gebracht und abends wieder abgeholt. Michel war ein Weißrusse aus der Ukraine, ein hochgebildeter Mann mit blonden Haaren und blauen Augen. Er sprach

Deutsch und mein Vater unterhielt sich gerne mit ihm, obwohl das eigentlich untersagt war. Eines Tages sagte mein Vater: »Michel muss zu essen kriegen, er wird im Lager zu schlecht versorgt.« Das allerdings war noch strenger untersagt, im Grunde gar lebensgefährlich, aber meine Eltern wagten es in diesem Fall trotzdem. Sie setzten mich dafür ein, denn bei mir als Kind fiel es weniger auf, wenn ich in der Werkstatt herumlief. Dann flüsterte ich Michel heimlich zu, wo seine Suppe stand. Wenn abends der Teller leer war, hatte es gut geklappt. Die anderen Gefangenen durften allerdings unter keinen Umständen etwas davon mitbekommen – nicht nur, weil wir sie nicht alle versorgen konnten, sondern auch, weil man nie sicher sein konnte, wer einem wohlgesinnt war.

Es gab einen anderen Russen, Pedro mit Namen, der war meinem Vater nicht geheuer. Auch mir erschien er düster und so unheimlich, wie man Russen als junges Mädchen damals so oft dargestellt bekam. Aber bei Kriegsende erwies er sich doch noch als Helfer für uns: Nachdem die Amerikaner die Stadt besetzt hatten, wurden die Gefangenenlager geöffnet und die befreiten Russen plünderten, wo sie etwas kriegen konnten. Da kam Pedro zu meinem Vater und sagte: »Chef und Chefin gut! Hierher kommt kein Russe, der plündert. Aber, Chef: Ich habe noch nie deinen Keller gesehen.« Vater führte ihn in seinen inzwischen sehr dürftigen Weinkeller, dort tranken sie, und Vater gab ihm, was er haben wollte. Dazu gehörte auch ein Blick in den Geldschrank. Ein Schreck durchfuhr meinen Vater, als er sah, dass er dort noch seinen kleinen silberfarbenen Revolver aufbewahrt hatte. »Ist jetzt mir«, sagte Pedro und nahm ihn mit. Im Übrigen aber machte er sein Versprechen wahr: Kein Russe kam, um sich im Haus an Wertsachen zu vergreifen. Pedro hielt sie wirksam ab.

Ich habe noch einige Briefe unserer russischen Kriegsgefangenen gefunden, in denen sie sich bei Mutter dafür bedankten, dass sie so gut zu ihnen gewesen war. Die Gefangenen wurden immer wieder verlegt, wenn man meinte, ihre Arbeitskraft sei anderswo nötiger. Offiziell konnten sie solche Briefe während des Krieges sicher nicht schreiben und doch war es ihnen wichtig, sich zu bedanken. Es gelang ihnen, die Briefe auf verschlungenen Wegen zu unserer Mutter bringen zu lassen. Das ist doch sehr bemerkenswert!

Kriegsende in Iserlohn

Unsere Stadt hatte das Glück, von großen Kriegszerstörungen verschont zu bleiben. Wir sahen zwar das brennende Wuppertal in der Ferne, ebenso einige Ruhrgebietsmetropolen im Feuerschein. Es gab auch Menschen, die vom Flammeninferno des Bombenkriegs erzählten. Bei uns selbst aber blieb es im Vergleich dazu eher ruhig. So kam es, dass Mutter in den Jahren 1941 und 1942 noch mit uns in den Urlaub fuhr. Manchmal frage ich mich, was sie wohl veranlasst hat, mitten im Krieg mit uns zu verreisen. Einmal waren wir in Herrenalb im Schwarzwald zur Erholung. Als wir frühmorgens um fünf Uhr mit dem Zug zurück nach Hause fahren wollten, konnte man bereits im Radio hören, dass das schwierig werden würde: In der Nacht war Karlsruhe bombardiert worden; die Stadt stand in Flammen, der Zugverkehr war zum Erliegen gekommen. Ich habe furchtbar geweint, dass wir in einer solchen Lage im Schwarzwald waren, während Vater zu Hause alleine war und auf uns wartete. Wir fuhren gegen den Ratschlag unserer Wirtin trotzdem los. In Karlsruhe mussten wir sehr lange warten – wohl einen ganzen Tag oder mehr –, bis die Bahngleise freigeräumt waren, ehe der Zug weiterfahren konnte.

In einem anderen Jahr waren wir in Masserberg in Thüringen bei der ehemaligen Wirtschafterin meiner Großmutter, Tante Meta. In einer Nacht konnten wir von Masserberg, hoch oben am Rennsteig gelegen, hinunter in das Tal auf Suhl und Sömmerda blicken. Dort wurde die Rüstungsindustrie bombardiert. Wir sahen, wie es lichterloh brannte. Wieder saßen wir in einem Urlaubsort fest und wussten nicht, wie wir von dort wegkommen sollten. Onkel Paul gelang es schließlich, uns mit dem Auto abzuholen und nach Hause zu bringen.

Iserlohn ist also, bis auf einige Luftminenabwürfe, im Bombenkrieg glimpflich davongekommen, trotz der Munitionsfabriken in der Stadt. Die Metall verarbeitenden Betriebe hatten ihre Produktion für die Rüstung umstellen müssen. Dadurch war die Zahl der Gefangenen, die in der Stadt arbeiteten, ziemlich groß.

Es gab aber gefährliche Tieffliegerangriffe, vor denen man nur in den Luftschutzkellern sicher war. Im November 1944 nahmen Tiefflieger die Bahnlinie unter Beschuss. Die Häuser am Hochbehälter wurden ebenfalls getroffen, auch eine Nadelfabrik in unmittelbarer Nähe unseres Hauptbetriebes.

Wenn die Sirenen ertönten und die Flugzeuge nahten, bat ich meinen Vater oft eindringlich, mit in den Luftschutzkeller zu kommen, aber er wollte nicht. Er blieb im Obergeschoss unseres Wohnhauses und erlebte, wie die bunt verglasten Fenster um ihn herum zerbarsten.

So brachte ich mich als 13-Jährige mit meiner geliebten Puppe schließlich allein in Sicherheit. Der Luftschutzkeller war überfüllt. Viele Flüchtlinge waren in der Stadt, auch solche aus Wuppertal, das so schwer getroffen worden war. Wie die Leute versuchten, mich wegzudrängen, habe ich in furchtbarer Erinnerung: »Jetzt nimmt selbst die Puppe uns noch Platz weg!«, schimpften sie. Ich konnte nicht verstehen, dass Menschen so unerbittlich sein konnten und mir und meiner Puppe keinen Platz gönnten. Sie war doch mein Ein und Alles! Ich musste sie doch retten!

Wenn während des Krieges die Sirenen länger als fünf Minuten ertönten, sollte jeder möglichst Schutz suchen. Bei uns war es das Geschäft ganz in der Nähe der Schule. Einmal aber erreichte ich diese Zuflucht nicht mehr. Die Tiefflieger feuerten bereits über mir. Ich versuchte, mich in den Keller des Feuerwehrgerätehauses zu retten. Aber schon an der Tür wurde ich abgewiesen: »Hier dürfen nur Frauen mit kleinen Kindern herein!«, hieß es. Einmal wollte ich vom Schillerplatz aus in die unterirdischen Toilettenanlagen unter dem Markt flüchten. Dort standen die Menschen aber schon Schlange, man kam gar nicht die Treppe hinunter. In meiner Not suchte ich mir den nächsten Unterschlupf: »Wenigstens bis dahin werde ich es schaffen!«, sagte ich mir gegen die eigene Angst. Aber überall wies man mich ab. Währenddessen jagten die Tiefflieger über meinen Kopf hinweg und zielten auf solche, die nicht rechtzeitig Deckung gefunden hatten. Ich höre noch, wie ich meiner Freundin hinterherrief: »Runter, runter, runter!« Da legten wir uns lang hin, wo immer wir gerade waren, und hörten das tödliche »Tack, tack, tack, tack« der Bordkanonen. Die Angst von damals steckt mir heute noch in den Knochen.

Peter, mein Ehemann, war mit 15 Jahren bereits Flakhelfer geworden. Er war in Schwerte stationiert. Zwei Schuljahre hatte er überspringen können, war dabei zwei Jahre jünger als die anderen. Abiturienten waren in der Wehrmacht gefragt. Peter hatte das große Glück, dass ihn sein Kommandeur 1945, als sich die Front in Auflösung befand, nach Hause schickte: »Hau ab und mach, dass du in den letzten Tagen des Krieges noch dein Abitur kriegst!« Zu dem Zweck erhielt Peter eine Bescheinigung. Er konnte dann seine Abiturprüfung nach Kriegsende ablegen.

Die älteste Schwester meines Vaters musste Schweres ertragen. Ich habe sie als sehr feinsinnige Frau in Erinnerung. Sie hatte einen Musiker geheiratet, der als Kapellmeister bei einer großen Werkskapelle beschäftigt war. Weil ihr Mann sich während des Krieges nicht mit den offiziellen Nachrichten zufriedengeben wollte, hörte er alliierte »Feindsender«. Das blieb nicht unbemerkt und er wurde denunziert. Er kam in Haft und wurde in Berlin-Moabit hingerichtet. So habe ich zwei Onkel in den politischen Wirren dieser Zeit verloren.

Im Chaos der letzten Kriegstage bangte man auch in Iserlohn: Mussten wir noch mit Kämpfen für den »Endsieg« rechnen? Generalfeldmarschall Walter Model als Oberbefehlshaber der Heeresgruppe B galt als fanatischer Nazi und führte die seit Anfang April im Ruhrgebiet eingekesselten Truppen. Durch einen schnellen Vorstoß spalteten die Amerikaner diesen Kessel. Iserlohn lag nun in dessen östlicher Hälfte. In der Stadt regierte die Angst. Wir lebten in dem Bewusstsein, dass jeder Tag der letzte sein könnte. In der Stadt führte ein Ritterkreuzträger, Hauptmann Albert Ernst, das Kommando über die dort stationierte, aus »Jagdtigern« bestehende Panzerjäger-Abteilung. Er hatte sich bereits durch Mut und Kampfbereitschaft einen Namen gemacht. Seine Einheit war die einzige, die noch in der Lage war, den Amerikanern ernsthaften Widerstand zu leisten. Von ihm hing nun das Schicksal der Stadt ab und als aufrechter Soldat war er bereit für den »Kampf bis zum letzten Mann«.

Am 16. April 1945 spitzte sich die Lage zu. Die Stadt war eingekesselt und lag seit mehreren Tagen unter Artilleriebeschuss. Der nationalsozialistische Bürgermeister war handlungsunfähig. Von zehn bis zwölf Uhr gab es eine Feuerpause und dann die letzte Möglichkeit, die Stadt kampflos an die Amerikaner zu übergeben. Für 14 Uhr hatten diese Unterstützung aus der Luft angefordert. Iserlohn wäre dann im Bombenhagel vernichtet worden. In diesen zwei Stunden eilten die beiden Pfarrer Bruno Linde, evangelisch, und Heinrich Ditz, katholisch, zum Rathausplatz, wo sie auf Polizeimajor Otto Perl trafen, einen Nennonkel von mir, der die Stadtgeschäfte kurzerhand übernommen hatte. Diese Herren besprachen, was zu tun sei. Der Arzt Dr. Paul Möckel, der mich auf die Welt gebracht hatte, stieß noch hinzu. Da sich Hauptmann Ernst weiter verteidigungswillig zeigte und auf höhere Befehle verwies, bat Perl den Arzt und die Geistlichen, den deutschen Kommandanten aufzusuchen und sich um dessen Einwilligung zur kampflosen Übergabe der Stadt zu bemühen – ein gefährliches Wagnis für diese mutigen Männer. Der Polizeimajor und einige weitere Polizisten fuhren mit einem zweiten Wagen mit weißer Fahne nach Wermingsen, wo der befehlshabende amerikanische Oberst sein Quartier hatte. Sie gewannen ihn dafür, im Rathaus zu verhandeln.

Die Feuerpause gab uns Gelegenheit, aus den Kellern hervorzukommen. In nervenzerreißender Spannung zwischen Hoffen und Bangen erwarteten wir, was sich rund um den Rathausplatz tun würde. Ich sehe noch vor mir, wie Pfarrer Linde, der Peter und mich später getraut hat, mit Pfarrer Ditz und Dr. Möckel in einem offenen Fahrzeug mit weißer Fahne an uns vorbeifuhr. Sie blieben eine gefühlte Ewigkeit fort und brachten zumindest in Erfahrung, dass der militärische Vorgesetzte, auf dessen Durchhaltebefehl sich Ernst berufen hatte, im Hubschrauber davongeflogen war. Perl brachte den amerikanischen Oberst und seine Begleiter zu Verhandlungen ins Rathaus. Hauptmann Ernst war ebenfalls vor Ort und Dr. Möckel schilderte die Not der Zivilbevölkerung und der vielen Verletzten und Verwundeten.

Wer nun genau welche Rolle im Rathaus gespielt hat, dazu gibt es unterschiedliche Schilderungen. Jedenfalls wurde erreicht, dass Hauptmann Ernst sich schließlich zur Übergabe seiner Panzereinheit bereit erklärte. Sie wurde feierlich auf dem offenen Schillerplatz gestaltet, was in diesen Tagen eine Seltenheit war und vermutlich ein Zugeständnis an die Soldatenehre des Hauptmanns.

Damit war erreicht, was alle in der Stadt herbeigesehnt hatten: Am 16. April 1945, einen Tag nachdem Fritz Bayerlein als Kommandierender General für die verbliebenen Kräfte der Wehrmacht im Ruhrkessel kapituliert hatte, war auch für uns der Zweite Weltkrieg zu Ende. Es wurden keine Bombenangriffe mehr auf Iserlohn geflogen.

Als Vaters Sauerstoff knapp wurde

Im Nachhinein kann man vielleicht sagen, dass ich mir manchmal zu viele Sorgen gemacht habe. Immerhin haben wir ja überlebt. Aber es gab doch schlimme Situationen. Zum Beispiel brauchte mein Vater ständig Sauerstoff; unter dem Bett musste eine Sauerstoffflasche liegen, aus der er atmen konnte, wenn er Luftnot hatte. Es gab damals noch keine handlichen Sauerstoffgeräte, die man heute an den Krankenbetten hat. Sauerstoff aber war im Krieg knapp, denn den brauchten vor allem die Soldaten in den Feldlazaretten. Nur dadurch, dass wir die Fahrzeuge der Wehrmacht und der Feuerwehr reparierten, kamen wir überhaupt an Sauerstoffflaschen.

Ich habe aber schon als Kind miterleben müssen, dass wir keinen Sauerstoff mehr hatten, weil er noch knapper war als Lebensmittel. Und dennoch benötigte ihn Vater zum Überleben! Ich weiß noch, dass mich in der Schule einmal die Lehrerin fragte, ob in der Nacht wieder etwas mit meinem Vater gewesen sei, weil ich so durcheinander war. Tatsächlich hatte er in der Nacht zuvor einen Anfall bekommen; wir hatten nicht genug Sauerstoff, um ihn zu versorgen. Später – 1955 mit 61 Jahren – starb er beim Wechseln der Sauerstoffflasche nach einer Operation!

Geben und Nehmen

Oft braucht man Hilfe im Leben. Nach dem Kriege gab es einige Adelige aus dem Osten, die hohe Offiziere gewesen waren und dann bei Opel als Verkäufer unterkamen – sie hatten nie etwas anderes als das Soldatsein hatten. Von ihnen hörte ich traurige Berichte: wie es vorgekommen sei, dass unsere Soldaten zivile deutsche Flüchtlinge nur dann mitgenommen und in Sicherheit gebracht hätten, wenn diese etwas zu bieten gehabt hätten. Da wurde an der Flugzeugtür selektiert: Für ein Brillantcollier oder einen Diamantring kam man mit. Ohne entsprechende Wertobjekte als Gegenleistung wurde man zurückgelassen. So sind eben die Menschen. Die schlesische Grenze war hart umkämpft gewesen. Manch einer, der vor den Russen fliehen wollte, hatte bereits grausame Szenen mit ansehen müssen. In dieser Lage gaben Menschen alles, um mit einem der letzten Flugzeuge nach Westen mitgenommen zu werden.

Mein Vater drückte mir damals, als der Zusammenbruch des NS-Regimes nicht mehr fern war, ein Postsparbuch in die Hand – ich habe es heute noch, mir ist es ein Dokument aus schwerer Zeit. Der Reichsadler auf dem Umschlag wurde nach Kriegsende mit einem Etikett »Britische Zone« überklebt. Im Sparbuch ist vermerkt, dass mein Vater am 23. März 1945 für mich tausend Mark eingezahlt hat. 1947 wurden einmal hundert Mark abgehoben, der Rest blieb auf dem Konto. Dieses Sparbuch hatte ich immer dabei, wenn wir im Luftschutzbunker waren. Iserlohn lag unter Beschuss, zudem war die Lage gegen Kriegsende allgemein wirr, unübersichtlich und dadurch doppelt gefährlich. Meine Mutter nähte mir das Postsparbuch zusammen mit einigen Bibelworten und meinem Konfirmationsspruch in Leinen ein, sodass ich es auf dem Bauch unter der Kleidung tragen konnte als eine Art Lebensversicherung, falls meinen Eltern etwas zustoßen sollte. »Du bist jetzt 14 Jahre alt und kannst arbeiten. Bete und arbeite, dann wirst du schon am Leben bleiben. Gott wird dir beistehen«, sagte mein Vater dazu. Dass das Geld bald nichts mehr wert sein würde, konnte er nicht ahnen; aber »Bete und arbeite«, das wollte er mir mit auf den Weg geben. Außerdem begannen wir, alle Kleidung doppelt übereinander zu tragen: zwei Unterhosen, zwei Paar Strümpfe, zwei Röcke und Jacken. Ich habe auch noch eine alte Schulsparkarte aus jener Zeit. 1939 hatte ich angefangen, darauf zu sparen. Mit 4,87 Mark war es losgegangen. Wir wurden alle zum Sparen angehalten. Mein ganzes Leben über habe ich nicht vergessen, dass ein halber Pfennig auch Geld ist – selbst wenn wir heute eine andere Währung haben.

Vom Panzer gerettet

Später hörte ich eine Geschichte, die mir die Grausamkeit des Krieges ein weiteres Mal deutlich vor Augen führte und mich sehr erschütterte. Meiner Schwester und mir war beim Skifahren im Allgäu nach dem Krieg einmal ein Pärchen aufgefallen, das trotz eines erheblichen Altersunterschiedes der beiden sehr nett miteinander umging. Beim Après-Ski sprach ich die Frau direkt auf ihre Geschichte an und da erzählte sie Folgendes: Ihr Mann war beim Russlandfeldzug Panzerführer gewesen. Auf dem Rückzug sah er im Frühjahr 1945, noch bei Eis und Schnee, etwas am Wegesrand liegen. Er befahl sofort: »Panzer anhalten!« Seine Kameraden drängten ihn, schnell weiterzufahren, damit man den Russen nicht in die Hände falle. Er aber bestand auf dem Haltebefehl: Denn da bewege sich etwas im Straßengraben. Er kletterte aus dem Panzer, um sich die Sache näher anzusehen. Dabei fand er ein kleines Mädchen! Es war noch ein Baby, das bei einem Flüchtlingstreck unbemerkt vom Wagen gefallen sein musste.

Vielleicht könnte es in die Hände von Klosterschwestern gegeben werden, die es aufziehen könnten. Die deutschen Soldaten trugen das gefundene Baby in ihren Panzer und fuhren schnell weiter. Aber der Säugling brauchte Milch! Im nächsten Dorf hielten sie an. Sie fanden in einem Stall eine verlassene Ziege. Auch die nahm die Panzerbesatzung in ihren engen Panzer hinein und gaben dem Mädchen die frisch gemolkene Ziegenmilch. Ich habe mal versucht, bei meiner Tante in Thüringen eine Ziege zu melken, die sprang wild hin und her; aber diese Soldaten schafften es irgendwie, dass das Baby seine Milch bekam. Wochenlang haben sie es so in ihrem Panzer versorgt. »Krokus«

hatten sie das Kind genannt, denn sie hatten es im schmelzenden Schnee neben den ersten Krokusblüten gefunden. Die Männer gaben ihre Unterhosen her, um es damit wickeln zu können. So retteten sie dieses kleine Bündel Mensch bis nach Düsseldorf, wo der Panzerführer es bei seiner Mutter in Obhut gab. Die Männer waren bis dahin nicht in Kriegsgefangenschaft geraten – ein weiteres großes Glück.

Die fürsorgliche Mutter des Panzerführers zog das Mädchen groß, was aber sehr schwierig war, weil dem Kind wichtige Papiere fehlten: Woher kam es, wie alt war es, ja wer war es überhaupt? Viele Fragen ohne Antwort! Das Mädchen ging zur Schule und machte das Abitur. Wieder war es unklar, wie es nun weitergehen sollte. Da sagte die Mutter schließlich zu ihrem Sohn: »Es geht doch nicht anders, du musst sie heiraten! Wer will sie denn sonst haben?« Der Mann, der als Panzerführer schon so viel Mut und Umsicht bewiesen hatte, tat auch das, obgleich er wohl 30 Jahre älter war als sein Krokus!

Jugend in der Nachkriegszeit

Hungerjahre

Nach dem Krieg begann die lange Hungerzeit. Die Städte waren zerbombt, die Versorgung brach zusammen und überall mangelte es an Fachkräften. Auch an den Schulen – es gab zu wenig Lehrer, die überlebt hatten. Außerdem waren viele Schulgebäude mit Flüchtlingen belegt, die vorübergehend dringend Wohn- und Schlafraum brauchten. Ein Dreivierteljahr lang fiel für uns der Unterricht aus. Die Schwarzfärbereien hatten viel zu tun, denn es gab keine Familie, die der Krieg ungeschoren gelassen hatte. Alle Kleidung ließ man schwarz färben, auch die Schuhe. Sparsamkeit war überall das oberste Gebot. Schon während des Krieges hatten wir Wollpullover aufgeribbelt, um aus der Wolle Handschuhe für die Frontsoldaten zu stricken.

Für die hungernden Kinder gab es die »Quäkerspeisung«, eine humanitäre Hilfe aus Amerika, die bereits nach dem Ersten Weltkrieg viele vor dem Verhungern bewahrt hatte. Wir Schülerinnen bekamen einen nahrhaften Schokoladenbrei aus großen Kesseln, der sich allerdings wie Kaugummi zog. Wir waren froh, etwas zu essen zu haben, was sättigte. Aus Amerika gab es Maismehl, das zu Brot verbacken wurde. Meine Mutter legte auf das trockene Brot noch ein paar Zwiebeln, die im Garten wuchsen. »Das ist Nervennahrung«, sagte sie.

In den schlechten Zeiten nach dem Krieg sagte ein meinem Vater bekannter Bäckermeister, der einen Gasthof nah am Wald hatte: »Ich backe heute Nachmittag Brot. Schick mir doch die Fritzi, dann bekommt sie einen Laib von mir.« Ich lief also zu ihm, kämpfte mich durch die Stadt voller Flüchtlinge und hungriger Ausländer, die den Weg in ihre Heimat noch nicht hatten antreten können – da bekam ich plötzlich Angst, man würde mir das Brot womöglich aus den Händen reißen, wenn man mich damit sähe. Deshalb wählte ich den Rückweg im großen Bogen über den Bismarckturm und Landhausen zum Elternhaus, um möglichst wenigen Menschen mit meinem kostbaren Schatz zu begegnen.

Im ländlichen Bereich begann das große Hamstern: Wer genug zu essen hatte, gierte nach Schmuck, Silber, Perserteppichen und Porzellan – Dinge, die hungernde Städter hingaben, bloß um etwa eine Mandel Eier (altes Zählmaß: 15 Stück) zu bekommen. Ich erinnere mich gut, wie ich einmal meine Mutter beim Hamstern begleitete. In Richtung Hönnetal gab es noch kleine Bauern. Einer von ihnen sagte gleich an der Tür: »Nein! Wir haben nichts! Wir geben nichts! Was habt ihr denn zu bieten?«, und während meine Mutter mit ihm an der Tür stand, lief ich zu einem Quittenbaum und pflückte mir zwei Quitten. Daraufhin ließ der Bauer gleich seine Hunde von der Leine. Ich hatte schon immer große Angst vor Hunden. Die stürzten sich nun auf mich wegen dieser beiden kleinen Quitten!

Manchen Bauern im Sauerland, in der nördlich anschließenden Soester Börde und anderswo wurde nachgesagt, sie hätten den Hunger der Stadtbevölkerung damals ausgenutzt, um sich zu bereichern, und deswegen lägen heute noch in manchen Kuhställen Perserteppiche. Das ist mit Sicherheit übertrieben; aber dennoch gilt: Das Ausnutzen der Not anderer ist leider allzu menschlich.

Zu Anfang der Besatzungszeit gab es Sperrstunden, nach deren Beginn man sich nicht mehr auf der Straße blicken lassen durfte. Auch wurde an einigen Tagen um fünf Uhr nachmittags das Wasser abgestellt, das ohnehin, nach der britischen Bombardierung der Möhnetalsperre im Mai 1943, knapp war. Für jede Besatzungszone innerhalb Deutschlands – egal, ob es die französische, englische, amerikanische oder russische war – brauchte man nun besondere Papiere, ohne die man nicht von der einen in die andere reisen durfte. Von einem Posten erwischt zu werden, ohne den erforderlichen Passierschein dabeizuhaben, konnte böse Folgen haben.

Mutter machte sich nach Kriegsende große Sorgen um ihre Familie in Thüringen, von der wir kein Lebenszeichen hatten. Es gab weder eine funktionierende Telefonverbindung noch eine zuverlässige Post-

Fritz und Martha Nolte mit Tochter Fritzi vor einem Opel Super 6 Gläser, ca. 1937

*Vor dem Automobil setzte die Firma Dürkopp,
wie auch Opel, auf die Herstellung von Fahrrädern*

Fritz Nolte mit seiner Kraftdroschke vor dem Iserlohner Hauptbahnhof, 1914

Alfred (links) und Erich Nolte (rechts) beim 60. Geburtstag ihres Bruders Fritz Nolte

Das Brautpaar zwischen den Eltern Eckardt (links) und Nolte (rechts)

Hochzeit von Martha und Fritz Nolte auf dem Gemüsehof Eckardt in Thüringen, 1925; links die Eckhardt-, rechts die Nolte-Verwandtschaft

Familie Karl Friedrich und Auguste Eckardt; Zweite von links: Martha Wilhelmine, ab 1925 verheiratete Nolte

Auguste Eckardt mit Familie Nolte, 1932

*Auguste Eckardt mit ihren
Enkelinnen Martha (links)
und Fritzi Nolte (rechts)
als »Puppenmüttern«*

Automobile Gebrüder Nolte in der Mendener Straße in Iserlohn
(Fotomontage mit Fritz Nolte und seiner Kraftdroschke von 1914)

*Auguste Eckardt geborene Volkmar
vor ihrer Heirat*

Wohnhaus der Familie Eckardt

*Martha Nolte mit ihren Töchtern
Martha (links) und Fritzi (rechts), 1938*

Führerschein von Martha Nolte, 1934

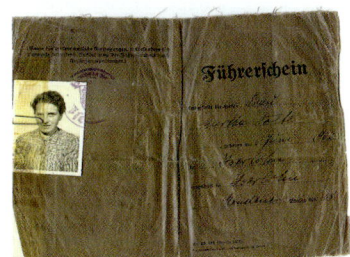

*Martha Nolte mit Tochter Fritzi auf der Fahrt vom Opelwerk in Rüsselsheim nach
Iserlohn*

Fritzi Nolte mit ihren geliebten Wellensittichen

Die Schwestern Martha (links) und Fritzi Nolte (rechts) – »ein Herz und eine Seele«

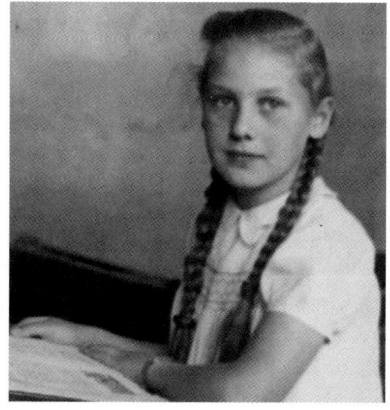

Martha (links) und Fritzi Nolte (rechts) als Gymnasiastinnen

Paul Lüling

Seifenkistenrennen in Iserlohn unter Beteiligung von Gebrüder Nolte, 1950er-Jahre; unten: Fritzi und ihr Vater Fritz Nolte

Zur Erholung im Kinderheim in Bad Sassendorf; rechts oben: die Schwestern Fritzi und Martha Nolte ...

... und der »verbotene« Überraschungsbesuch ihres Vaters Fritz Nolte

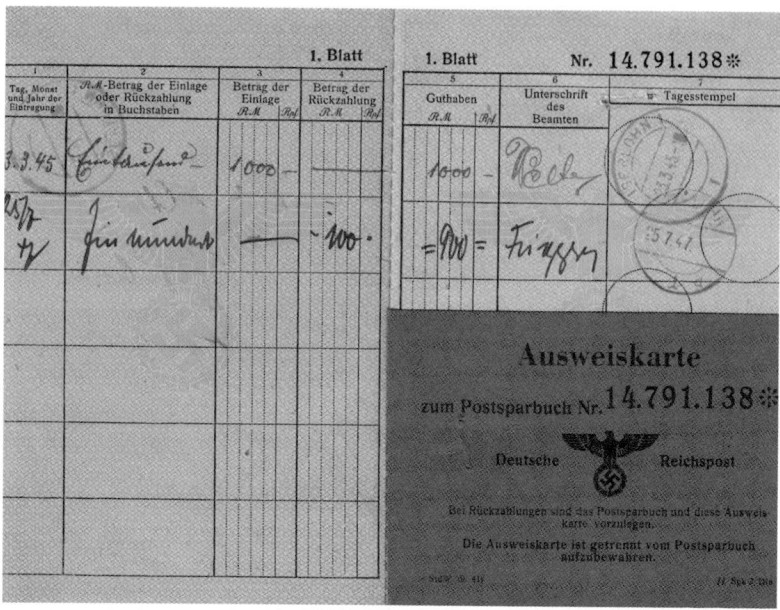

Postsparbuch als »Notreserve«
für Fritzi Nolte

England: Margret Felix mit ihren
Kindern, 1950er-Jahre

London,
Piccadilly Circus

Freundschaftliche Verbundenheit über Generationen zwischen Familie Felix
aus England und Noltes

Peter Bimberg und Fritzi Nolte hoch zu Pferde

*Fritzi Nolte an der
geliebten Ostsee*

*Fritzi Nolte mit
ihrer Zimmerwirtin
in Hamburg
an der Alster*

Fritzi Nolte mit dem israelischen Ex-Ministerpräsidenten Ehud Olmert und der ehema-
ligen US-Außenministerin Condoleezza Rice beim Campus Symposium Iserlohn, 2012

Opel-Schlager, 1937

Fritzi Nolte und Peter Bimberg mit Peters Hund Clodo an der Ruhr

Fritzi Nolte und Peter Bimberg
auf der Elbe

zustellung. Flüchtlingstrecks, die ständig aus dem Osten kamen, ließen nichts Gutes ahnen. Schließlich fasste sich mein Vater ein Herz, nahm meine Schwester mit und fuhr mit dem Auto selbst nach Thüringen, um dort nach dem Rechten zu sehen. Da die Amerikaner unseren Betrieb besetzt hatten, verfügte Vater über eine besondere Fahrerlaubnis, die für alle Zonen galt. Es gab jedoch kein Benzin. Stattdessen fuhr man mit einem speziellen Holzgasgenerator, der außen an der Karosserie befestigt war. Darin wurde auf der Basis von Brennholz Holzgas erzeugt, das den Motor antrieb. Eine abenteuerliche Fahrt begann. Schon der erste Versuch, die Ruhr zu überqueren, scheiterte an einer zerstörten Brücke. Mithilfe der Amerikaner konnte Vater in Wickede über eine provisorische Holzbrücke fahren. Dann ging es quer durch die Besatzungszonen. In Kassel sah meine Schwester in den Reihen der französischen Soldaten erstmals einen dunkelhäutigen Menschen, was sie in Angst und Schrecken versetzte. Bei Soest saßen die Engländer. Erfurt war zunächst noch amerikanisch besetzt. Unserer dortigen Familie ging es gut, es gab sogar noch reichlich zu essen. Als Vater wieder nach Hause kam, hatte er eine gute Menge eingemachter Thüringer Wurst und andere Köstlichkeiten dabei. Man ließ ihm seine Vorräte bei den Kontrollen. Noch hatten die Russen nicht ihren Daumen drauf. Aber bereits wenige Wochen nach Kriegsende zogen die Amerikaner aus Thüringen ab und übergaben es vereinbarungsgemäß an die Sowjets, sodass es fortan zu deren Besatzungszone gehörte. Bei zunehmender Abriegelung vom Westteil Deutschlands ging auch dort das große Hungern los.

Bei uns war die Lage durch die vielen Menschen aus den verlorenen Ostgebieten prekär geworden, Tausende von Heimatlosen und entwurzelten Menschen mussten in unserer Stadt untergebracht, versorgt und in Arbeit gebracht werden. Es gab Zwangseinquartierungen und den sogenannten Lastenausgleich für solche, die durch den Krieg Schaden erlitten hatten.

Nach Kriegsende hatte es im Raum Kassel, Arnsberg und in der Soester Börde stellenweise noch etliche Scharmützel gegeben. Fahrzeuge, die dem Feind nicht in die Hände fallen sollten, versteckten die

Soldaten in den Wäldern oder man zerstörte entscheidende Teile, damit sie nicht mehr fahrbereit waren. Nach dem Krieg sollte mein Vater im Auftrag der Besatzungsbehörde dafür sorgen, dass diese Fahrzeuge nicht einfach von Plünderern abgeschleppt, sondern offiziell registriert und gesichert würden. Aber mein Vater kam in Gewissensnöte, denn es wimmelte auf den Straßen von Plünderern, die stahlen, was sie kriegen konnten. Er wollte nicht derjenige sein, der sie anzeigte. Für ihn selbst stand fest:»Wir werden schon wieder zu Gewinnen kommen, aber an Gut, das uns nicht gehört, vergreifen wir uns nicht!« Trotzdem hielten es viele anders. Unser Vater wollte nicht seines Nächsten Richter sein. Natürlich lasteten ihm die Amerikaner das an, aber wieder einmal konnte er sich auf seine Krankheit berufen, die es ihm unmöglich mache, diese Aufgabe wahrzunehmen.

Eine Nachbarin erinnert sich

Die Besitzerin des uns gegenüberliegenden Ladens berichtete mir:»Ich habe noch zahlreiche Erinnerungen an die Familie Nolte und den Betrieb, deren Aufschwung ich miterlebte. Einzelne Erinnerungen sind mir noch gegenwärtig, so Frau Martha Nolte nachts als Tankwart. Die Zapfsäule hatte einen Holzhebel, der von Hand seitwärtsbewegt wurde und dessen Klang ich vom Bett aus hörte. Er hat mich aber nicht am Einschlafen gehindert. Die Fahrer kannten wir alle mit Namen, und soweit ich mich erinnere, bekamen wir beim Werksleiter Fahrunterricht, der sich vor den Fahrstunden erst mal mit ein bis zwei Kognac stärkte. Die trank er, wie er sagte, als Mittel gegen seine Magengeschwüre … Wir fuhren in einem offenen Wagen, auf dessen Rücksitz meist Ersatzteile lagen, etwa ein Steuerrad, eine Handbremse oder einige Ersatzreifen, die bei Firmen in Hagen, Hohenlimburg etc. abgeholt wurden. Bei der Fahrprüfung warnte mich der Ingenieur, nicht gleich zu flott zu fahren, um keinen Unfall zu verursachen. Die einzige ›Panne‹, die ich hatte, war, als ich unser Hoftor aus den Angeln hob. Ich habe das schwere Eisentor vor lauter Schreck wieder in die Pfanne gehoben. Als mein Sohn studierte und wir beide rechnen mussten, trafen wir folgende Vereinbarung: Er gab mir nichts für Kost und Logis, dafür durfte ich abends und am Wochenende seinen Wagen fahren.«

Der Wiederaufbau kommt in Gang

Nach dem Krieg wurden viele Industrieanlagen, die noch benutzbar waren, auf Betreiben der Siegermächte demontiert. Da Opel jedoch seit 1929 zu General Motors gehörte, ging es in Rüsselsheim schneller wieder aufwärts, weil das im Interesse der Amerikaner lag. Vater bekam schon am 3. September 1945 einen Brief von Opel mit der Anfrage, ob er seinen Vertrag fortsetzen wolle. Das tat er selbstverständlich. In meiner Firmengeschichte habe ich ausführlicher von diesem Neubeginn erzählt, der aufgrund der Umstände in unserem zerstörten und besetzten Land nicht einfach war. Für Autos und Ersatzteile brauchte man Bezugsberechtigungen. Rohstoffe aller Art waren rationiert. Firmen, die für den Wiederaufbau wichtig waren, durften Autos für ihre Betriebe kaufen. Eine befreundete Firma im Sauerland zum Beispiel, deren Geschäftsführer ein Freund meines Vaters war, lieferte vor dem Krieg Stoßstangen aus Chrom. Als man nach dem Krieg wieder mit der Produktion anfing, bekam sie Bezugsscheine für Material. Mithilfe dieser Scheine konnte mein Vater ein Auto vom Opelwerk in Rüsselsheim beziehen.

Die vielen gefallenen Soldaten hatten empfindliche Lücken in die Belegschaften der Firmen gerissen. Als Ersatz boten sich mittellose Flüchtlinge und Vertriebene aus dem Osten an, um die man sich kümmern musste. Unter ihnen gutes Personal zu finden war Glückssache, denn die meisten hatten all ihre Zeugnisse verloren. Man musste sich auf das verlassen, was die Arbeitsuchenden erzählten. Natürlich gab es immer wieder Menschen, die es verstanden, die Gutgläubigkeit anderer auszunutzen. Mein Vater tat sich sehr schwer damit. Ich habe daraus gelernt, wie wichtig es ist, Papiere mit sich zu führen!

Langsam, aber stetig zog die Wirtschaft wieder an und der Wiederaufbau Deutschlands schritt voran, denn es gab kaum einen Menschen, der nicht bereit war, alles zu geben. Jeder war bestrebt, unter

Beweis zu stellen, dass er ein guter Mitarbeiter war. Alle blickten entschlossen nach vorn. Und die Frauen übernahmen, was die gefallenen und verwundeten Männer nicht mehr leisten konnten, und zogen nebenbei ihre Kinder groß.

Antonio verguckt sich

Antonio war ein Maltese, der nach dem Krieg mit einem riesengroßen Cadillac oder einem Buick, jedenfalls einem auffälligen amerikanischen Straßenkreuzer, bei uns im Betrieb vorfuhr. Er war geschäftlich in Iserlohn. Einige Iserlohner Firmen waren bereits wieder international tätig. Auch wir hatten schon eine Reihe rechtsgesteuerter Autos für ihre Vertreter im Ausland geliefert. Also schickte man diesen Geschäftspartner aus Malta zu uns, als er ein Problem mit seinem Wagen hatte.

Dieser feine Herr aus Malta kam zu Vater ins Büro und sagte, ihm sei soeben ein junges Mädchen im Hof begegnet, mit blonden Haaren und langen Zöpfen: »Ich habe mich erkundigt, es muss eine Ihrer Töchter gewesen sein. Dieses Mädchen soll meine Frau werden!« Ich war schätzungsweise 15 Jahre alt. Mein Vater war überhaupt nicht für den Gedanken zu erwärmen, mich in die Hände eines sehr viel älteren Geschäftsmannes aus Malta zu geben. Er erzählte mir diese Episode etliche Zeit später. Ich aber konnte mich beim besten Willen nicht daran erinnern, diesen Mann jemals getroffen zu haben. Er konnte mich also nur von Weitem in Augenschein genommen haben – dieser dämliche Kerl!

Wie ich später von der Tochter eines Iserlohner Geschäftsmanns – anlässlich ihrer Teilnahme an der Beerdigung einer gemeinsamen Freundin – erfuhr, der mit Antonio befreundet war, hatte der Maltese nichts unversucht gelassen, meine Eltern doch noch zu überzeugen. So habe er unsere ganze Familie zum Essen eingeladen, und zwar ins Haus der Großmutter dieser Tochter, bei der eine Familie wohnte, deren Haus von den Engländern besetzt war. »Diese Frau oder keine«, habe Antonio geschwärmt, aber er bekam meine Eltern nicht weich. Jahrzehnte später hat diese Iserlohner Unternehmerin Antonio wiedergetroffen – er hatte mittlerweile auf Malta geheiratet und besaß dort inzwischen eine große Familie – und sofort habe er wieder nach dem »Mädchen mit den blonden Zöpfen« in Iserlohn gefragt, für das er einmal so geschwärmt hatte.

Ich erzähle diese Geschichte, weil sie mir noch heute so unwahrscheinlich vorkommt: Was hatte ich denn an mir, dass dieser Mann mich heiraten wollte, nachdem er mich einmal über den Hof hatte gehen sehen? Ich kann mich wie gesagt an ihn überhaupt nicht erinnern. Auch später habe ich manchen Blumenstrauß bekommen von jungen Herren, die ein Auge auf mich geworfen hatten. Doch da hatte ich ja bereits meinem Peter in seine stahlblauen Augen geguckt und war für niemanden sonst mehr zu haben.

Englandaufenthalt

Albert war ein guter Freund meines Vaters. Da er Jude war, hatte er Deutschland in den 1930er-Jahren verlassen müssen und war mit nur 20 Reichsmark in der Tasche über Schweden nach England geflohen. Als einfacher Arbeiter begann er, sich in London eine neue Existenz aufzubauen. Da er ein tüchtiger Mann war, arbeitete er sich schnell hoch bis in die Leitung der English Steel Corporation. Er fand auch eine Engländerin, die ihn heiratete: Margret. »I'm a real London Cockney«, sagte sie immer. Das bezog sich auf eine bestimmte Gegend von London.

Nach dem Krieg nahmen Albert und mein Vater wieder Verbindung miteinander auf. Es reifte der Plan, mich für eine Weile nach London zu schicken. Nachdem aber die deutsche Luftwaffe während des Krieges ihre V1-Marschflugkörper und V2-Raketen bis nach England geschossen und schreckliche Verwüstungen in den Städten angerichtet hatte, hasste die englische Bevölkerung die Deutschen. Trotzdem schickte mich mein Vater, sobald es ging, nach London. Das muss 1949 gewesen sein, denn ich erinnere mich an die Nacht vom 2. auf den 3. April, als am Brunnen des Piccadilly Circus erstmalig nach dem Krieg die Leuchtreklamen wieder in Betrieb genommen wurden. Während des Krieges hatte es an diesem weltbekannten Platz im West End, einem Stadtteil im Zentrum Londons, einige Schutzmaßnahmen gegeben. So war 1941 die Engelsfigur vom Brunnen abmontiert und in einem Bunker in Egham am Rande der Stadt eingelagert, der Brunnen selbst mit Eisenplatten umhüllt worden. Ich war 17 Jahre alt und hatte am Abend mit Albert das Musical »My Fair Lady« besucht und von ihm einen ersten kleinen Blumenstrauß erhalten. Zu unserer Freude erlebten wir nun, wie am Piccadilly Circus die Lichter neu erstrahlten. Die allgemeine Verdunkelung, die der Krieg erforderlich gemacht hatte, war vorüber. Immer wenn ich »My Fair Lady« höre, erinnere ich mich an diese Nacht in London.

Ich weiß nicht, ob sich meine Eltern damals Sorgen um mich machten; ich denke, sie hatten volles Vertrauen in Albert, der mich zu schützen wissen würde. Mein Vater war eben Pionier. Englisch zu lernen, hielt er nach dem Krieg für ausgesprochen wichtig; und wo hätte man es besser lernen können als im Mutterland dieser Sprache? Mich so relativ kurz nach Kriegsende nach London zu entsenden erforderte allerdings einiges Geschick. Vater und Albert haben es dennoch geschafft, über einen Export an die nötigen Devisen für meine Reise zu gelangen. Da der normale Zugverkehr in Deutschland noch nicht wieder voll aufgenommen worden war, brachte Mutter mich nach Mönchengladbach, wo ich in einen Militärzug einsteigen konnte. Der führte mich über Düsseldorf nach Hoek van Holland. Von dort aus ging es mit einem Militärschiff weiter bis Harwich und von da weiter mit dem Zug nach London. Auf dem Schiff lernte ich einen jungen Deutschen kennen, der auf dem Weg zu seiner jüdischen Verwandtschaft im Londoner Stadtteil Wimbledon war. Mit seiner Hilfe bekam ich das damals schon berühmte Tennisstadion in Wimbledon Park zu sehen.

Alberts Familie nahm mich herzlich auf. Ihr Haus lag in einer Siedlung etwas außerhalb des Zentrums, in der nur Ausländer lebten; dort gab es einen Mischmasch aus vielen Nationalitäten. Ich musste ein ganzes Stück mit der U-Bahn fahren und ein paarmal umsteigen, bis ich zum Trafalgar Square oder zum Buckingham Palace kam. Dabei war die Benutzung von Rolltreppen, die ich hier zum ersten Mal in meinem Leben sah, schon ein Abenteuer und eine Herausforderung für mich. Margret erwartete gerade ihr drittes Baby, was beschwerlich für sie war. Deswegen konnte sie mich nur hin und wieder auf meinen Streifzügen durch die Hauptstadt begleiten. Sie brachte mich aber morgens bis zur U-Bahn, schrieb mir genau auf, wo ich umzusteigen hatte, und gab mir vor allen Dingen den Rat, soweit möglich meinen Mund zu halten, damit niemand meinen deutschen Akzent hören könnte. Im Übrigen war ich mit meinem einfachen Staubmantel unauffällig genug. Ich besaß ein gültiges Ticket, das ich wortlos vorzeigen konnte, wenn ich unterwegs war. Bald kannte ich mich aus. Tagelang sah ich mir im British Museum die Mumien an, von deren Anblick ich mich nur schwer loszureißen vermochte. Im Museum konnte ich auch gefahrlos reden, ebenso in einem Café. Das waren für mich Schutzräume. Es gab aber bestimmte U-Bahn-Strecken, auf denen es ratsam war, sich schweigsam zu verhalten. Wenn der Zug etwa durch ein Arbeiterviertel fuhr, fühlte ich mich nicht überall sicher.

Heute wundere ich mich über mich selbst, dass ich diese Reise als junges Mädchen gewagt habe. London war für mich ein großes Abenteuer und in mancher Hinsicht schon sehr viel moderner, als ich es bisher aus Deutschland kannte. In Margrets Haushalt erlebte ich auch, dass man nicht immer alles sofort wegräumen musste. Geschirr nahm man so lange aus dem Schrank, bis darin keine saubere Tasse mehr zu finden war. Dann erst stellte man den »Dishwasher« an. Auch so ein Gerät hatte ich bisher noch nie erlebt. Bei uns waren Geschirrspüler damals noch gar nicht auf dem Markt.

Meine ordnungsliebende Mutter dagegen hatte immer eine blanke Küche. Einmal jedoch nicht, zu Anfang ihrer Ehe, als sie es sich ein einziges Mal geleistet hatte – nachdem abends Gäste da gewesen waren –, das Geschirr nicht gleich zu spülen, sondern es bis zum nächsten Morgen in der Küche stehen zu lassen. Genau in dieser Nacht aber brauchte mein Vater ärztliche Hilfe und eine Spritze für sein Herz. Diese musste, da es Einwegspritzen noch nicht gab, erst ausgekocht werden, und so kam nun der Arzt in unsere ausnahmsweise unordentliche Küche, in der erst Platz für den nötigen Wasserkessel geschaffen werden musste. Dafür hat sich Mutter so geschämt vor jenem Sanitätsrat Möckel, dass sie fortan jedes Stück Geschirr sofort wegräumte. Ich mache es heute ebenso. Mehr als eine Wasserflasche und ein Glas dürfen bei mir abends nicht mehr in der Küche stehen.

In England war das jedenfalls anders. Es gab dort bereits in den 1940er-Jahren Joghurt und Milch in Tüten zu kaufen, während ich zu Hause noch bis in die 1970er-Jahre hinein mit der Milchkanne Milch vom Bauern geholt habe. Selbst was ich damals aus deutschen Kaufhäusern kannte, war nichts gegen das Angebot, das mich bei Harrods erwartete, dem bekanntesten Warenhaus Londons, bis heute eines der exklusivsten Kaufhäuser der Welt. Dort kaufte mir Margret einen Lippenstift, von dem ich später noch erzählen werde. Ich durfte mir aus vielen Angeboten den mit der schönsten Farbe aussuchen.

Einige Wochen war ich bei Alberts Familie zu Gast und habe in dieser Zeit mein Englisch verbessern können. Später kamen meine Gastgeber jedes Jahr zu uns nach Iserlohn, um hier das große Schützenfest zu erleben. Es war eine gute Freundschaft.

Auch die Mentalitätsunterschiede zu Deutschland habe ich kennengelernt. In mancher Hinsicht war man auf der Insel lockerer als hier, fast wie das Laisser-faire der Franzosen. Allerdings lebte und arbeitete man in England auch anders und das mag mit eine Erklärung dafür sein, dass sich das Land nach dem Krieg weniger schnell zu allgemeinem Wohlstand emporarbeitete als Deutschland.

1988 fuhren wir zur Hochzeit von Peter, einem Sohn von Vaters Freund Albert. Er heiratete in der St Paul's Cathedral, wo alle Damen Hüte trugen, was mir gefiel. Peter war an der Industrie- und Handelskammer von New York als Vertreter Großbritanniens tätig und heiratete eine Philippinerin, die eine New Yorker Bank leitete. Entsprechend festlich fiel die Hochzeit aus. Besonders ist mir in Erinnerung geblieben, dass die beiden mit der gerade entwickelten Concorde, dem legendären Überschall-Passagierflugzeug, nach England flogen und drei Plätze darin belegten, weil das Brautkleid so ausladend war und nicht gefaltet werden durfte.

Auf Fuchsjagd mit Peter

Im Jahre 1946 konnte ich zum ersten Mal auf einer Fuchsjagd am Hubertustag mitreiten. Es war der 3. November. Wir waren viele junge Leute, denn von den Älteren hatten viele den Krieg nicht überlebt. Eine solche Jagd diente auch der Geselligkeit. Ich gehörte zum Kalthofer Reiterverein, bei dem bereits mein späterer Schwiegervater Mitglied gewesen war. Ich hatte Reitstunden genommen und mein Reitlehrer befand mich nun für sicher genug, um bei der Fuchsjagd mitzureiten. Da es nach dem Krieg nur harte Militärsättel gab, die nicht so schön weich gepolstert waren wie heutige Sättel, setzte eine solche Jagd einem zarten Mädchenhintern ziemlich zu. Ich hatte schon vorsorglich meine Hose mit Watte ausgekleidet, aber das bewahrte mich nicht davor, mir das gesamte Hinterteil durchzureiten, was die Gesellschaft beim anschließenden Fest belustigte, als die »Bierzeitung« vorgelesen wurde. Den Spaß war es wert.

Eine Fuchsjagd lief etwa so ab: Einem flinken Reiter auf dem vordersten Pferd wurde ein echter Fuchsschwanz auf die Schulter genäht und damit wurde er zum Fuchs. Man ritt dann einen vorgegebenen Parcours durch die Wälder, auch über kleine Bäche hinweg, bis es irgendwo auf einer großen Wiese zum sogenannten »Auslauf« kam. Dann hieß es: »Fuchs los!« Der Reiter mit dem Fuchsschwanz jagte los, die ganze Meute stürmte hinterher. Man musste schon fest im Sattel sitzen, wenn dieser Auslauf nicht gefährlich enden sollte. Der Fuchsreiter schlug wilde Haken, um den anderen zu entkommen. Die versuchten jedoch, so nah an ihn heranzukommen, dass sie ihm den Fuchsschwanz von der Schulter reißen konnten. Viele Schaulustige standen am Rand der Wiese, um dieses Spektakel zu erleben. Wer den Schwanz errungen hatte, war der Sieger. Dann war die Jagd vorbei, die Pferde beruhigten sich langsam wieder und in einem nahe gelegenen Saal wurde gefeiert und getanzt.

Schon oft war es zu Unfällen bei diesen Ausläufen gekommen, es war nicht ungefährlich. Das nahmen wir aber in Kauf. Mir riss einmal, weil der Militärsattel für diese Art von Spaß ungeeignet war, ein Gurt. Dadurch rutschte ich in vollem Galopp unter das Pferd, wo ich mich festklammerte, bis das Tier sich beruhigt hatte und stehen blieb. Mein Vater sah das als Zuschauer und hatte große Angst um mich. Die Tochter eines seiner Freunde war bei einer Fuchsjagd einmal so unglücklich gestürzt, dass sie ein Auge verlor. Heute werden solche riskanten Jagden nicht mehr veranstaltet.

Ich habe mir sagen lassen, dass vom englischen und schottischen Adel noch immer Fuchsjagden geritten werden; mit Jagdhorn und Halali geht es dann durch die riesigen Wälder. In Iserlohn gab es einen aus dem Osten vertriebenen adeligen Herrn, der die Fuchsjagden bei uns im Westen eingeführt hatte. Wir trugen schwarze Reiterjacken und Kappen, die noch nicht mit Stahl gesichert waren, wie es heute allgemein üblich ist. Im Anschluss an die Jagd bekam jeder ein Eichenkränzchen angesteckt.

Am nächsten Tag, als mir mein Hinterteil, rot wie bei einem Pavian, noch zu schaffen machte, verarztete meine Mutter mich mit einer Lebertran-Salbe, die entsprechend roch. Unser Lateinlehrer erlaubte mir in der Schule schließlich, meine Arbeit im Stehen zu schreiben, nachdem er mich eine Weile hatte leiden sehen. 1947 oder 1948 bekam ich einen schweinsledernen Sattel aus der Zeit vor dem Kriege, den mein Vater im Sauerland hatte auftreiben können, als er dort einige Autos ausgeliefert hatte. Dieser Sattel war endlich so bequem, dass ich auch nach der Fuchsjagd noch sitzen konnte.

Aber noch einmal zu meiner ersten Fuchsjagd am Hubertustag: Von Kalthof war ich losgeritten, den Berg hinunter, wo wir uns sammelten, und weiter durch die Hönne, später an der Ruhr entlang bis zu einem größeren Bauernhof, wo man absattelte und pausierte. Samstagmittags gingen diese Jagden los, was nicht einfach für mich war, weil wir bis mittags Schule hatten und oft noch Arbeiten geschrieben wurden. Ich ritt mit einer Freundin zusammen. Alle anderen Teilnehmer waren Männer.

Peter Bimberg stammte vom Gut Lenninghausen. Er war drei Jahre älter als ich und hatte in der Oberschule eine gleichaltrige Freundin, mit der er sich an diesem Tag zur Fuchsjagd verabredet hatte. Sonst nahmen die Bimbergs, wie ich erfahren hatte, an diesen öffentlichen

Jagden nur selten teil. Vielleicht war es ihnen zu vulgär, aber seiner Freundin zuliebe sollte das nun anders sein. Sie stammte von einem großen Gut bei Dortmund. Manchmal hatten sie sich mit der Kutsche irgendwo in der Mitte getroffen, in Schwerte zum Beispiel, zu einem kleinen Stelldichein. Aber zu dieser Fuchsjagd war die Dame nicht erschienen. »Dafür erschien Fritzi und schon war es passiert«, erzählte Peter später. »Dass du gekommen warst, wurde mein Glück!« Wie romantisch!

Zunächst hatte ich ihn gar nicht wahrgenommen, als wir im Feld losritten. Aber als auf halber Jagd bei einem Bauernhof in Westick abgesattelt wurde, gab es Erbsensuppe, und die Herren verteilten Schnaps. Sie kamen auch zu mir und meiner Freundin. Doch plötzlich stand Peter Bimberg neben mir. Ich sehe ihn noch genau vor mir in seiner Jagdkleidung mit grünem Rock und Krempenhut. Ganz entschieden erklärte er: »Diese Dame bekommt keinen Schnaps!« Ohne Warnung fegte er mir das kleine Pinnchen aus der Hand, sodass der Korn hinausschwappte. Schon war er wieder weg, aber ich hatte vorher noch in seine stahlblauen Augen geschaut – ein Blick, den ich nie wieder vergessen werde. Ich fragte meine Freundin, wer das sei. Sie antwortete: »Das ist der Bimberg von Lenninghausen! Er und sein Bruder sind dafür bekannt, dass man ihnen nicht widersprechen sollte.« – »Na, hör mal!«, sagte ich. »Ich bin eine Nolte aus Iserlohn! Ich werde dem wohl etwas entgegensetzen können!« So energisch war ich damals schon, aber Schnaps habe ich entsprechend seiner Anweisung nicht getrunken.

Beim abendlichen Fest nach der Jagd tanzte Peter in Reiterstiefeln mit mir, die ich auch trug. Später lud er mich zu seinem Abiturball ein. Da staunten alle und fragten, wer ich wohl sei und wo seine bisherige Freundin geblieben sei. Ich trug mein Konfirmationskleid, dunkelblau mit weißem Bubikragen. Peter mochte es gern. Nach dem Abitur ging er beim Fürsten Bentheim-Tecklenburg auf Schloss Hohenlimburg in die Lehre, ehe er 1949 mit dem Studium der Forstwirtschaft begann. Wir sahen uns nicht oft und später noch seltener, als ich in Hamburg war. Wir schrieben uns jedoch über 500 Briefe mit der Hand. Und wie er mich damals mit seinen stahlblauen Augen zum ersten Mal angesehen hat, so ist er am Ende seines Lebens auch vor mir eingeschlafen.

Peter hatte einen ganz tiefen Blick, das berührte mich von Anfang an. Wir konnten uns nie etwas verheimlichen. Immer sah er mir alles an der Nasenspitze an. Er fragte dann gleich, was los sei. Ich bin in die Liebe zu ihm hineingewachsen. Es war fast wie eine »Sandkasten-Freundschaft«: Mit 15 Jahren lernte ich ihn kennen. Über Jahre pflegten wir eine gute Kameradschaft, obwohl unsere gemeinsame Zeit nur kurz war. Was wir erlebten, verinnerlichten wir, auch in Briefen, egal ob wir kreischende Wildgänse am Himmel, einen Regenbogen oder einen Sonnenaufgang sahen. Stets dachten wir in inniger Verbindung aneinander und schrieben uns davon. Wenn wir zusammen waren, führte mich Peter gerne in den Wald, und zwar am liebsten querfeld-ein. Ich schimpfte manchmal, dass er mich nicht vorgewarnt hatte, denn ich zerriss mir regelmäßig meine kostbaren Nylonstrümpfe, weil er nicht auf dem Weg blieb. Dann kostete es mich Stunden, die Laufmaschen mit einer sehr feinen Nadel wieder nach oben zu führen und das Loch mit einer farblich passenden Nähseide zu flicken. Aber Peter liebte eben die Natur!

»Passt mir bloß auf die Fritzi auf!«, sagte er zu seinen Bekannten in den Jahren seiner Abwesenheit. Sie gaben sich alle Mühe, mich zu amüsieren, indem sie mich zu ihren Verbindungsfesten zum Tanzen einluden. Die Freunde von Peter waren ja ebenso wie er bereits im Studium, während ich noch zur Schule ging. Diese Tanzfeste zählten zu den seltenen Gelegenheiten, bei denen ich in der kargen Nachkriegszeit in fröhlicher Geselligkeit feiern konnte.

Im Jahre 1955 wollten wir uns verloben; Peter beabsichtigte, seine erste Stelle als Forstreferendar in Meschede anzutreten, wir hätten dann gewiss auch ein Jahr später geheiratet. Aber mitten in der Promotion erreichte ihn am 15. Februar 1955 die Nachricht vom Tode meines Vaters. Das machte einen Strich durch unsere Pläne. Wenn Vater gesund geblieben wäre, hätte er für den Betrieb eine Lösung gefunden und jemanden eingestellt, so hatte er es vorgehabt. Aber nun wurde ich als Nachfolgerin in der Unternehmensleitung von Stund an gebraucht. Es war damals ja so: Ein Mann durfte sich erst verloben, wenn er mit seiner Ausbildung fertig war. Er musste schließlich Frau und Familie ernähren können. Die Verlobungszeit dauerte dann einige Monate, in denen man im Freundes- und Verwandtenkreis herumgezeigt und unter die Lupe genommen wurde. Durch den Tod meines Vaters und die Notwendigkeit, den Betrieb weiterzuführen, war mein Mann falsch ausgebildet. Er hatte erneut zu lernen! Unsere Verlobung wurde auf unbestimmte Zeit verschoben – bis sie am 5. Juli 1959 endlich stattfinden konnte.

Der Ernst des Lebens

Berufung: Ich entdecke meine Lebensaufgabe

»Der Ruf zum Beruf, das ist die Berufung!«, sagen viele. Ich meine dagegen: Berufung ist die Entdeckung der eigenen Lebensaufgabe. Jeder Mensch hat eine solche Aufgabe, sowohl im eigenen Leben als auch in Beziehung zu anderen. Davon bin ich überzeugt. Deswegen sollte man nicht einfach so durchs Leben stolpern; vielmehr sollte man aufmerksam nach den Aufgaben suchen, für die man geboren zu sein glaubt.

Ich habe es mit meiner Lebensaufgabe im Automobilgeschäft meines Vaters leicht gehabt: Nach dem Abitur hätte ich zwar gerne Betriebswirtschaft oder Jura studiert. Ich fühlte mich jedoch auch ohne Studium dazu berufen, in die Fußstapfen meines Vaters zu treten. Um eine solche Entscheidung zu treffen, muss man gelernt haben, zu vertrauen und auf den »inneren Ruf« zu hören. Er kam aus mir selbst heraus, nicht oberflächlich gesteuert vom eigenen Verstand, sondern eher als eine zarte Berührung Gottes, der mir diese Lebensaufgabe vor Augen geführt hat.

Ich mag das Wort »Berufung« eigentlich nicht – es klingt so hart wie ein Kommando. Natürlich durfte ich mein eigenes Leben gestalten, wie es mir richtig erschien. Dazu gehörte auch die Überlegung, was mein Leben für andere Menschen bedeute. Die Lebensaufgabe steht immer in Beziehung zu anderen, getreu dem Gebot »Liebe deinen Nächsten wie dich selbst«. Ich habe immer sehr darauf gehört, wenn ich Entscheidungen zu treffen hatte: Meine Aufgaben, von denen ich mich berühren lasse, dürfen mich nicht von Gott und der Welt trennen. Ich will mich stets in das große Ganze, in die wunderbare Schöpfung, einfügen. In diesem Rahmen kann ich meine Berufungen finden. Ich fand sie zunächst im Geschäft und später auch in der Familie. Hätte mir die Familie gefehlt, hätte ich mir eine andere Gottesgemeinschaft gesucht. Vielleicht wäre ich Diakonisse geworden.

Heute lächele ich über diese Idee. Eine Diakonisse als Unternehmerin hat es im Autohandel wohl nie gegeben! Aber als Bild gefällt mir der Gedanke ganz gut.

Es ist kein Widerspruch zum vorher Gesagten, wenn ich es für wichtig halte, dass man sein Leben selbst in die Hand nimmt. In der Bibel, im 2. Timotheusbrief, werden wir aufgerufen, die Gabe Gottes in uns zu wecken. Nicht den Geist der Furcht hat uns Gott gegeben, sondern den Geist der Kraft, der Liebe und der Besonnenheit. Die Himmelsleiter haben wir Stufe um Stufe selbst zu erklimmen. Wenn ich heute junge Leute sehe, die vieles ausprobieren, ohne dabei ein erkennbares eigenes Ziel zu haben, bedaure ich, dass es ihnen meiner Ansicht nach an der notwendigen inneren Ausrichtung fehlt.

Ausbildung in Hamburg

Im Jahre 1951 bestand ich mein Abitur am Mädchengymnasium in Iserlohn. Wir waren nur 13 Mädchen, die diesen Gymnasialabschluss mit Latein, Französisch, Englisch, Deutsch, Mathematik und vielen Nebenfächern machten. Das tat man früher nur, wenn man wirklich studieren wollte, doch war das unter Frauen damals noch nicht sehr populär. Unser Vater hat uns Schwestern immer ermuntert, wir sollten uns Zeit nehmen zum Reisen und um andere Länder zu sehen. Solange er noch bei uns sei, dürften wir uns doch frei dazu fühlen. Dafür boten sich die Busreisen an, die unser Onkel Alfred Nolte veranstaltete. Seine Nichten nahm er dabei gerne mit. Auf diese Weise kamen wir beispielsweise nach Frankreich, England, Holland und Belgien. Weiter weg hat es mich damals allerdings nie gezogen, ich sah meine Aufgaben zu Hause.

Nach dem Abitur strebte ich zunächst eine kaufmännische Ausbildung an. Meine Schwester hatte bereits mit dem Studium der Tiermedizin begonnen. Ich fühlte mich verpflichtet, in unseren Familienbetrieb einzutreten. Da ich während der Abiturprüfungen im Februar schwer erkrankt war, musste ich sie einige Wochen später nachholen. So verzögerte sich mein Ausbildungsbeginn bis zum 1. Juni des Jahres.

Mein Vater hatte mir eine Lehrstelle bei der Firma Ernst Dello &
Co. in Hamburg besorgt, schon damals ein Traditionsbetrieb von enor-
mer Größe, heute einer der größten Opel-Handelsbetriebe weltweit.
Dabei hatte ihm der damalige oberste Chef von Opel in Deutschland,
Herr Gaedertz, geholfen, indem er einen Brief an die Dello-Chefin
Lisa Praesent schrieb, den ich hier, seines schönen, gewandten Stils
wegen, wiedergebe:

Sehr verehrte gnädige Frau,
in den letzten Tagen hatte ich den Besuch von Herrn Nolte, der sich zurzeit
zu einer Kur in Bad Nauheim aufhält, um sein lädiertes Herz in Ordnung
zu bringen. Herr Nolte, der einer unserer tüchtigsten Direkthändler ist,
möchte sich mit Rücksicht auf sein Leiden in der innerbetrieblichen Tä-
tigkeit entlasten und dazu seine Tochter Fritzi heranziehen. Es wäre Herrn
Nolte viel daran gelegen, seine Tochter so bald wie möglich in einen grö-
ßeren Betrieb einzuschalten, um sie dort mit der Wagenverteilung, der
Buchhaltung und sonstigen Verwaltungsabteilungen vertraut zu machen.
Ich sagte Herrn Nolte, dass ich es für richtig hielte, falls Sie, verehrte gnä-
dige Frau, damit einverstanden sind, dieses junge Mädchen bei Ihnen als
Volontärin einzustellen. Ich kenne die gesamte Familie, die außergewöhn-
lich intelligent und arbeitsam ist, persönlich. Auch Fräulein Fritzi Nolte
macht einen außerordentlich aufgeweckten Eindruck. Ich wäre Ihnen zu
besonderem Dank verpflichtet, wenn Sie die Möglichkeit sehen würden,
Fräulein Nolte ab 1. Mai als Volontärin zu beschäftigen. Ihrer Antwort
sehe ich gerne entgegen.
gez. Gaedertz

Volontär(in) wurde man als Kind eines Händlers, denn der Ausbil-
dungsbetrieb konnte davon ausgehen, dass man bereits viel nötiges
Wissen mitbrachte. Das Volontariat entsprach einer verkürzten Ausbildung, eine vollständige Lehre war nicht nötig. Aber die Volontäre
sollten auf jeden Fall in einem fremden Betrieb durch alle Abteilungen
geschickt werden, um Wissenslücken zu füllen und andere Abläufe
kennenzulernen. Ich verdiente bei Dello kein Geld, bekam aber bei

diesem großen Traditionsbetrieb, der damals schon eigene Filialen unterhielt, vieles mit, was ich später brauchte, um das eigene Unternehmen zu führen und ohne die Hilfe meines Vaters die Betriebserweiterungen durchzuführen. Insgesamt war ich etwas mehr als ein Jahr bei Dello.

Meine Chefin, Frau Lisa Praesent, wurde mir zum leuchtenden Vorbild, so hart und streng sie auch war. Ihr Mann war als Jagdflieger im Krieg tödlich abgestürzt, sodass sie das Geschäft übernehmen musste, ohne vorher etwas damit zu tun gehabt zu haben. Als ich sie kennenlernte, verkörperte sie die Firma Dello bereits völlig.

Um den Ausbildungsplatz überhaupt zu bekommen, hatte ich mit meinem Vater bei Lisa Praesent vorgesprochen: Sie saß neben meinem Vater an der Seite eines großen Konferenztisches, während ich, auf der anderen Seite stehend, die gewünschten Antworten zu geben hatte. Eine gefühlte Ewigkeit verging, ehe sie schließlich meinem Kommen zustimmte.

Die Großstadt barg natürlich ihre Gefahren. Mein Vater immunisierte mich gegen manches, indem er mich in die Stadt begleitete und sogleich gemeinsam mit mir eine Tour durch den lasterhaften Teil Hamburgs machte. Reeperbahn, Große Freiheit, Kleine Freiheit, Hippodrom – alles, was schmuddelig und gefährlich sein konnte, zeigte er mir, bis ich ihn anflehte: »Ich möchte nach Hause!« Von nackten Frauen, zu Pferde oder auch allein, hatte ich genug. Ich ging nie wieder auf die Reeperbahn, sooft man auch versuchte, mich einzuladen. Ich widmete mich fortan ganz und gar meiner Ausbildung bei Dello und lernte dabei ungemein viel.

Auf Zimmersuche

Um mir ein Zimmer zu besorgen, suchte mein Vater mit mir ein Hamburger Immobilienbüro auf. Dort fuhr ich zum ersten Mal im Leben Paternoster – ein unvergessliches Erlebnis: Dieser Umlaufaufzug war ständig in Bewegung, zugleich aufwärts und abwärts. Die vorne offenen Kabinen waren an der Rückseite nur durch Gitter gesichert. Vorne sprang man hinein und bei der gewünschten Etage rechtzeitig wieder hinaus. Ich hatte vor diesem unentwegt fahrenden Beförderunsmittel zunächst furchtbare Angst.

Wir hatten Erfolg und wurden an eine betagte Fabrikantenwitwe vermittelt, die in ihrer Eigentumswohnung in der Grillparzerstraße in der Nähe der Außenalster das Gästezimmer vermietete. Diese sympathische alte Dame hatte früher mit ihrem Mann eine große Maschinenfabrik in Altona geführt und eine danebengelegene Firmenvilla bewohnt. Sie erzählte mir gern von der Aufbauarbeit dort und berichtete mir von ihren Kindern. Da ihre Söhne die Fabrik nicht hatten übernehmen wollen, war sie verkauft worden. Von dem Erlös hatte die Dame ihre Wohnung erworben. Jetzt verdiente sie mit der Vermietung des Gästezimmers noch etwas Geld dazu. Es war mit ganz alten Möbeln eingerichtet, einem Bett, einem Schrank, einem Tisch und zwei Stühlen. Putzen musste ich selbst. Für sich hatte die Dame ein Wohnzimmer und ein Schlafzimmer. Das Bad durfte ich mitbenutzen, aber nur mit kaltem Wasser. Den Elektroboiler durfte nur meine Zimmerwirtin anstellen. Irgendwann fragte ich, ob ich gegen Bezahlung das warme Wasser nutzen könne, aber das lehnte sie kategorisch ab: »Damit fangen wir gar nicht erst an!« Und dabei blieb es.

Ich kam ohnehin nur knapp mit meinem Geld aus. Meine Eltern gaben mir 150 Mark im Monat, die gleiche Summe, die meine Schwester in Gießen während ihres Studiums auch bekam. Hamburg war aber ein sehr teures Pflaster. Tröstlich war Vaters Zuspruch: »Wenn du mehr Geld brauchst, kannst du mir das sagen.« Für mich aber blieb es Ehrensache, ihn nicht um mehr zu bitten. Ich musste von diesem Geld zwar auch die Zimmermiete von 90 DM monatlich bezahlen, doch konnte ich mittags günstig in der Kantine des Hamburger Finanzamts essen, das hatte Dello so vereinbart. 50 Pfennig kostete ein Mittagessen, das war billig und gut. Im Dello-Verwaltungsgebäude in der Welckerstraße war ich mitten im Herzen Hamburgs. Gänsemarkt, Mönckebergstraße, Petrikirche, Rathaus, Glockengießerwall, das alles lag ringsherum, was ich wunderbar fand. Zur gründlichen Säuberung meines Körpers ging ich samstagabends zum Schwimmen ins Alsterbad bei der feinen Esplanade, die ebenfalls nicht weit von der Welckerstraße entfernt lag. Da konnte ich dann auch warm duschen.

Wenn ich abends aus dem Betrieb kam, stand meine Wirtin mit ihrem Dackel am Uhlenhorster Fährhaus und wartete auf mich. Ich überquerte mittels eines kleinen Dampfers die Alster. Von der Dello-Verwaltung in der Nähe des Dammtor-Bahnhofs in der Innenstadt ging ich ab und zu bei gutem Wetter bis zum Ortsteil Uhlenhorst nordöstlich der Außenalster. Manchmal wartete meine Zimmerwirtin auch eine Stunde länger auf mich, wenn ich nicht pünktlich Feierabend machen konnte. Das nahm sie aber gern in Kauf. Sie fühlte sich verantwortlich für mich und meinte, ich sollte nicht allein nach Hause gehen.

Im Winter musste ich gelegentlich mit der Straßenbahn fahren, wenn die Alster zugefroren war. Und als der große Reparaturbetrieb von Dello meine Ausbildungsstation war, nahm ich lieber einen größeren Umweg in Kauf, um nicht über ein Trümmerfeld nach Hause gehen zu müssen. Der Gedanke, dass dort vielleicht einmal eine Mine in die Luft gehen könnte, machte mir Angst.

In bester Gesellschaft

Lisa Praesent kümmerte sich sehr um mich. Ihr verdanke ich ein Stück meiner Freude an der Kultur. Oft lud sie mich zum Abendessen ein. Auch als sie einmal einige Dirigentengrößen erwartete – ein großes Erlebnis. An ihr sah ich auch, dass es möglich war, einen großen Betrieb zu führen und gleichzeitig Mittelpunkt einer Familie zu sein.

Während meiner Ausbildungszeit kam ich mit dem Fahrrad in Hamburg viel herum. Dello hatte mehrere Tankstellen in einzelnen Stadtteilen, zu denen ich nachmittags geschickt wurde, um die Tageseinnahmen abzuholen. Die steckte ich in einen Sack, den ich hinten auf dem Fahrrad befestigt hatte. Alstertwiete und Hotel Atlantic, die noblen Adressen der Stadt, streifte ich, wenn ich die kleine Dello-Tankstelle in der Nachbarschaft abrechnete. Einmal durfte ich Hans Albers nach Hause fahren, als er sein Auto bei Dello zur Reparatur hatte. Er wohnte in Blankenese und besaß dort ein hübsches Haus an der Elbe. Für mich war es interessant, mit ihm zu sprechen. Sein Gesicht war tief vernarbt von den Jupiterlampen, die damals zur Bühnenbeleuchtung dienten.

Meine Zimmerwirtin kannte im oberen Stockwerk des Hauses ein kinderloses älteres Ehepaar, das ein Telefon besaß. Der Mann war Kaufmann. Vater hatte mit ihm verabredet, bei ihm anrufen zu dürfen, wenn er mich einmal dringend erreichen wolle. Dieser Nachbar hatte ein Segelboot auf der Alster liegen. Eines Sonntags lud er mich ein, ihn beim Segeln zu begleiten. Später lernte ich durch ihn, auf der Außenalster zu segeln. Tatsächlich rief mich mein Vater einmal auf dem Apparat der Steins an, um mir eine Einladung eines damaligen Chefs von BP zu überbringen. Der weilte häufig in Iserlohn zu Besuch, da er einen freundschaftlichen Kontakt zu meinen Eltern pflegte. Unsere Tankstellen gehörten zur BP. Er war auch 1949 zur Silberhochzeit meiner Eltern eingeladen gewesen, wo er mich kennengelernt hatte. Jetzt wollte er wissen, was aus mir geworden sei. BP hatte seinen Hauptsitz in Hamburg. Dieser Herr hatte vor, mich auf dem Jungfernstieg zum Essen auszuführen – das war für mich die ersehnte »große, weite Welt«. Ich wagte es, mir im Personalbüro freizuholen für diesen Anlass, und dann kam er eines Mittags vorbei, mitten am Arbeitstag, um mich zum Essen abzuholen. Er erzählte mir viel von sich und sprach mir Mut zu im Hinblick auf meine zukünftige Übernahme des Familienbetriebes. Es sei beachtlich, dass ich mich in so jungen Jahren bereits dieser Herausforderung stellen wolle. Natürlich schilderte ich ihm auch meine Bedenken und meine Unsicherheit, außerdem den Wunsch meines Vaters, ich möge noch studieren. Da gab er mir zur Antwort: »Ach, lassen Sie doch das ganze Studium! Sehen Sie lieber zu, dass Sie die Beine an den Boden kriegen. Das ist viel wichtiger.« So ähnlich sollte es später auch kommen. Als Randbemerkung sei hinzugefügt: Dieser Herr war ab 1953 deutscher Gesandtschaftsrat im diplomatischen Corps.

Bei anderer Gelegenheit sprach mich der Dello-Verkaufsleiter, die rechte Hand unserer Chefin, an: »Fräulein Nolte, Sie sind eine so gute

Kraft; ich möchte Sie mal einladen. Wenn Sie sonntags mal Zeit haben, können Sie uns gerne besuchen kommen. Meine Tochter Karin ist genau in Ihrem Alter.« Sie war noch nicht im Beruf, sondern machte gerade ihr Abitur; ich fand sie sehr freundlich und kam gut mit ihr aus. Gerne nahm ich diese Einladung an, auch etwas später eine solche mit Karin zum Opernbesuch. Der Tenor Rudolf Schock sang da in »Carmen«. Ach, wie waren wir hingerissen! Ich war zum ersten Mal in einem so großen Opernhaus. Als Kind hatte ich zwar noch vor dem Zweiten Weltkrieg in Dortmund einmal die Oper »Hänsel und Gretel« erleben können, aber das war lange her. Karin zog mich in der Pause mit zur Künstlergarderobe, um Schock einen großen Blumenstrauß zu überreichen. Tatsächlich hat er uns junge Mädchen herzlich empfangen, was unsere Herzen noch höher schlagen ließ.

Nach diesem Erlebnis habe ich meine Wirtin einmal in den »Rosenkavalier« eingeladen, um mich bei ihr zu bedanken. Auch sie war opernbegeistert und früher mit ihren Eltern regelmäßig ins Theater gegangen. Zum Dank schenkte sie mir einen kleinen silbernen Fingerhut, der mich immer an diesen Abend und den »Rosenkavalier« erinnern wird.

Der Wunsch meines Vaters, ich solle meiner Schwester in nichts nachstehen und auch studieren, ging mir in meiner Hamburger Zeit doch nicht aus dem Sinn. Im November schrieb der Opel-Direktor, der sich schon bei Frau Praesent für mich verwendet hatte, einen weiteren Brief, in dem er sich für mich einsetzte – diesmal an das Autohaus Breisgau: Ich wolle einige Semester Volkswirtschaft in Freiburg belegen und es wäre schön, wenn der dortige Opel-Händler und seine Frau Gemahlin sich um mich kümmern könnten. Dreimal schrieb ich mich an der Freiburger Universität ein, musste mich aber wieder exmatrikulieren, weil es meinem Vater gesundheitlich schlecht ging. Gerne hätte ich länger als diese wenigen Wochen im Jahre 1954 studiert, aber die Firma und mein Vater gingen vor.

Frau Praesent beglückwünschte mich zu meinem Entschluss, in der Firma zu bleiben und den Studienwunsch zurückzustellen. Sie sagte mir Hilfe in allen geschäftlichen Fragen zu. Manchmal werde ich heute ärgerlich, wenn Mitarbeiter ihre Pflicht versäumen: Ich habe damals nicht studiert, um für den Betrieb da zu sein. Mein Mann hat seinen Beruf dafür geopfert und meine Schwester ebenso – da sollten wir doch erwarten dürfen, dass unsere Mitarbeiter gleichfalls den geforderten Einsatz zeigen, was Gott sei Dank auch ohne Ausnahme geschieht!

Auch später, als ich längst als anerkannte Geschäftsführerin der Gebrüder Nolte tätig war, hatte ich die Freude, mit prominenten Männern und Frauen Bekanntschaft zu machen. Ich denke dabei etwa an die ehemalige amerikanische Außenministerin Condoleezza Rice oder den früheren israelischen Ministerpräsidenten Ehud Olmert.

Mein Bibelkreis in Hamburg

Gottes Segen und meine lutherische Kirchengemeinde haben mich immer begleitet. Zwar habe ich mich als Kind schon früh daran gestoßen, dass die Liturgien in den protestantischen Kirchen unterschiedlich waren – wir hatten eine reformierte und eine lutherische Kirche in der Stadt –, dennoch war es mir wichtig, die Verbindung zu meiner Gemeinde zu halten.

Als ich nach Hamburg kam, hatte ich mich darauf eingestellt, dass mich im Gottesdienst etwas anderes als die gewohnte Liturgie empfangen würde. Auch dass der Pastor eine Halskrause trug wie ein Mädchen, wunderte mich doch sehr. Ich kannte etwas Ähnliches nur von den Harzburger Schwestern, die Diakonissen waren.

Die Kirche auf der Uhlenhorst war Anfang der 1950er-Jahre noch ausgebombt und auch das Gemeindehaus war noch nicht ganz wieder hergestellt. Der Pastor stand am Ausgang des Gemeindehauses, in welchem Gottesdienst abgehalten wurde, begrüßte mich, die ich zum ersten Mal da war, und fragte, ob ich etwas Zeit für ihn hätte. Das fand ich besonders wertschätzend. »Sicher!«, sagte ich und er führte mich, nachdem er die letzten Gottesdienstbesucher verabschiedet hatte, in einen kleinen, einer Sakristei ähnlichen Raum, der notdürftig hergerichtet schien, und fragte mich, ob ich schon einmal Bibelarbeit gemacht hätte.

Die Frage konnte ich bejahen: Nach der Konfirmation hatte ich mich mit einigen Mädchen zusammengeschlossen zum sogenannten »Engelkränzchen«. Es gab zwei Pastorenwitwen in Iserlohn, deren Männer im Krieg gefallen waren, die Bibelarbeiten in meiner Gemeinde hielten. Ich habe als Mädchen auch an entsprechenden Schulungen teilgenommen und bin öfter in der CVJM-Bildungsstätte »Bundeshöhe« in Wuppertal gewesen, die es heute noch gibt. Während der NS-Zeit gehörte man zum BDM; da war Bibelarbeit verboten. Nach diesen unseligen Jahren aber traf sich das »Engelkränzchen« bis zum Abitur morgens um sieben Uhr in der Schule zum Lesen der sogenannten Losungen der Herrnhuter Brüdergemeine (ein alljährlich neu zusammengestelltes Büchlein, das für jeden Tag des Jahres je einen Vers aus dem Alten und aus dem Neuen Testament enthält). Das hat uns viel Halt gegeben. Wir konnten uns gegenseitig stützen, zumal es unter den Mädchen mehrere gab, deren Väter noch in Kriegsgefangenschaft waren. Wenn jemand an der Ostfront in Gefangenschaft geraten war, konnte es sein, dass er lange, vielleicht sogar für immer vermisst blieb. Die letzten Überlebenden kamen erst im Spätjahr 1955 auf Betreiben des deutschen Bundeskanzlers Konrad Adenauer aus russischer Gefangenschaft frei.

Der Uhlenhorster Pastor brachte nun sein Anliegen vor: Er hatte fünf oder sechs frisch konfirmierte Mädchen in der Gemeinde, die er zusammenhalten wollte. Für sie wünschte er sich einen Bibelkreis, den eine jüngere Frau leiten sollte. Er selbst war schon älter, seine Gemeindehelferin ebenfalls. Ich konnte mir eine solche Aufgabe gut vorstellen und fragte meine Wirtin, ob ich einen solchen Kreis in meinem Zimmer führen könne. Das erlaubte sie. So haben wir dann zusammen auf meinem Bett gesessen und uns mit einem Tauchsieder Tee gekocht, nachdem ich mir erst noch einige Tassen für meine Gäste hatte kaufen müssen. Sprudel und Kekse gab es außerdem. Die Mädchen siezten mich, denn mit meinen 20 Jahren war ich eine Respektsperson. Wir hatten viel Freude an unserem gemeinsamen Bibellesen und Austausch.

Später schenkten sie mir zum Dank ein Buch mit Widmung, weil ihnen die gemeinsame Zeit gut gefallen hatte.

Eltern in Geselligkeit

Meine Eltern waren immer sehr gesellig. Als an einem schönen Abend – es war noch vor dem Zweiten Weltkrieg – die Tür zu unserem Wohnzimmer ein wenig offen stand, spähte ich hinein, um von der Gesellschaft etwas mitzuerleben. Da sah ich, wie mein Vater mit einer Vase im Arm tanzte. Ich wollte, was ich sah, kaum glauben! So unbeherrscht dürfte doch mein eigener Vater nicht sein! Lange knabberte ich innerlich an diesem Erlebnis, bis ich mich eines Tages traute, mit meiner Mutter darüber zu sprechen. Sie sagte dazu nur: »Der Vati war einfach mal glücklich! Das ist doch schön. Da hat er sich die Vase geschnappt und mit ihr getanzt, als wäre sie eine Frau. Jeder darf doch auch mal ausgelassen sein!« Vielleicht hatte er auch ein Glas zu viel an diesem Abend getrunken. Als Kind wollte ich aber nicht akzeptieren, dass meine Eltern sich gehen ließen. Heute denke ich: Da war mein Vater für einen Moment ganz Mensch. Diesen Blick für das Positive habe ich von meinem Mann Peter gelernt. Jetzt kann ich auch in Dingen, die mich zunächst verwirren, eine gute Seite sehen – Vater war glücklich!

Es gab zwei Lieblingslieder meines Vaters, die er oft vor sich hin sang. Das eine ist der Opel-Schlager von 1937: »Oftmals kommt es im Leben auf die Sekunde an, weil sie dir alles geben und alles dir nehmen kann« – ein Lied, das mich immer begleitet hat. Es stammt aus einem Dokumentarfilm der UFA über Opel: »Kampf um Raum und Zeit«. Noch heute denke ich darüber nach, wie viel sich innerhalb von Sekunden ändern kann und wie kostbar die Zeit ist, auch welche Gnade mit ihr verbunden ist.

Ein anderes Lied, »Kauf dir einen bunten Luftballon«, verbinde ich ebenfalls mit meinem Vater:

Kauf dir einen bunten Luftballon,
nimm ihn fest in deine Hand,
stell dir vor, er fliegt mit dir davon
in ein fernes Märchenland.

Kauf dir einen bunten Luftballon,
sag ihm deinen Lieblingstraum
und er zeigt dir, eh du's denkst, zum Lohn
diese ganze Welt voll Illusion.

Über Wolken, wo die Sonne thront
und der blaue Himmel lacht,
bis aufs Märchenschloss gleich hinterm Mond,
wo ein Prinz dich traumhaft glücklich macht.

Kauf dir einen bunten Luftballon
und mit etwas Fantasie
fliegst du in das Land der Illusion
und bist glücklich wie noch nie.

Das Lied stammt aus dem Eisrevue-Film »Der weiße Traum« von 1943. Ich habe es aufgegriffen, als unser Hagener Betrieb am 11. November 2002 eröffnet wurde und wir unserer Tochter Petra etwas ganz Besonderes schenken wollten – eine Erinnerung an ihren Großvater Fritz Nolte. Ein Pianist spielte es auf einem gläsernen Flügel, alle Gäste sangen dazu und wir ließen feierlich eine große Traube von Ballons in den Himmel steigen.

Mein Mann bestand damals darauf, dass bei der Gelegenheit noch ein anderes Lied gesungen wurde:

Stern, auf den ich schaue,
Fels, auf dem ich steh,
Führer, dem ich traue,
Stab, an dem ich geh,

Brot, von dem ich lebe,
Quell, an dem ich ruh,
Ziel, das ich erstrebe,
alles, Herr, bist du!

Ohne dich, wo käme
Kraft und Mut mir her?
Ohne dich, wer nähme
meine Bürde, wer?
Ohne dich, zerstieben
würden mir im Nu
Glauben, Hoffen, Lieben,
alles, Herr, bist du!

Drum so will ich wallen
meinen Pfad dahin,
bis die Glocken schallen
und daheim ich bin.
Dann mit neuem Klingen
jauchz ich froh dir zu:
Nichts hab ich zu bringen,
alles, Herr, bist du!

Auch hier sangen alle mit. Es war so eindrucksvoll, dass noch heute gelegentlich davon gesprochen wird. Man muss sich Höhepunkte im Leben schaffen und dabei kommt es oft auf die Sekunde an! Sind die entscheidenden Sekunden gut gestaltet, bleibt das Erlebnis hängen.

Bei einem Ballonwettbewerb in den 1970er-Jahren, zu dem uns Opel einmal verholfen hat, fand ein kleiner Junge im hohen Norden von Schweden das Kärtchen von Gebrüder Nolte und schickte es uns zurück. Von Iserlohn bis Schweden – was für ein weiter Flug und was für eine schöne Verbindung! Ich habe dem Jungen ein Gesellschaftsspiel geschickt und vorher lange gesucht, bis ich eines mit einer zweisprachigen Anleitung in Deutsch und Englisch gefunden hatte. Was doch ein Mensch mit solch kleinen Dingen zu bewegen vermag, welche Freude und welcher Sinn in so etwas stecken können!

Höhensonne und Fernseher

In den Wirtschaftswunderjahren nach dem Krieg waren die Autoverkäufer nicht die Einzigen, die ihren noch wenig bekannten Produkten zur Verbreitung verhelfen wollten. Und so kam es immer wieder vor, dass ein Autointeressent, der selbst Geschäftsmann war, meinen Vater nötigte, auch eines seiner Produkte zu erwerben. Auf diese Weise kam zum Beispiel 1947 eine Höhensonne in unser Haus und später, 1954, auch ein Fernseher, allerdings damals noch in Schwarz-Weiß.

Die Höhensonne ist mir aus Kindertagen unvergesslich. Sie war wohl technisch noch nicht ganz ausgereift. Meine Mutter sorgte sich zu Recht um unsere Haut, denn die UV-Strahlen des Gerätes waren sehr stark. Wir bekamen eine Schutzbrille auf und eine dicke Schicht Creme ins Gesicht, bevor wir uns für wenige Minuten vor diese spezielle Lampe setzten, um unsere Haut zu bräunen, was damals als schick empfunden wurde. Ich weiß noch, wie wir danach aussahen: um die Augen ein weißer Rand, wo die Brille saß, und außen herum alles gerötet und trotz der reichlich aufgetragenen Sonnenschutzcreme ein wenig verbrannt.

Der Fernseher hinterließ einen weit besseren Eindruck bei uns. Wir bekamen ihn kurz vor Vaters Tod und saßen mit der ganzen Familie davor, um ihn feierlich zum ersten Male anzuschalten. Was wir zu sehen bekamen, war fürwahr ein Augenschmaus: Es lief gerade eine hinreißende Eisrevue aus Oberstdorf. Das Eislaufen begeisterte nämlich von Jugend an unsere ganze Familie. Von meiner Mutter war bekannt, dass sie es gut beherrschte. Auch ich war während des Krieges mit einer Freundin auf dem zugefrorenen Seilersee gelaufen. Später trainierten unsere Töchter in der Iserlohner Eissporthalle.

Konsumgüter hatten früher noch eine andere Bedeutung. Wenn ich heute durch eine Geschäftsstraße gehe, sehe ich überall Schilder: »Sale!« Der Ausverkauf ist normal geworden, die Waren müssen raus an die

Kunden. Sagenhafte Rabatte werden geboten, denn immerzu drängen ja neue Waren nach. Bei den ersten Schlussverkäufen, die es nach dem Krieg gab, war das anders: Da gab es im Frühjahr den »Winterschlussverkauf« und im Herbst den »Sommerschlussverkauf«, um die restliche Ware komplett zu verkaufen und danach den Laden gründlich schrubben und reinigen zu können, bevor die neue Ware eingeräumt wurde. Man las in der Zeitung oder sah an Geschäften angeschlagen, an welchem Tag ein solcher Schlussverkauf stattfinden sollte. Dann überlegte man, was benötigt wurde, und stellte sich am entsprechenden Geschäft frühmorgens um fünf Uhr in die Warteschlange. Man wusste nur, dass es Rabatte gab, aber um wie viel ein gewünschter Artikel billiger war, erfuhr man erst beim Schlussverkauf selbst. Man brauchte Glück, um in das gewünschte Geschäft hineinzukommen, und noch mehr Glück, um einen gewünschten Artikel preiswert kaufen zu können. Für den Einkauf in weiteren Geschäften reichte das Glück in den allermeisten Fällen nicht, denn man konnte ja nicht gleichzeitig in mehreren Warteschlangen stehen. Die Menschen stürzten sich auf die Angebote, und die Geschäftsinhaber bekamen ihre Läden meist schnell leer.

Auch zu Hause ging man mit der Saison: Die Wintermode wurde im Frühjahr eingemottet, die Sommermode im Herbst. Ab Ostern trugen wir Kniestrümpfe, ab dem 24. Juni, dem Johannistag, Söckchen. Zu Herbstanfang gab es wieder lange Strümpfe. Damit kam man fast immer zurecht, auch wenn das Wetter zuweilen anders als erwartet war.

Als unsere Kinder klein waren, hielt man es schon anders: Da blieb der Wintermantel auch im Sommer griffbereit, damit man ihn bei ungewöhnlicher Kälte anziehen konnte. Man mottet auch nichts mehr ein. Die Geschäfte locken das ganze Jahr über mit Preisnachlässen. Dennoch sind nie die Regale leer.

Während des Krieges standen wir sogar vor dem Bäckerladen Schlange, um noch Brot zu bekommen, das es damals nur auf Bezugsschein gab. Solch ein Schein bedeutete aber noch längst nicht, dass es beim Bäcker auch etwas zum Verkauf gab. Ich stellte mich manchmal schon um drei Uhr morgens in die Schlange. Wenn der Bäcker sein

Brot gebacken hatte, kam man nach und nach an die Reihe. Schubweise wurden die Wartenden dann in den Laden gelassen. Wenn ich endlich dran war, gab es manchmal kein Brot mehr. Als junges Mädchen, groß und dünn, wurde mir beim langen Schlangestehen oft schwindelig. Wenn wir nicht so dicht gestanden hätten, wäre ich manches Mal umgefallen, aber die anderen Leute hielten mich, Schulter an Schulter.

Vater Fritz und sein künftiger Schwiegersohn Peter Bimberg
Mein Vater war über meine Verbindung zu Peter sehr glücklich. Wenn Peter mir wieder einmal einen Brief geschrieben hatte, hieß es im Büro: »Fräulein Nolte, Sie sollen mal zu Ihrem Vater kommen!« Vater kam morgens etwas später, nachdem der Briefträger bei uns zu Hause am Tyrol gewesen war. Mein Büro lag auf der anderen Seite und war sehr frequentiert. Wenn Vater mich rufen ließ, ging ich also in sein Chefbüro. Ich durfte mich setzen. Dann zog Vater den Brief für mich hervor. »Hier ist ein Brief von deinem Peterle«, sagte er ganz liebevoll. »Nun bleib mal hier sitzen und lies ihn in Ruhe. Hier stört dich niemand und du weißt, dass ich diese Freundschaft sehr respektiere. In deinem Büro wirst du doch dauernd gestört!« So war mein Vater. Er stand ganz hinter meinem geliebten Freund. Ein anderer Vater hätte sich vielleicht geärgert, dass »dieser Kerl« schon wieder seiner Tochter geschrieben hat, bei uns aber herrschte gegenseitiges Vertrauen.

Vater wusste, dass Peter und ich heiraten wollten. Wir warteten auf den Abschluss seiner Promotion, danach wollten wir uns verloben. Mir war klar, dass nur dieser Mann und sonst keiner für mich infrage kam.

Doch es kam anders als erhofft. Vater starb am 15. Februar 1955 und alle Pläne waren erst einmal hinfällig.

Was war geschehen? Vater musste dringend notoperiert werden. Es war eine schwierige Entscheidung. Nach vier Herzinfarkten, einem Milzinfarkt und drei Lungenembolien war es unwahrscheinlich, dass er einen solchen Eingriff überstehen könnte. Aber meine Schwester überzeugte uns Frauen wenige Stunden vor seinem Tod davon, dass die Operation unbedingt nötig sei. Wenn wir nicht zustimmten, käme sein Ende ohnehin, jedoch auf qualvollere Weise. Wir versuchten es also. Ehe die Operation begann, bat Vater uns: »Bitte ruft Alfred und Erich! Wir wollen noch einmal beten und sie sollen euch keine Vorwürfe machen.« Zu diesen beiden seiner Brüder hatte er das engste Verhältnis: Mit Alfred hatte er die Firma aufgebaut, bevor jener sein eigenes Reisebus-Unternehmen gründete und Erich die Spirituosenhandlung führte, die er 1918 mit Wilhelm zusammen von Großvater Heinrich übernommen hatte. Beide feierten oft Weihnachten mit uns zusammen. Nun kamen sie an Vaters Krankentrage. Wir bildeten gemeinsam einen Kreis, hielten uns an den Händen und beteten ein Vaterunser. Dann wurde Vater operiert, doch nach dem Wechseln einer Sauerstoffflasche wachte er nicht mehr auf. Sein Herz war zu schwach.

An diese Nacht erinnerte ich mich deutlich, als ich selbst später am Darm operiert wurde. Auch bei mir stand es auf der Kippe, ob ich überleben würde. Ich betete zusammen mit meinem Mann und unseren Kindern, bevor die Operation begann. Als ich aufwachte, war mir so kalt wie noch nie. Man packte mich immer wieder in kalte, nasse Tücher ein. Wie ich später erfuhr, wurden dadurch alle Körperfunktionen heruntergeregelt, um den Körper bestmöglich zu schonen, bevor man den Kreislauf wieder stabilisieren konnte. Es war wohl sehr brenzlig, aber ich bin durchgekommen, anders als damals mein Vater.

Nach Vaters Tod begann für mich eine Zeit voller Trauer. Der grausamen Härte des Geschäfts fühlte ich mich mit 23 Jahren noch lange nicht gewachsen. Das war die einzige Zeit meines Lebens, in der mein Vertrauen in Gottes gute Führung ins Wanken geriet: Wie sollte ich das alles nur schaffen? In den allerersten Tagen nach Vaters Heimgang kam zufällig Pfarrer Linde zu uns in den Betrieb, ein Freund meiner Eltern, der mich gut kannte und duzte. Er traf mich auf dem Werkstatthof an und bat mich zu sich ins Auto. »Was wollen Sie mit mir machen, Herr Pfarrer?«, fragte ich. »Wir fahren gemeinsam zum Friedhof«, antwortete er nur. Die Beerdigung stand noch bevor, aber das große, schwarze Loch für Vaters Sarg war bereits gegraben. Dorthin führte er mich, um mir ein paar deutliche Worte zu sagen: »In diese

Grube kommt nun bald dein Vater Fritz hinein. Aber schon jetzt hat Gott seine warmen Hände um dessen kalten Leib gelegt. Fritz ist schon bei seinem Vater und du bist ein egoistisches Frauenzimmer!« Mit großen Augen blickte ich den Pfarrer an und fragte ihn, was er denn damit meine. »Du willst deinen Vater für dich behalten, aber Gott will ihn haben und du musst ihn loslassen. Du musst ihn abgeben«, sprach er mir ins Gewissen. »Wie soll das denn alles weitergehen, wie soll ich das nur hinkriegen?«, haderte ich noch. »Die Hilfe kommt von dem, der von dir gebeten wird, und das ist Gott! Und nun lass es gut sein, lass diesen Abschied hinter dir.« Mit diesen Worten von Pfarrer Linde fiel plötzlich alles ab von mir, was mich bisher so unendlich geängstigt hatte. Mit dieser Unterstützung konnte ich meinen Vater in die Ewigkeit entlassen.

Gleich nach Vaters Beerdigung traten seine Geschwister an uns heran. Sie wollten prüfen lassen, ob sie nicht eigene Erbansprüche geltend machen könnten. Glücklicherweise fand ich die alten Goldmark-Quittungen, auf denen sie schriftlich bestätigt hatten, dass ihre Ansprüche gegen Gebrüder Nolte abgegolten waren.

Viel schlimmer noch war der »Kondolenzbesuch« zweier Herren einer Bank, noch bevor Vater unter der Erde war: Sie sprachen mich auf alte Grundschuldbriefe an, mit denen Vater in schwerer Zeit zwei hohe Hypotheken aufgenommen hatte. Die Schulden waren längst abgezahlt und die Briefe lagen noch in unserem Geldschrank. Da die Löschung Gebühren gekostet hätte, bewahrten wir sie auf für alle Fälle. Jetzt taten diese Kondolenzbesucher so, als wären diese Briefe ein Zeichen für mangelnde Kreditwürdigkeit. Sie fragten mich auch, warum ich keine Wechsel (schuldrechtliche Wertpapiere, früher im Geschäftsleben häufig verwendet) schriebe. »Das haben wir nicht nötig!«, sagte ich, hatte ich doch nicht nur von meinem Vater, sondern auch in Hamburg den Merksatz gelernt: »Schreibe hin und schreibe her, aber schreibe niemals quer!«

Die Herren versuchten nun, mich unter Druck zu setzen: Auf unseren Grundstücken lägen doch – was nicht stimmte – Hypotheken. Als Geschäftsbank hätten sie kein Vertrauen mehr zu Gebrüder Nolte.

Man macht sich keine Vorstellung davon, was Bänker sich manchmal erlauben, wenn ihnen die Gelegenheit günstig erscheint. »Was geht Sie das denn an? Wir sind Ihnen nichts schuldig, wir haben unsere Hypotheken abgelöst, auch wollen wir keinen Kredit von Ihnen! Warum sind Sie hier?« – »Wir wollen die Grundschuldbriefe gerne mal sehen«, sagten die beiden. Nun platzte mir der Kragen: »Wenn ich Ihnen als Tochter von Fritz Nolte sage, dass die Briefe bei uns im Geldschrank liegen, dann liegen sie da auch! Guten Tag!« Ich habe sie praktisch hinausgeworfen. Meine Mutter fragte zwar später, ob ich mir sicher sei, alles richtig gemacht zu haben. Brauchten wir diese Bank nicht vielleicht eines Tages noch? Ja, wie sollte ich mir sicher sein? Ich stand jedoch ganz fest hinter meiner Entscheidung. Tatsächlich habe ich inzwischen nicht einmal mehr ein privates Konto dort. Einen dieser Grundschuldbriefe hatte ich aus historischen Gründen noch aufgehoben, aber wir haben ihn dann doch löschen lassen. Wir hätten ihn ohnehin nicht mehr verwenden können.

Ja, solche Episoden kommen vor im Geschäftsleben! Zu Lebzeiten meines Vaters wollte einmal ein Bauunternehmer mit ihm kungeln und dazu unter vier Augen mit ihm sprechen; ich solle bitte den Raum verlassen. Aber das verbat sich mein Vater in aller Deutlichkeit: »Sie glauben doch nicht, dass ich mein eigen Fleisch und Blut aus dem Zimmer schicke! Es gibt nichts, was wir zu besprechen hätten, was meine Tochter nicht hören dürfte!« Noch heute schüttelt es mich, wenn es heißt: »Das sollen die Kinder nicht hören!« Mein Vater hat immer darum gekämpft, dass ich nur ja alles mitbekäme. Er betonte, er könne mir doch nicht die gesamte Verantwortung hinterlassen, wenn er mich aus wichtigen Besprechungen ausschließe. Ich nehme das als Zeichen der Ehrbarkeit und auch der weisen Voraussicht meines Vaters: Ich sollte auch die harten Seiten des Geschäfts erleben. Nur zu gut wusste er, wie krank er war und wie schwer es für mich werden würde, nach seinem Tode mit der vollen Verantwortung allein zurechtkommen zu müssen.

Mit diesen unangenehmen Seiten hatte ich es nach Vaters Tod also zu tun. Gott weiß, wie schwer ich zu kämpfen hatte! Und dann der Gedanke an meinen geliebten Peter: Er hatte gerade seine Promotion hinter sich und nun fing er für mich noch einmal ganz unten als Lehrling an. Durfte ich ihm das zumuten? Ich wollte doch, dass mein Peter glücklich würde! Wie sollte er das in diesem aufregenden Autogeschäft werden? Nicht, dass ich Gebrüder Nolte nicht als Erbe meiner Eltern geliebt hätte, aber während dieser Zeit raubte mir die Härte des Geschäfts fast den Verstand. Ich konnte mir selbst kaum noch treu sein, denn ich musste so handeln, dass Gebrüder Nolte weiterbestehen konnte. Ich hatte das Geld beieinanderzuhalten. Von Kind auf war ich daran gewöhnt, konsequent zu handeln. Bei Peter war es anders. Er sollte im Wald nach dem Rechten sehen, sich um den Holzertrag und einen guten Tierbestand kümmern. Bauer sollte er werden dürfen, wie er es sich schon als Kind gewünscht hatte, und einen Pflug durch seine gute Ackererde ziehen dürfen. All diese Gedanken schrieb ich Peter. Ich hätte ihn freigegeben, hätte ihn einer anderen Frau überlassen, um ihm zu ersparen, was ein Automobilbetrieb von ihm verlangte. Ich hatte mir schon genau überlegt, was ich dann tun würde: Ich wäre dann Diakonisse geworden, hätte aber als solche dennoch unseren Betrieb geführt. Die Schwesternhaube hätte mir dann das Schutzgefühl gegeben, das ich sonst bei meinem Mann gefunden hätte. Ich kannte eine Diakonisse, die als Zahnärztin ihre eigene Praxis hatte. So sah mein »Plan B« aus.

Wie so oft beruhigte mich Peter schnell: Er habe bereits mit seiner Ausbildung in der Automobilbranche angefangen und der Beruf gefalle ihm; ich solle mir keine Sorgen machen. Meine Mutter hatte den Opel-Direktor in Rüsselsheim angesprochen und ihn gebeten, sich für Peter einzusetzen. Der hatte ihm einen Vorstellungsbesuch vermittelt bei einem großen Opel-Händler mit einem guten Namen. Aber in letzter Sekunde sagte diese Firma ab. Sie hatten wohl Angst vor der Konkurrenz. So kam es, dass Peter ebenfalls bei Dello lernte: Der Opel-Direktor hatte ein weiteres Mal Lisa Praesent um Hilfe gebeten und die hatte sofort zugesagt. Ich selbst schaltete mich nicht ein, das gehörte sich nicht für eine Frau und ihren zukünftigen Mann. Peter hätte es gewiss auch nicht gefallen. Er konnte sich mit der Fürsprache des Opelwerks selbst gut helfen!

Aufgrund seiner Vorbildung und seiner Verbindung zu Gebrüder Nolte konnte auch Peter seine Ausbildung, kaufmännisch wie technisch, innerhalb eines Jahres mit bestem Ergebnis abschließen. Über eine Empfehlung kam er danach zur Firma Maussner nach Celle, ebenfalls ein Opel-Händler. Der Inhaber Herr Duffner, der meinen Vater noch gekannt hatte, setzte seine Ehre daran, Peter in kürzester Zeit alles beizubringen, was er brauchte, um Autos zu verkaufen und Geld zu verdienen. Bei Dello hatte er noch ohne Ausbildungsvergütung gearbeitet, weil er zu den »Händlersöhnen« gezählt wurde. Bei Maussner wurde er für seine Dienste als kaufmännischer Angestellter bezahlt und kaufte sich bald von der Verkäuferprovision sein erstes Auto, einen gebrauchten Rekord. Später hörte ich ihn häufig sagen: »Das habe ich von Duffner gelernt.«

Der nächste Schritt führte ihn nach Essen, wo er eine Stelle als Geschäftsführer bei BMW bekam. Er war zwar recht neu in der Branche, aber deswegen nicht unbeleckt: Ein Blick in seine Doktorarbeit und die Betriebskostenrechnung in der Forstwirtschaft zeigten, dass er ein profundes geschäftliches Wissen mitbrachte. Zahlen haben Peter immer interessiert und rechnen konnte er schon immer sehr gut. Bei den Finanzen und überall im Betrieb findet man noch heute viele Spuren meines Mannes.

Darauf mache ich immer wieder aufmerksam, in der Familie und im Betrieb: Wir haben für Gebrüder Nolte damals alles gegeben. Ich habe auf mein Studium verzichtet, meine Schwester Martha hat nach Vaters Tod ihre geliebte Tiermedizin aufgegeben, um mir zur Seite zu stehen, und Peter ist nach seiner Promotion noch einmal in die Lehre gegangen, um mit mir diese große Aufgabe, die uns mein Vater hinterlassen hat, weiterzuführen. Die Verlobung wurde um Jahre verschoben, unsere Eheschließung musste warten. Das Erbe bedeutet eine große Verantwortung, wir wollen und dürfen nicht leichtfertig damit umgehen.

HEIRAT, FAMILIE, FIRMA

Die verschobene Hochzeit

1960 war es endlich so weit: 14 Jahre nach unserem Kennenlernen wollten Peter und ich heiraten. Peter hatte seine zweite Ausbildung abgeschlossen. Er war nun in der Lage, bei Gebrüder Nolte führend einzusteigen. Zum 31. Dezember 1959 hatte er im Essener BMW-Autohaus gekündigt. Unser Wohnhaus – mein Elternhaus – war für uns passend umgestaltet worden, die neue Wohnungseinrichtung stand. Für Mitte Januar hatten wir das Aufgebot bestellt.

Doch dann verunglückte meine einzige Schwester Martha am 6. Januar 1960 mittags auf dem Weg zu unserem Filialbetrieb in Schwerte. Auf schneeglatter Straße stieß ihr Auto frontal mit einem Lkw zusammen und rutschte in einen Graben. Die ungesicherte Ladung mit großen Quadersteinen polterte vom Lkw herab auf ihren Wagen. Dass damals noch keine Anschnallpflicht bestand, rettete ihr das Leben: Sie war aus dem Fahrzeug geschleudert worden und lag weit genug entfernt, um nicht von den schweren Steinen getroffen zu werden. Dennoch war sie schwer verletzt. Zwei lange Wochen lag sie im Koma. Die Rettungskräfte hatten am Unfallort noch lange nach mir gesucht, weil Martha, bevor sie das Bewusstsein verlor, immerzu gesagt hatte: »Meine Schwester, meine arme Schwester!« Sie hatte dabei wohl an unsere geplante Hochzeit gedacht.

Mein Mann sagte sofort: »Die Marthi gehört dazu! Ohne sie heiraten wir nicht!« Er war immer sehr geradlinig. Es stand für ihn fest, dass er nicht eher bei Gebrüder Nolte eintreten würde, bis wir verheiratet wären. Also sprach er bei seinem Chef in Essen vor, der ihn anstandslos wieder einstellte, obwohl sein Nachfolger bereits da war. Das war ein enormer Vertrauensbeweis! Wieder stellten wir unser persönliches Glück zurück, um uns um Firma und Familie zu kümmern. Wir taten das in großem Einverständnis, sonst wäre es nicht gegangen.

Martha lag vier Monate im Krankenhaus, bis der Bruch der Hüftpfanne, das Hämatom am Hinterkopf und die vielen inneren Verletzungen ausreichend verheilt waren. Für uns alle war das eine schwere Zeit. Die Hochzeit war auf unbestimmte Zeit verschoben, meine Mutter war Tag und Nacht bei Martha im Krankenhaus und ich hatte im Betrieb zu sehen, wie ich mit allem allein zurechtkäme. Ich ließ mich vom Tyrol um sechs Uhr morgens von einem Meister abholen, fuhr bei hohem Schnee und kaltem Winterwetter zum Krankenhaus, damit ich wenigstens wusste, wie es um Martha stand – damals hatte man kein Telefon am Krankenbett wie heutzutage –, und fuhr dann weiter, um den Tag über zu arbeiten. Wenn ich abends in das eiskalte Haus am Tyrol zurückkehrte, musste ich mich erst um die Heizung kümmern, die ja noch mit Koks versorgt werden musste, bevor es zum Schlafen ging. Ich weiß heute nicht mehr, wie ich durch diese Zeit gekommen bin.

Ein Segen war für mich der Besuch meiner Tante Gretel, der Frau eines Bruders meines Vaters. Sie war selbst Geschäftsfrau und brachte mir im Januar ein Sträußchen Veilchen – wo immer sie das aufgetrieben haben mag – als Zeichen der Treue und Hoffnung. Ich fürchtete gerade, hoffnungslos in unerledigten Aktenstapeln im Büro zu ertrinken. Der Jahresabschluss, die geplante Hochzeitsreise – was hatte sich da alles angestaut! »Ich komme nicht mehr durch diese Berge von Post hindurch! Morgens ins Krankenhaus, abends wieder – und tagsüber hätte ich das eigentlich alles erledigen müssen, doch das schaffe ich nicht mehr!«, beklagte ich mich. In unserem Schwerter Betrieb waren schon wieder erste Malerarbeiten nötig, der Betrieb in Hemer steckte noch in seinen Anfängen.

Da gab mir diese Tante den entscheidenden Rat: »Lass alles liegen, was hier liegt, und arbeite ab heute nur das weg, was neu dazukommt. Gehe nicht eher weg, bis das erledigt ist. Den restlichen Packen lässt du liegen – vieles davon erledigt sich von selbst. Wenn man dich nach einer bestimmten Akte fragt, musst du halt ein bisschen suchen.« Ich befolgte ihren Rat: Was morgens auf den Tisch kam, arbeitete ich ab, der Rest blieb liegen und nur ab und zu musste ich darin etwas suchen. Das Prinzip habe ich mir bis heute gemerkt: Wenn man sich nur mit Liegengebliebenem beschäftigt, läuft man immer allem hinterher.

Sonntags traf ich mich nach dem Gottesdienst oft mit Peter; damit keiner einen langen Weg hatte, verabredeten wir uns im Westfalenpark, der etwa auf halber Strecke lag. An einem Sonntag aber bekam ich einen Anruf vom Krankenhaus, ich müsse sofort kommen. Ich musste Peter vergeblich warten lassen, um meiner Schwester zur Hilfe zu eilen: Sie neigte infolge ihrer schweren Verletzungen zu Depressionen und wurde von der Angst gequält, als Krüppel zu enden. Nun hatte man versucht, sie auf ihre Füße zu stellen. Rücken und Beine waren dafür jedoch noch nicht stabil genug. Martha hatte ihren gesamten Mut verloren und sprach davon, nicht länger leben zu wollen. Die Ärzte wussten nicht, was sie tun sollten. Ich flehte sie an, meine Schwester unbedingt am selben Tag noch irgendwie, vom Pflegepersonal gestützt, in die Senkrechte zu kriegen, und sei es nur zum Schein. Mir war klar, dass sie ein solches Signal brauchte, um neuen Mut zu fassen. Ich veranlasste außerdem, dass eine Diakonisse ständig an ihrem Bett saß, wenn meine Mutter nicht zugegen sein konnte. Und was geschah? Die Ärzte wuchteten sie in die Höhe. Martha rief: »Ich kann ja stehen!«, und endlich sah sie wieder neues Licht und Hoffnung.

Schnell setzte ich mich danach ins Auto und fuhr zum Westfalenpark. Da stand mein Peter immer noch, nach Stunden des Wartens, treu und brav am Eingang. Ich war ihm so dankbar, dass er mich auffing in meiner Not und mir nicht böse war. »Ich konnte mir schon so etwas denken«, sagte er nur. »Du lässt mich doch nicht ohne Grund warten!« Peter war wirklich ein ganz besonderer Mensch und auf eine ehrliche und aufrichtige Weise vornehm. Am liebsten wäre ich mit ihm noch eine kleine Runde durch den Park spaziert, aber wieder schätzte er die Lage richtig ein: »Du musst wieder nach Hause, um nach deiner Schwester zu sehen!« So machte ich es auch und es war gut.

Als es Martha besser ging, kam sie nach Bad Meinberg in die Reha. Sie brauchte bald keinen Rollstuhl mehr, sondern lief an zwei Krücken. Meine Mutter meinte, sie selber werde bei mir nun nötiger gebraucht, und begleitete sie nicht nach Meinberg. Aber ich konnte doch spüren, dass Martha Beistand brauchte. Da wir noch einen Privatfahrer hatten, ließ ich mich fast jeden Abend nach Geschäftsschluss nach Bad Meinberg fahren. So habe ich es geschafft, dass sie wieder an sich glaubte. Ich sagte ihr auch klipp und klar: »Martha, wir wollen noch in diesem Jahr heiraten. Peter hat aber gesagt, wir tun das erst, wenn du wieder dabei sein kannst. Sieh bitte zu, dass du vorwärtskommst!« Nach kurzer Zeit lief sie mir mit nur noch einer Krücke entgegen. Ende Juni war sie wieder im Geschäft. Am 8. Juli 1960 konnten wir endlich in der Obersten Stadtkirche Iserlohns vor den Traualtar treten. Meine Schwester stand ohne Gehhilfen auf eigenen Füßen und war mit dabei!

Meine Nenntante Käthe Perl, die Frau des Polizeimajors Perl, der am Kriegsende mit für eine kampflose Übergabe der Stadt gesorgt hatte, war die Letzte, die vor dem Einzug in die Kirche noch in unserem Haus am Tyrol bei mir war. Sie prüfte zusammen mit der Friseuse noch einmal, ob mein Knötchen richtig saß und ob der Schleier passte. Dann drückte sie mir ein Spitzentaschentuch in die Hand. »Das ist für die Freudentränen und auch mal für traurige Tränen! Du wirst beide in deinem Leben weinen«, sagte sie dazu. Tante Käthe kannte gewiss beide Sorten Tränen, denn sie hatte in den letzten Kriegstagen ihren einzigen Sohn Konrad verloren.

Onkel Erich Nolte fuhr mich an Vaters statt mit Fahrer zur Kirche. Er führte mich auch vor den Traualtar und übergab mich meinem Mann, wie es damals guter Brauch war. Ich habe es immer gehasst, allein sein zu müssen. Das wurde mir besonders deutlich, als ich vor der Trauung an Peters Seite stand. Als wir endlich verheiratet waren und gemeinsam aus der Kirche auszogen, betete ich die ganze Zeit glücklich vor mich hin: »Gott, ich danke dir, dass ich nicht mehr alleine durchs Leben gehen muss! Ich danke dir, dass ich dir mit Peter zusammen dienen kann!« Denn obwohl wir schon so lange befreundet waren und uns schon fast 500 Briefe geschrieben hatten, hatte ich mich zuvor oft einsam gefühlt. Wir hatten noch nicht die Nähe zueinander, die wir später in der Ehe hatten. Natürlich ging man zu meiner Zeit unbefleckt in die Ehe. Sicher ist es auch Peter schwergefallen, 14 Jahre lang auf mich zu warten. Eine Heirat mit 29 bzw. 32 Jahren galt damals als relativ spät. Natürlich hatte es im Laufe der Jahre andere gegeben, die sich für uns interessiert hatten. Sie alle wussten jedoch, dass wir unsere Herzen bereits verschenkt hatten. Es gab Freundschaften, alles andere war tabu. Jetzt waren wir endlich am Ziel und schritten als Mann und Frau aus der Kirche.

Auf Hochzeitsreise in Baden-Baden

Nun sollte es auf Hochzeitsreise gehen. Wir waren ursprünglich aufs Skifahren eingerichtet, die gesamte Ausrüstung dafür stand bereit, denn eigentlich hatten wir ja schon im Januar heiraten wollen. Wir fuhren beide gerne Ski. Peter hatte sich einen wunderschönen Wendemantel gekauft: Von einer Seite war er aus Tweed, einem klassischen wärmenden Wollgewebe, von der anderen Seite aus Popeline, einem besonders dichten, widerstandsfähigen und unempfindlichen Stoff, wie man ihn damals für Wetterschutzjacken hatte. In Kitzbühel hatte er schon das Quartier für uns gebucht. In diesem Mantel hätte er eine gute Figur auf der Piste abgegeben – aber nun war nichts daraus geworden. Er trug den Mantel später noch lange und war damit bei Regen und bei Kälte gleichermaßen gut geschützt.

Die Ereignisse hatten es mit sich gebracht, dass ich ausgelaugt war und mich sehr nach Entspannung und Sonne sehnte. Also quartierte uns Peter in Baden-Baden im Hotel Bellevue unweit des Kurhauses ein. Dort konnte ich mich wunderbar erholen, wenn sich auch manche Bekannte darüber lustig machten, dass wir das »Rentnerparadies« Deutschlands anderen Reisezielen wie Hawaii oder Honolulu, die damals schon beliebt waren, vorgezogen hatten. Wir waren jedoch mit unserem Reiseziel sehr zufrieden. Es wurde ein herrlicher Sommer!

Um eine wichtige Sache mussten wir uns allerdings dort noch kümmern. Mein Mann fuhr seit seiner Zeit im Essener Autohaus einen BMW V8. Mit dem war es auch auf die Hochzeitsreise gegangen. Uns beiden war jedoch klar, dass wir mit einem Opel nach Hause kommen mussten. In Königstein im Taunus tauschten wir den BMW deshalb zunächst gegen eine Borgward Isabella. Vor unserer Rückkehr nach Iserlohn gaben wir in Siegen den Borgward wieder ab, besorgten uns einen Rekord und fuhren als »bekennende Opelaner« in die geliebte Heimat ein.

In Baden-Baden genossen wir eine wunderbare Zeit. Am Samstag, einen Tag nach unserer Trauung, kamen wir an. Am folgenden Sonntag gingen wir gemeinsam in den Gottesdienst. Beide konnten wir vor lauter Glück die Freudentränen nicht unterdrücken. Endlich waren wir ein Ehepaar!

Eine richtige Dame trug in den 1960er-Jahren einen Hut. Sonst war sie eben keine! Man hatte zumeist mehrere zur Auswahl, zu jedem Kostümchen stets etwas Passendes. Bei mir kam noch der große Haarknoten hinzu, der ebenfalls unter der Kopfbedeckung untergebracht werden musste. Im Hotelzimmer gab es keinen Fön, denn man ging zum Haarewaschen zum Friseur. Das tat ich auch in Iserlohn noch lange: Wenn ich es schaffte, ging ich freitagabends um 18 Uhr in den Frisiersalon, damit man mir dort meine langen Haare für die kommende Woche gründlich durchwusch und die Frisur kunstgerecht erneuerte.

Auf der Hochzeitsreise hatte ich es jedoch nicht eilig damit. Ich saß im Salon in aller Ruhe unter der Haube und ließ mich pflegen. Irgendwann sagte die Friseuse zu mir: »Ich glaube, ich muss mal rausgehen. Da patrouilliert ein Herr vor unserem Geschäft hin und her. Hoffentlich kommt der nicht gleich herein und überfällt uns!« Ich ließ sie nach dem Rechten sehen. Als sie wiederkam, war sie beruhigt: »Der Herr steht jetzt hier vorne und fragt, ob seine Frau denn immer noch nicht fertig sei.« – »Dann schicken Sie ihn mal her!«, sagte ich vergnügt, aber das ging nicht: Ein Herr hatte damals im Damensalon nichts zu suchen. Das wäre ähnlich kompromittierend gewesen, wie in die fasche Umkleidekabine zu laufen. Schließlich wurde aber auch meine Urlaubsfrisur fertig. Peter war erlöst!

Und was für ein Bild er abgab! Er trug einen wunderbaren hellgrauen, handgeschneiderten Anzug der Firma Overbeck in Essen. Das war damals ein guter Name für ein Modehaus im Ruhrgebiet. Zusammen schlenderten wir hinter dem Kurhaus zur »Grotte«, einem vornehmen Café mit vielen Spitzendeckchen. Wir bestellten jeder eine

Eisschokolade. Die Kellnerin war wohl so fasziniert vom Anblick meines Mannes, dass sie vor ihm ins Stolpern geriet und mit beiden Eisbechern direkt in seinem Schoß landete. Der schöne Anzug war vollkommen besudelt und die Kellnerin völlig aufgelöst vor Scham und Schreck. Es war auch nichts zu sehen, was sie zum Stolpern hätte bringen können. »Du, mach mir nicht solche Augen! Morgen bin ich wieder zu Hause!«, sagte ich im Spaß zu meinem Mann. Das fing ja schön an mit unserer Ehe! Peter fragte noch, ob wir nicht neue Getränke bestellen wollten, aber ich fand, in diesem Aufzug könne er unmöglich hier sitzen bleiben. Er bezahlte und wir gingen wieder zum Hotel. Wie sollte ich nun den Anzug sauber kriegen? Solch feine Stoffe waren früher sehr empfindlich. Man konnte sie nicht einfach in der Badewanne auswaschen, sie mussten in die Reinigung. Aber Peter hatte glücklicherweise noch andere Anzüge mit, die er tragen konnte.

Einen wunderschönen Hut aus dieser Zeit besitze ich heute noch. Er hing immer in Iserlohn über unserer Schlafzimmertür. Um ihn in Iserlohn zu tragen, war er mir zu auffällig. Ich finde es schade, dass Hüte so aus der Mode gekommen sind. Von meinen Eltern habe ich noch gelernt, dass man zur Kirche auf jeden Fall einen Hut zu tragen habe. Wenn ich das heute tue, werde ich entgeistert angesehen. Meine Tochter Petra meint, ich solle es trotzdem tun, aber mir ist es unangenehm.

Diesen hübschen weißen Hut, der über der Tür hing, habe ich in die Reinigung gegeben, als wir vom Tyrol wegzogen nach Villigst. Weiß ist er nach Jahrzehnten an der Wand nun nicht mehr, aber wenigstens sauber! Wenn ein geeigneter Anlass kommt, werde ich ihn auch wieder aufsetzen. Peter liebte große Hüte. Ich hatte auch kleine Barette mit einem Schleierchen am Hutrand, die ich gerne trug. Dann machte ich den Knoten ganz nach unten. Das sah hübsch aus. Auf eine Beerdigung wäre ich nie ohne Barett mit einem kurzen Schleier gegangen – nein. Noblesse oblige! Auch Hutadel verpflichtet!

Harmonisches Miteinander

Peter akzeptierte von Anfang an die auffallend enge Verbindung zwischen meiner Mutter, meiner Schwester und mir. Wir steuerten gemeinsam unseren Betrieb und waren an das Zusammenleben gewöhnt. Peter fand sich sogar bereit, in mein Elternhaus am Tyrol in Iserlohn zu ziehen. Eigentlich hatten wir uns ein eigenes Haus bauen wollen, aber meine Mutter fragte gleich: »Was soll ich denn in diesem Haus allein mit meiner ›Großen‹? Zieht doch bei uns ein, dann braucht ihr nicht selbst zu bauen!« Ich blieb für meine Mutter immer »die Kleine«, Martha dagegen »die Große«. Peter rechne ich hoch an, dass er zustimmte: »Ihr arbeitet ja alle im Geschäft zusammen, dann bleibt doch auch erst mal im Haus zusammen!«

Immer wieder bewunderte man ihn dafür, wie er mit den Frauen in seiner neuen Familie wunderbar klarkam – mit seiner Schwiegermutter, seiner Schwägerin, der Ehefrau, zwei Hündinnen und später auch noch mit seinen beiden Töchtern. Auf neugierige Nachfrage gab er regelmäßig zur Antwort: »Es kommt stets auf die mitspielenden Personen an.« Er wurde von Anfang an von allen akzeptiert, respektiert und gemocht. Auch für uns »Alteingesessene« war gut, dass wieder ein Mann im Haus war. Wir steckten mitten in der Aufbauzeit des Betriebes, neue Filialen schossen aus dem Boden. Schließlich waren wir mittlerweile Großhändler geworden. Auch ohne eigenen Hausbau gab es für jeden von uns genug zu tun.

Das Haus am Tyrol musste trotzdem umgebaut werden. Wir versuchten, alles möglichst so zu erhalten, wie meine Mutter es gewohnt war. Sie blieb da, wo sie immer gelebt hatte – im Erdgeschoss. Von dort aus konnte man auf die Terrasse treten und eine Treppe hinunter in den Garten gehen. Wir bezogen die Etage unserer ehemaligen Kinder- und Fremdenzimmer im ersten Stock. Meine Schwester baute für sich das Dach aus. Es gab eine große Küche für alle, wo meine Mutter oder das Hausmädchen kochte, und vier Badezimmer – genug also für eine Großfamilie.

Als unsere Töchter geboren wurden, kam es meiner Schwester nicht mehr angemessen vor, durch unseren Wohnbereich zu gehen. Auch meinte sie, unsere Mädchen brauchten allmählich eigene Zimmer. Also baute sie das Erdgeschoss nach hinten aus, wir bekamen somit das frei werdende Dachgeschoss dazu. Tatsächlich hatten wir anfangs Fritzis Kinderbettchen bei uns im Schlafzimmer stehen, später kam noch Petra im Stubenwagen dazu. Wenn die Mädchen zu unruhig schliefen, schob ich den Wagen nebenan ins Wohnzimmer. Da war es eine Erleichterung, als der Anbau fertig war und unsere Kleinfamilie zusätzlichen Platz im Dachgeschoss erhielt.

Wenn ich heute sehe, wie sich junge Familien gleich große Häuser bauen, freue ich mich, dass es bei uns anders war. Wir sind bescheiden geblieben und waren zufrieden. Dadurch haben wir das Wohnen mit drei Generationen sehr schätzen gelernt. Wir haben Respekt voreinander empfunden und haben stets Rücksicht aufeinander genommen. Gemeinsam konnten wir die Vorteile des Zusammenlebens genießen. Dass jeder für sich von seinen ursprünglichen Vorstellungen hier und da ein wenig abgehen musste, auch manchmal nachgeben musste, war uns zur Selbstverständlichkeit geworden. Gab es in Wirklichkeit nicht weitaus mehr Vorteile? Immer war jemand zu Hause, wir mussten uns nie über mangelnde Sicherheit Sorgen machen, wir sparten Geld und Zeit und hatten ein schönes Miteinander! In der großen elterlichen Küche wurde für alle gekocht, man teilte sich die Waschmaschine, es gab für uns gemeinsam eine Hilfe, die putzte, und einen Gärtner, der sich um den Garten kümmerte. So war alles gut geregelt.

Mein Mann fügte sich in vorbildlicher Weise wie selbstverständlich ein. Er hatte als Klügerer auch die Fähigkeit, immer gelassen und ohne Murren nachzugeben. Was ist auch schon damit erreicht, wenn man sich um jeden Preis durchzusetzen weiß?

Als ich heiratete, waren viele überrascht. Die Beziehung zu Peter hatte ich bis zur Hochzeit für mich behalten. Wir hatten uns ja über das Reiten kennengelernt. Davon hatten die Iserlohner noch nichts spitzgekriegt. Als es aber doch bekannt wurde, dass ich einen festen Freund hatte und mich bald verloben würde, hörte ich jemand sagen, was mir heute noch in den Ohren klingt: »Menschenskind, du lässt dich von einem Mann herumkriegen? Das hast du doch nicht nötig!«

»Wieso nicht?«, fragte ich arglos zurück. »Warum willst du dir das antun? Du kriegst doch die Firma, da bist du doch versorgt!«

Ich aber liebte meinen Mann und hatte überhaupt kein Verständnis dafür, dass man die Ehe nur als Versorgungsmöglichkeit der Frau betrachtete. Wohl wusste ich aus der Generation unserer Eltern, dass alle Frauen, die nicht das Glück einer Ehefrau fanden, schließlich Diakonissen oder Nonnen wurden, um versorgt zu sein. Dass man meine Hochzeit in diesem Sinne auslegte, hat mich damals getroffen. Und das hatte ich noch im Hinterkopf, als ich zum ersten Mal schwanger wurde, was ich verständlicherweise im Betrieb so lange wie möglich für mich behalten wollte. Dort hätte man mich möglicherweise verständnislos angesehen und gemurmelt: »Jetzt bekommt sie auch noch ein Kind!« Vielleicht hätte man auch gedacht, ich würde wohl bald den Betrieb verlassen und dann nur noch Hausmütterchen spielen wollen. Mit solch verzerrten Frauenbildern hatte ich häufiger Schwierigkeiten.

Mein Vater hat immer sehr viel von Frauen gehalten. Wenn man ihn dafür bedauerte, dass er ja »nur Töchter« habe – eine Frau galt damals im Geschäftsleben nichts –, dann antwortete er gleich: »Aber kein Kanonenfutter!« Söhne im gleichen Alter wurden doch im Kriege an die Front geschickt. Oftmals kehrten sie nicht oder nur mit schweren Schäden an Leib und Seele heim. Vater war immer glücklich mit seinen Frauen. Er begegnete uns allen mit Hochachtung, schon mir als jungem Mädchen. Niemals hätte er sich ins Auto gesetzt, bevor er mich nicht zuvor hineingeleitet hätte. Und wenn wir anderswo zu Gast waren oder in ein Restaurant gingen, setzte sich mein Vater erst, wenn ich saß. Manchmal war mir das unangenehm und ich sagte: »Vati, ich bin doch ein junges Mädchen!«, aber dann gab er mir zur Antwort: »Nein, für mich bist du die werdende Frau und Mutter.« Einen solchen Stellenwert hatten Ehe und Mutterschaft für ihn. Und natürlich setzte er bald auch im Geschäft auf mich, nachdem Martha sich für die Tiermedizin entschieden hatte. Er brachte mir sein volles Vertrauen entgegen. »Du schaffst das schon mit Gottes Hilfe!«, sagte er oftmals.

Die gleiche Haltung hatte glücklicherweise auch mein Mann. Er war ausnehmend höflich, war vornehm und galant. Das fiel auch meinen Freundinnen auf, die einen ähnlichen Umgang von ihren Männern teilweise nicht gewohnt waren. Es hing wohl damit zusammen, dass Peter seine Mutter immer als Vorbild betrachtete, die bereits nach vier Jahren Ehe ihren Mann verloren und ihre beiden Söhne allein hatte großziehen müssen. Dazu rettete sie für die Kinder den Bimberger Hof, das Gut Lenninghausen. Man konnte wirklich zu ihr aufschauen. Peter und sie schätzten einander in jeder Beziehung.

Gleichzeitig strahlten sowohl mein Vater als auch mein Mann eine natürliche Autorität aus. Man brachte ihnen Respekt entgegen, orientierte sich an ihnen, an ihrer Haltung, ihrer Ehrfurcht vor den Menschen, ihrer Verantwortung und ihrem Glauben. Heute noch geben mir seine Freunde zur Antwort, wenn ich ihnen im Sommer anbiete, bei der Hitze doch Schlips und Kragen abzulegen: »Nein, Peter hatte auch immer Schlips und Kragen an!«

Auch mir waren mein Vater und mein Mann große Vorbilder. An ihrer Hand fühlte ich mich geborgen wie ein Kind Gottes. Vater und Ehemann gaben mir den sicheren Rahmen, den ich brauchte. Obwohl ich stets gerne eigene Entscheidungen getroffen habe, war mir doch dieser Rahmen wichtig, in dem ich Halt finden konnte. Ich hätte als Chefin nie Entscheidungen getroffen, wenn mein Mann sie nicht gleichermaßen für richtig gehalten hätte. Er wiederum unterstützte meine Entscheidungen nur, wenn er den Eindruck hatte, dass ich wirklich davon überzeugt war. Wenn ich umgekehrt etwas nicht machen wollte, weil er noch nicht ganz davon überzeugt war, entschied er häufig: »Mach es nur so, wie du willst! Es wird schon richtig sein, du hast es dir gewiss gut überlegt.« So haben wir gemeinsam geführt.

Charakteristisch für unsere Ehe war, dass es von außen so schien, als hätte ich die Fäden in der Hand. In Wirklichkeit hat mein Mann mich geführt und seine schützende Hand um mich gehalten. Das war mein ureigenster Wunsch, denn ich wollte, dass er die Lücke füllte, die mein Vater mit seinem Tod hinterlassen hatte, war mir doch von Anfang an klar, dass ich als Frau einen gewissen Schutz brauchte. Diese

Erwartungen meinerseits hat Peter voll erfüllt. Dementsprechend folgte ich ihm gern. Wenn er sich einmal in einer bestimmten Lage unwohl fühlte und »etwas zu verdauen hatte«, zog er sich gern zurück. Ich wusste dann, dass ich ihn für einige Zeit in Ruhe lassen musste. Diese Zeit brauchte er.

Schon als Kind ist es mir seltsam vorgekommen, dass Maria als Gottesmutter so verehrt wird, während Josef kaum Erwähnung findet: Was hätte diese Frau denn ohne ihren Josef gemacht? Er war doch für sie von entscheidender Bedeutung! Maria hat sich ganz unter Gottes Führung begeben, aber auf Erden war sie doch auf ihren Josef angewiesen. Er hatte nicht nur die Zügel des Esels in der Hand. Ohne seinen väterlichen Schutz und seine Führung wären Maria und ihr Sohn verloren gewesen. Deshalb steht bei mir der Mann so hoch im Kurs. Auch im Hinblick auf Adam und Eva denke ich: Eine Frau soll ihrem Mann nicht auf dem Kopf herumtanzen. Sie soll ihm auch nicht zu Füßen liegen, sondern ihm zur Seite stehen. Dazu hat sie ihn anzuerkennen und zu respektieren. Wenn ich aber jemanden respektiere, muss ich bereit sein, mich von ihm führen zu lassen. Dann darf er zu mir auch sagen: »Du bist mein Kind.« Mein Mann hat zu mir sogar gesagt: »Ich bin fröhlich, denn du bist ein Gotteskind.«

Arbeitsteilung im Geschäft

Mein Vater, seit 1927 alleiniger Geschäftsinhaber, hatte bereits vor seinem Tod den Betrieb in eine Kommanditgesellschaft (KG) umgewandelt; er war der Komplementär (persönlich haftender Gesellschafter), der alles trug, und nahm meine Schwester und mich als Kommanditisten (Mitgesellschafter mit beschränkter Haftung) auf, jeweils mit einem kleinen Geldbeitrag, den man damals steuerfrei schenken konnte. Wir fingen gerade wieder an, Gewinn zu machen, als die Steuern hoch waren. Wenn aber mehrere Personen Kommanditanteile besaßen, verteilte sich der Gewinn eines Unternehmens auf mehrere Schultern, und die Steuerlast wurde geringer. Da ich im Betrieb mitarbeitete, bekam ich meinen Anteil am Gewinn ausgezahlt, aber ich ließ ihn ins Geschäft zurückfließen. Ebenso hielt es meine Schwester, als sie später in die Firma einstieg. Wir waren immer gleichgestellt.

Martha kümmerte sich nach Aufgabe ihrer Tiermedizin hauptsächlich um den Betrieb in Schwerte. Das hatte sich so ergeben, weil er neu war und ich schon Iserlohn unter meinen Fittichen hatte. Nach Vaters Tod wurde meine Mutter Komplementärin, das war vertraglich so geregelt, aber sie arbeitete schon lange nicht mehr im Betrieb. Sie hatte das auch zu Anfang ihrer Ehe nur gelegentlich getan, wenn sie zur Überführung eines Fahrzeugs gebraucht wurde. Früher nannte man sie auch nicht »Frau Martha Nolte«, sondern »Frau Fritz Nolte« – so sehr definierte man sich damals über den Ehemann.

Ich nahm meine Schwester zunächst an die Hand und brachte ihr alles Nötige für die Filialführung bei. Das war für uns zwar eine neue Erfahrung, doch wusste ich zum Glück aus meiner Zeit in Hamburg, wie Tochterbetriebe zu handhaben waren. Schon bald nach Vaters Tod stand in Schwerte die Eröffnung an. Wir wollten sie zu einem eindrucksvollen Ereignis machen, das in den Köpfen und Herzen der Beteiligten und unserer Gäste noch lange nachwirken sollte. Das gelang zum Glück wie geplant!

Als ich 1960 heiratete, meinte meine Schwester, sie würde nun nicht mehr gebraucht. Wir machten ihr klar, dass sie in der Unternehmensleitung unverzichtbar sei. Also blieb sie. Mein Mann stand meistens hinter uns und gab uns Damen den Vortritt – das entsprach seinem Naturell. Sein Bereich war der Kundendienst. Auch war er der »Kümmerer« im Betrieb. »Wenn man was auf dem Herzen hatte, ging man zum Doktor.« So formulierte es jemand treffend beim Firmenjubiläum. Der Doktor war in diesem Fall nicht der Arzt, sondern der Dr. Peter Bimberg.

Hauptsächlich kümmerte er sich um das Personal, die Einstellungen und die Auszubildenden. Zu uns kam kein Auszubildender, ohne dass sich mein Mann nicht vorher aus eigener Anschauung ein Bild von dessen häuslichen Verhältnissen gemacht hatte. Ob es ein Handwerker oder Kaufmann war (damals kamen kaum Abiturienten zu uns, sondern in der Regel Haupt-, Real- und Berufsschüler): Peter war der Auffassung, wir müssten wissen, was für Leute wir in den Betrieb bekämen, und das sehe man am besten an ihrem Elternhaus. Da die Bewerber zunehmend volljährig waren und sich daher ohne Begleitung der Eltern bewarben, holte mein Mann dieses Zusammentreffen später nach. Er wollte die Eltern kennenlernen, möglichst beide, um einen umfassenderen Eindruck von ihrem Sprössling zu bekommen. Ich glaube nicht, dass wir sonst so viele bewährte Mitarbeiter gefunden hätten. Wir sind stolz auf solche Mitarbeiter, die seit 40, 45 oder 50 Jahren in unseren Betrieben sind. Über die Hälfte der Belegschaft hat ihren Beruf bei uns gelernt. Das ist auch heute noch so. Verlässlichkeit war uns schon immer wichtig, doch ist dazu eine sorgfältige Auswahl nötig.

Ich habe mich im Unternehmen um das gekümmert, was man erst durch langjährige Erfahrung erwirbt – hauptsächlich um das gesamte Finanzwesen. Mein Vater hatte mir beigebracht, wie man mit Hypotheken umging, wenn man nicht genug eigenes Geld hatte, wie die Rückzahlung geregelt sein musste und wann man investieren sollte. Auch die Geschäftserweiterungen mit den vielen Baustellen waren mein Arbeitsfeld. »Das mach du mal, Mutter, da kennst du dich aus!«, sagten dann mein Mann und meine Schwester. »Du bist doch immer im Betrieb gewesen!« Noch heute ist das so: Wenn etwas gesucht wird, weiß ich am besten Bescheid, wo es zu finden ist.

Wir waren ein gutes Dreigestirn: Wir ergänzten uns hervorragend, spielten uns die Bälle zu und verstanden uns fast blind. Was zu entscheiden war, entschieden wir gemeinsam. Ich war nur etwas in Sorge, dass sich die anderen zu sehr an mich und meine Erfahrung hielten, wo ich doch auch einmal einen Fehler machen könnte. An meiner Tochter Petra schätze ich heute sehr, dass sie mir zuerst sagt, wie sie etwas entscheiden würde. Dann kann ich zum Beispiel antworten: »Wenn ich hier alleine stände und es zu entscheiden hätte, würde ich das nicht machen. Dann wäre mir vielleicht das Risiko zu groß. Aber ich trage das mit, was du entscheiden wirst!« Manchmal denkt meine Tochter dann noch einmal darüber nach und gibt mir und meinen Bedenken nachträglich recht. Aber ich weiß auch: Als Unternehmerin darf man das Risiko nicht scheuen. Allerdings nimmt mit zunehmender Erfahrung die Risikofreudigkeit ab. Meine Sorge bei jedem Risiko ist heute, dass ich selbst nicht mehr für die eventuellen negativen Folgen meiner Entscheidung geradestehen kann.

Wenn zum Beispiel bei einer Einstellung nicht sorgfältig genug ausgewählt werden kann, wenn zum Beispiel ein Mangel an Arbeitskräften besteht und man jemanden einstellt, dem man später fristlos kündigen muss, hätte ich mich früher hingesetzt und in einigen Nächten die liegen gebliebene Arbeit selbst erledigt. Das war für mich die einzige Konsequenz, die ich zu tragen hatte, wenn ich einen Menschen mit zu wenig Charakter nicht mehr unter uns haben wollte. Inzwischen kann ich das aus Altersgründen und auch wegen der schnell fortschreitenden technischen Entwicklung nicht mehr: Heute ist fast jeder Mitarbeiter Experte an seinem Platz. Fachliche Kompetenz und Spezialisierung sind mittlerweile wichtiger als vor vielen Jahren.

Der Firma tat es gut, dass drei voll einsatzfähige Kräfte in der Geschäftsleitung arbeiteten, ohne Geld aus dem Betrieb herauszuziehen, wie es sonst oft in Firmen üblich ist. Mein Mann war in der glücklichen Lage, von seinem Erbe leben zu können: »Ich liebe dich und durch dich auch die Firma, das reicht mir. Geld brauche ich nicht«, sagte er oft. Nun lebe ich ebenfalls vom Erbe meines Mannes, also arbeite auch ich, ohne der Firma auf der Tasche zu liegen. Was meine Tochter Petra und ihre Familie braucht, verdient ihr Mann. Auch sie zieht kein Gehalt aus dem Betrieb. Was ihr als Geschäftsführerin zustehen würde, bleibt der Firma erhalten. Wenn uns Leute fragen, wie wir den Betrieb finanziell so erfolgreich durch wechselvolle Zeiten führen konnten, während andere Autofirmen nicht selten in ernsthafte Schwierigkeiten gerieten, bleibt nur eine Erklärung dafür: Wir waren alle sparsam und uns in finanziellen Fragen stets einig. Nie haben wir mehr Geld beansprucht, als wir brauchten.

Als 1994 unsere Tochter Petra sich anschickte, ebenfalls ins Geschäft einzutreten, weil sie fühlte, dass ihr Platz doch zu Hause und nicht in der Mission war, saßen Peter, Martha und ich zusammen, um zu beratschlagen. Ich äußerte den Wunsch, endlich gerne einmal zu Hause zu bleiben. Von Anfang an hätte ich gearbeitet; jetzt, wo das Unternehmen auf wahrlich gutem Fundament stehe, könnten die beiden anderen es mit Petra weiterführen. Aber meine Schwester ließ das nicht gelten: Die Firmenleitung könne ich als Mutter am besten in Petras Hände übergeben. Kurzum: Sie, die längst das Ruhestandsalter erreicht und schon früher oft verkündet hatte, mit 60 Jahren ausscheiden zu wollen, zog sich nun mit 67 Jahren aus der Firma zurück und Petra trat ein.

Geborgen in der Großfamilie

Auch heute würde ich jungen Leuten immer raten: Wenn das Haus groß genug ist, sollte man ruhig mit mehreren Generationen zusammenbleiben. Die Schwierigkeiten, die sich daraus vielleicht ergeben, werden durch die Vorteile aufgewogen. Es ist immer jemand zu Hause für die Kinder, immer kümmert sich jemand um Haus und Garten. Trotz Geschirrspüler, Waschmaschine, Trockner und was man sonst noch alles hat, um sich das Leben zu erleichtern: Ständig ist ein Mensch im Haus, der durch nichts zu ersetzen ist. »Nehmen füllt die Hände, geben füllt das Herz«, dieses Wort von Peter Hahne drückt die Vorzüge einer solchen Gemeinschaft aus.

In unserer Ferienwohnung in Grömitz an der Ostsee erlebte ich es umgekehrt: Es blieb immer ein mulmiges Gefühl, wenn ich abschloss, um zurück nach Iserlohn zu fahren, denn es war hier niemand mehr da! Ich deckte sogar meine Möbel ab, um sie vor Staub zu schützen. In den Hotels hatte ich gesehen, dass sie über Winter sogar die Kronleuchter verhüllten und die Gardinen abnahmen – das war noch bis in die 1970er-Jahre üblich, als man noch eine andere Vorstellung von Sauberkeit hatte. Das war ein krasser Gegensatz: In Grömitz war manchmal ein ganzes Jahr lang niemand, am Tyrol war immer jemand da. Man brauchte keine Sorge zu haben, wenn man mal etwas vergessen hatte. Die Großmütter prägten das Benehmen am Tisch und wir hatten auch immer Personal, das für bestimmte Aufgaben verantwortlich war. Wenn wir tatsächlich einmal alle unterwegs waren, dann war zumindest die Kinderfrau Hilda oder das Hausmädchen da. Meine Kinder haben von klein auf gelernt, mit anderen Menschen zusammenzuleben und sich sozial vorbildlich zu verhalten. Das ist sicher wichtig für ihr weiteres Leben gewesen. Petra wäre es sicher nicht so leichtgefallen, nach England zu gehen, wenn sie nicht zu Hause schon trainiert hätte, mit anderen Menschen gut auszukommen.

Heute steigt in mir ein Gefühl der Beklommenheit auf, wenn ich nach Hause komme und weiß, dass den ganzen Tag über niemand da gewesen ist. Dann laufe ich zuerst, die Haustür als Fluchtmöglichkeit einen Spaltbreit offen lassend, nach oben, um mich zu vergewissern, dass kein Einbrecher da ist. Dann schaue ich mich auch unten um, bevor ich die Haustür schließe. Die Diakonieschwestern, die morgens und abends kommen, reden mir zudem ins Gewissen, ich müsse die Rollläden abends schließen, sonst sei es zu gefährlich.

Die Jalousien habe ich überall noch mit meinem Mann anbringen lassen, nachdem uns einmal nachts ein Schuss aus dem Schlaf gerissen hatte. Wir dachten, es wäre durch unsere Scheibe geschossen worden. Wir holten sofort die Polizei. Es stellte sich heraus, dass der Schuss drei Häuser weiter gefallen war, wohl mit harmlosem Hintergrund, aber die Ordnungshüter hielten es für fahrlässig, dass wir vor unseren großen Fenstern keine Jalousien hätten: »Das reizt doch geradezu zum Einbruch!« Jetzt habe ich sogar elektrisch gesteuerte Rollläden, bin aber immer noch nicht gern allein.

Ich hätte, seit ich Witwe bin, dieses Haus wohl schon lange aufgegeben, wenn ich nach hinten hinaus nicht auf die Kühe und Pferde in der vertrauten Landschaft sehen würde. Da gibt es immer etwas zu entdecken, mal ein kleines Kälbchen, das ich bis hierher genussvoll schmatzend saugen höre, oder irgendetwas anderes, das mich amüsiert. Und wenn sich ein Fremder über die Kuhweide in meinen Garten schleichen wollte, würde ich das Blöken sofort hören. Im Winter ist es einsamer, dann trottet nur dann und wann mal ein Pferd durch den Schnee.

Vorbildliche Mütter

Ich hatte eine vorbildliche Mutter und habe versucht, ihr in allen Gewohnheiten ihres Lebens und ihrer Haltung nachzustreben. Von ihr lernte ich, aufrichtig, geradlinig und treu zu sein. Ein immer wieder ausgesprochenes Wort von ihr war: »Einem Menschen mit Herzensbildung kann man vertrauen.« Oder sie sagte, wenn jemand etwas Ärgerliches getan hatte: »Vergesst das, der hat eben keine Herzensbildung.« Erst mit zunehmender Lebenserfahrung konnte ich ermessen, was darunter zu verstehen ist: Herzensbildung ist eine Kraft, die aus der Seele kommt. Man kann sie nicht erlernen oder einstudieren, genauso wenig wie Unternehmertum oder Elternschaft. Man darf froh sein, wenn sie einem gegeben wird oder zuwächst. Letzten Endes bleibt sie ein Wunder! Man sollte ihr den höchsten Wert beimessen, da sie der Teil von uns ist, der uns nicht genommen werden kann und sogar den Tod überwinden wird. Davon bin ich heute überzeugt. Ich glaube, dass das Leben eines jeden von uns ein Geheimnis ist, zu dem Gott allein den Schlüssel besitzt. Diesen Glauben hat mir meine Mutter vermittelt.

Hier auf Erden haben wir uns in Herzensbildung zu üben. Da mir mein Herz von Gott geschenkt wurde, weiß ich auch, dass ich andere Menschen zu würdigen und zu respektieren habe. Auch das haben wir Schwestern von Mutti gelernt. Alle Menschen verdienen Anerkennung, ob sie arm oder reich, schwarz oder weiß sind, ganz unabhängig auch von ihrer Konfession. Vor Gott haben sie meine Wertschätzung verdient. Das lebte meine Mutter uns konsequent vor. So verzichtete sie zum Beispiel auf jede Art von Jargon, besonders wenn er einen herablassenden Beigeschmack hätte haben können. Eine Frau Müller oder Frau Meyer hätte sie niemals, wie andere es taten, als »die Müller« oder »die Meyersche« bezeichnet. Daneben war unsere Mutter ausgesprochen vornehm, doch ohne jede Form von Überheblichkeit.

Durch ihr Schlittschuhlaufen hatte sie eine besonders gute Körperhaltung. Von Thüringen her war sie an hohe Kultur gewöhnt, die sie mit nach Westfalen in das Haus ihres Mannes brachte. Zu ihrer Bildung als »höhere Tochter« zählte zum Beispiel, dass sie fließend Französisch sprach und herrlich Klavier spielen konnte. Eigentlich wäre sie gern Gewerbeschullehrerin geworden, bevor sie als Unternehmersgattin nach Iserlohn kam. Mutter brachte uns alles Schöngeistige näher, das Lesen, die Literatur und die Kunst; von ihr habe ich sicher meine Liebe zur französischen Sprache. Vom Vater lernte ich wirtschaftliches Denken und Handeln und die Mobilität, die man fürs Leben braucht, besonders für das harte Geschäftsleben. Zusammen bildeten meine Eltern eine ideale Partnerschaft. Dafür bin ich von Herzen dankbar. Mein Mann vereinte beide Aspekte: Er besaß hohe Kultur und konnte auch im Geschäftsleben seinen Mann stehen!

Wenn ich heute mit meinem Rollator unterwegs bin und meine Tochter Petra mich ermutigt, ihn noch häufiger zu benutzen, fällt mir wieder meine Mutter ein: Sie hätte ein solches Gerät wohl nie benutzt. Als junge Mutter schob sie auch keinen Kinderwagen vor sich her, dafür hatte sie ein Kindermädchen. Sie besaß einen Führerschein, und Autos waren die Art von Wagen, deren Benutzung ihr angemessen erschien. Auch einen Einkaufswagen hätte sie nicht angerührt. Als 1968 in unserem neuen Parkhaus ein Aldi-Supermarkt eröffnet wurde, setzte Mutter keinen Fuß dorthinein, denn da hätte sie einen Einkaufswagen benutzen müssen. Auch mein Einwand, Herr Albrecht zahle doch Miete an uns, konnte sie nicht davon abbringen. Später wurde sie milder gegen sich selbst und hatte als Großmutter nichts mehr dagegen, in Grömitz die Enkel mit dem Kinderwagen zu schieben. Sie nutzte ihn sogar als Einkaufswagen, weil Petra mit ihren drei Jahren ohnehin nicht mehr gerne im Wagen sitzen blieb. Sie lief neben dem Wagen her, wie es ihre fünf Jahre ältere Schwester Fritzi ebenfalls getan hatte.

Unsere Töchter nannten mich »Mama« und meine Mutter, wie wir alle, »Mutti«. Auch sie haben Muttis Herzensbildung verinnerlicht. Petra erinnert sich daran, wie Mutti mit ihr in der Diele saß und ihr das Häkeln beibrachte. Die Elfenbein-Häkelnadel und die Dielenmöbel aus dieser Zeit hat sie jetzt in ihrem Haushalt. Petra war mit Mutti einige Male verreist, zum Beispiel nach Oberstdorf, wo sie bei Irene Braun, einer berühmten Eiskunstläuferin, das Eislaufen gelernt hat.

Mutti ging auch gerne in die Stadt. Stets war sie darauf bedacht, schick und ordentlich auszusehen – Ordnung zu halten war eine Tugend, die sie ebenfalls verkörperte. In Grömitz markierte Mutter mit beschrifteten Leukoplaststreifen die Plätze in den Schränken, wo die Kinder ihre Anziehsachen hinlegen sollten, wenn sie ihre Koffer auspackten. So haben sie Ordnung gelernt. In Fragen des Geschmacks konnten sich die Enkelinnen ebenfalls immer an Mutti wenden. Am Wochenende übernahm Petra später die Aufgabe, der alten Dame in die Kompressionsstrümpfe zu helfen. Das war eine wichtige Aufgabe. Beide genossen diese gemeinsame Zeit.

Petra hat gute und liebevolle Erinnerungen an Mutti. Allerdings hatten deren Anordnungen nicht das gleiche Gewicht wie die ihrer erziehungsberechtigten Mutter. So gibt es eine Episode, wo Mutti die Enkelin für die Geigenstunde vorbereiten sollte, Petra sich aber nicht die Fingernägel von ihr schneiden lassen wollte. Ein Wettlauf um den großen Esstisch begann, den das wendigere Kind für sich entschied. Schließlich half ein Anruf im Betrieb und ich kam nach Hause, um Petra zu bändigen. Bei mir gehorchte sie sofort, was meine Mutter jedoch zu kränken schien. Sonst kamen die beiden aber sehr gut miteinander aus.

Am Tag, als Mutter starb, hatte Petra noch morgens mit ihr im Bett gekuschelt, vielleicht hatte sie ihr auch die Strümpfe angezogen. Nachmittags um zwei Uhr ging sie dann für immer von uns.

Auch von meiner Schwiegermutter Meta Bimberg, geborene Böckelühr zu Böckelühr, will ich erzählen. Sie war ebenfalls eine vorbildliche Frau. Wir nannten sie »Maken«, das war abgeleitet von »Omaken«. Es war ein Name, den ihr der älteste Enkel verschafft hatte. Maken stammte von Gut Böckelühr bei Schwerte. In einem evangelischen Mädchenpensionat der Mathilde-Zimmer-Stiftung in Kassel hatte sie nach dem Besuch des Lyzeums gelernt, sich in jeder Hinsicht vorbildlich zu benehmen. Wie es später auch bei mir und meinem Peter der Fall war, hatte sie ihre Hochzeit mit Hermann Bimberg zu Lenninghausen verschieben müssen, da ihr Vater kurz zuvor gestorben war. Ihre Mutter konnte den großen Hof nicht allein führen. So blieb die Tochter an ihrer Seite, bis ihr Bruder heiratete und eine neue tüchtige Frau aufs Gut brachte.

Hermann Bimberg zu Lenninghausen war bis zu seiner Verheiratung Verwalter eines großen Gutes im Rheinland gewesen, ehe er den elterlichen Besitz am Nordrand Iserlohns mit einer angeschlossenen Kornbrennerei, die noch heute existiert, übernahm. Meta Bimberg machte sich Sorgen, ob sie den Aufgaben eines solch großen Gutes wohl gewachsen sein würde. Schon vier Jahre später verunglückte ihr Mann tödlich bei einem Sturz vom Pferd. Nun stand sie mit ihren beiden Kleinkindern Hermann und Peter allein da und musste selber das große Gut führen. Und das schaffte sie auch. Sie arbeitete hart und steuerte den Hof durch die Fährnisse einer schweren Zeit. »Das Glück liegt nicht in den Steinen«, sagte sie immer. »Da, wo man geliebte Menschen hat, die einen verstehen, da ist unser Zuhause!« Mein Schwiegervater hatte einer studentischen Verbindung angehört, dem Corps Holsatia Berlin, das später im Corps Franco-Guestphalia aufging. Ich habe in Metas Nachlass Beileidsbekundungen von Corpsbrüdern zu Hermann Bimbergs Tod gefunden. Meine Schwiegermutter bekam eine Witwenrente aus der Unterstützungskasse dieser Verbindung. Das imponierte uns so, dass mein Mann sein Leben lang seine alte Studentenverbindung in Göttingen unterstützte, was ich weiter tue, solange ich kann.

Meta Bimbergs Mutter heiratete in zweiter Ehe den kinderlosen Amtmann Oberweg und verließ das Gut Böckelühr. Aus seinem Nachlass stammen das Grundstück unseres Hauses in Villigst und andere Ländereien, über die man aus unserem Garten blicken kann.

Natürlich machte sich Meta Gedanken darüber, wie es mit ihren beiden inzwischen erwachsenen Jungen weitergehen sollte, denn beide waren sehr sensibel. Da gab es sicher einige Mädchen, die sich eine gute Partie erhofften, was Meta mit Sorge betrachtete. Umso mehr freute sie sich über Peters Ehe mit mir. Meta und ich hatten eine starke innerliche Beziehung zueinander, wie man es selten in Schwiegerverhältnissen findet. Sie war auch sehr glücklich, erleben zu dürfen, wie schön sich unsere Ehe entwickelte, wo ihre eigene ja so früh zu Ende gegangen war.

So bin ich in ganz verschiedene Traditionen unserer Familien hineingewachsen – in die eckardtsche, die meine Mutter aus Thüringen mitbrachte, die der Noltes und die der Bimbergs, die man als echt westfälisch bezeichnen kann. Ahnen und ihr Werk zu ehren bedeutet für mich auch Ehrfurcht vor Gott, der uns Menschen geschaffen hat und uns ermöglicht, Traditionen aufzubauen und zu pflegen.

Unsere Kinder wohnen nicht mehr alle in Iserlohn. Fritzi und ihr Mann wohnen in Bochum und Berlin, Petra mit ihrer Familie in Schwerte-Villigst. Meine Enkelin Anna-Meta war als Grundschulkind einmal mit ihrer Mutter in Iserlohn, das ihr nicht vertraut war, und fragte: »Wo sind wir hier eigentlich?« – »Wir sind in Iserlohn, wo Mama arbeitet!«, antwortete Petra. Sie hat ihre Kinder nicht häufig, wie ich es als junge Mutter getan hatte, mit in den Betrieb geschleppt. »Aber die Menschen sprechen doch hier eine andere Sprache!«, wunderte sich Anna-Meta weiter. Sie hatte das Türkische der vielen Gastarbeiter gehört, die wir hier beschäftigten. So fremd war meiner Enkelin in ihrer Kinderzeit das Leben am Sitz der Gebrüder-Nolte-Verwaltung im Stadtzentrum von Iserlohn.

Tochter Fritzi kommt zur Welt

Zurück zu unserer jungen Familie. Ich stellte irgendwann fest, dass ich schwanger war, ging aber nicht zum Arzt. Warum auch? Kinder zu bekommen gehört doch zur Bestimmung einer Frau und ist etwas zutiefst Menschliches. In Naturvölkern hocken sich die Frauen zum Gebären einfach hin und tun, was der Körper ihnen vorgibt. Ähnlich unverkrampft ging auch ich durch diese Schwangerschaft. »Es wird schon alles gut gehen«, sagten mein Mann und ich getrost. Viele sahen das damals schon anders.

Lange Zeit sah man die Schwangerschaft zum Glück nicht, das hatte unser Gott so eingerichtet: Beide Kinder trug ich nach hinten. In einem Männerbetrieb war das in den 1960er-Jahren »praktisch«. Das innerliche Glück konnte mir ja keiner nehmen. Ich kaufte meine Umstandskleidung auch nicht in Iserlohn, sondern in Essen. Ich wollte vermeiden, in eine Schublade gesteckt zu werden: »Die kriegt ein Kind, die gilt nichts mehr!« Jeder, der mehrere Kinder hatte, wurde oft nur noch als drittklassig betrachtet. Ein Vater von Drillingen klagte mir einmal, wie oft er auf Unverständnis stoße mit seinen drei Kindern: Es gebe doch mittlerweile Verhütungsmittel, so was müsse doch nicht mehr sein! Doch Gott sei Dank gab und gibt es auch eine positive, wertschätzende Haltung zu Frau und Mutterschaft.

Meine Mutter ging eines Tages zur Gynäkologin, die Chefärztin des Evangelischen Krankenhauses Bethanien in Iserlohn war. Diese ließ mir bestellen, ich müsse einen Mutterpass haben, wenn ich bei ihr entbinden wolle; ich müsse vor Fritzis Geburt, mit der ich in den nächsten Tagen rechnete, einmal zu ihr kommen. Mutter hatte gleich einen Termin für mich gemacht, den ich natürlich auch wahrnahm. Die Ärztin war erschrocken über meine dicken Beine und fragte, wann es mit der Geburt denn losgehe, wann ich das Kind empfangen hätte. Ich sagte nur: »Das weiß ich nicht! Irgendwann wird das Kind schon kommen.« – »Ja, aber Sie sind doch nicht von gestern!«, entsetzte sich die Ärztin, untersuchte mich und meinte, es werde wohl noch etwas dauern. Wegen der dicken Beine müsse ich aber bitte vorher ins Krankenhaus kommen. Die Geburt werde schwer, da wäre es nur hinderlich, so viel Wasser in den Beinen zu haben. Ich willigte ein, an einem der nächsten Tage um 17 Uhr zu kommen und bis zum nächsten Mittag zu bleiben. Ich besprach es mit meinem Mann, und da es im Geschäft passte, ging ich nachmittags ins Krankenhaus. Ich fuhr mit meinem hellblauen Kadett selbst dorthin und verabredete mich vorher noch mit Peter zum Mittagessen am nächsten Tag zu Hause.

Es war herrlich im Krankenhaus: Ich, die ich immer eingespannt war in intensive Arbeit, Pflichten und Verantwortung, machte Pause! Ich bekam ein schönes Zimmer mit Blick zum Wald, legte meine Beine hoch und dachte: »Jetzt tust du dir mal einen Tag Ruhe an!« Ich bekam Tabletten zum Entwässern des Körpers und abends ein schönes Essen. Allerdings sollte ich dazu nicht aufstehen, weil sonst der Kreislauf leicht durcheinandergeraten könnte. Die Ärztin, die abends nach mir schaute, war ganz zufrieden mit der Wirkung der Tabletten. Ich selbst war ohnehin guter Dinge. »Wenn ich nicht trampeln muss, um zur Arbeit zu kommen, dann geht das schon!«, sagte ich ihr. »Morgens sind die Beine immer wesentlich dünner.«

Ich bekam mein Frühstück ans Bett gebracht und genoss es, dass man sich so um mich kümmerte. Eigentlich hatten wir seit unserer Hochzeit, die nun schon vier Jahre zurücklag, in einem durchgearbeitet. Ganz wenige Tage hatten wir zwischendrin auch einmal freinehmen können, aber die rasante Entwicklung im Geschäft hatte keine größeren Ruhephasen erlaubt. Umso dankbarer war ich für diese kleine »Zwangspause«. Das Mittagessen kam und Schwester Luise, eine Diakonisse, sagte, ich solle unbedingt noch einen Mittagsschlaf machen. Dann komme gegen 14.30 Uhr Frau Dr. Krieger, die Gynäkologin, zur Abschlussuntersuchung. Anschließend könne ich nach Hause fahren.

So lag ich entspannt und froh im Bett, als ich plötzlich ein Grummeln im Bauch verspürte. Zufällig kam Schwester Luise noch einmal in mein Zimmer, um mir die Gardine als Schutz vor dem hellen Sonnenlicht etwas zuzuziehen, da bat ich sie: »Können Sie bitte noch einmal nach mir sehen? Ich habe ein so seltsames Rumpelpumpeln in meinem Bauch.« Da sagte sie: »Na, Sie werden doch wohl nicht Ihr Kind kriegen?« Später machte dieser Satz wie ein Lauffeuer die Runde über die Station hinaus: »Frau Bimberg-Nolte hat Rumpelpumpeln!«

Die beste Hebamme im Hause war zum Glück gerade noch da und sah nach mir. Sie kannte meinen Mann von früher, weil sie aus Rheinermark stammte, einem kleinen Dorf vor Lenninghausen. Sie nahm mich mit in den Kreißsaal, untersuchte mich und verkündete: »Um 17 Uhr spätestens haben Sie ihr Kind!« Der Muttermund war schon so groß wie ein Fünfmarkstück. Ich sollte mich wieder hinlegen und abwarten. Schwester Luise blieb, Frau Dr. Krieger wurde auf 15 Uhr bestellt und ich ging noch aufrecht mit ihr in den Kreißsaal. Es war ein heißer Sommertag 1964, das Fenster stand offen, ich guckte in den Himmel und auf die Uhr neben dem Fenster. Die ganze Zeit dachte ich bei mir: »Die Hebamme hat prophezeit, bis 17 Uhr hätte ich mein Kind!« So fiel mir das Aushalten gar nicht schwer. Nur am

Schluss bekam ich eine leichte Narkose für den Fall, dass ich geschnitten und anschließend genäht werden müsste, denn der Kopf des Babys war sehr dick. Dennoch konnte ich meine Tochter in vollem Bewusstsein zur Welt bringen: Um 16.50 Uhr war Fritzi geboren – und ich glücklich!

Fritzi Marie, geboren am 9. Juli 1964, einem Donnerstag, um 16.50 Uhr, war 50 cm groß, 3700 g schwer, hatte 35 cm Kopfumfang nach der Geburt und 3850 g Entlassungsgewicht, als ich am zehnten Tag nach der Niederkunft aus dem Krankenhaus entlassen wurde.

Meine Mutter hatte sich gewundert, warum ich nicht gekommen war, denn ich wollte doch mittags wieder zu Hause sein. Wie Mütter so sind mit ihrem siebten Sinn, schnappte sie sich unseren Betriebsfahrer und ließ sich zum Krankenhaus bringen. Als sie dort über den Flur ging, um sich nach mir zu erkundigen, hörte sie einen kurzen Schmerzensschrei. »Das hört sich nach meiner Tochter an!«, sagte sie zu einer Schwester. Kurz darauf kam jemand aus dem Kreißsaal heraus auf den Flur und beglückwünschte sie zu ihrer kleinen Enkelin. Mutter rief sofort Peter und Martha an, die eilig ins Krankenhaus fuhren. Der erste Ausruf meiner Schwester, als sie das Kind auf den Arm nahm, war: »Die hat aber große Füße!«

Ich war ganz euphorisch nach der Geburt, sodass man mir zutraute, ich könnte mich am Waschbecken ein wenig frisch machen. Das schaffte ich aber nicht. Der Kreislauf war zu schwach, ich war ausgepowert. Mehrere Tage musste ich noch liegend im Krankenhaus verbringen, bis ich wieder auf die Füße kam. In der ersten Nacht habe ich, noch unter dem Einfluss des Ätherrausches als Folge der Narkose stehend, meinem Mann, der auf der Bettkante saß, halb schlafend erzählt, was mich im Betrieb beschäftigte. Um mir Erholung zu verschaffen, hängten sie an meine Tür ein Schild »Eintritt verboten«, denn alle Welt kam ins Krankenhaus, um mir zum ersten Kind zu gratulieren. Der ganze Flur stand voller Blumen. Aber das Schild erschreckte viele und es verbreitete sich die Überzeugung, mir sei wohl etwas Schlimmes passiert. »Frau Bimberg-Nolte wird wohl nicht mehr hochkommen!«, hieß es da sogar.

Anderthalb Wochen brauchte ich, bis ich wieder genug Kräfte gesammelt hatte, um nach Hause zu dürfen; so schwach war ich gewesen. Ich habe in beiden Schwangerschaften abgenommen und nicht zugelegt. Ein aufregendes neues Leben begann nun: Ich hatte Milch, stillte das Baby, lernte, wie man es badet und pflegt, und musste nie eine Nuckelflasche verwenden. Beide Mädchen, Fritzi und später auch Petra, nahmen die Brust, bis sie aus dem Becher trinken konnten. Doch für das Geschäft fühlte ich mich noch zu schwach auf den Beinen. Ich blieb deshalb zunächst zu Hause, was mir sehr guttat. Immer wenn ich bisher einmal nicht mehr konnte, schickte mir der Herrgott eine Krankheit, damit ich mich ausruhen konnte. So durfte ich auch jetzt wieder zu Kräften kommen und mich in Ruhe meinem Kinde widmen. Das war eine sehr, sehr schöne Zeit für mich. Doch sie währte nicht lang.

Mit neuem Kleid auf dem Opel-Ball

Im Jahre 1969, wenige Monate vor der Geburt unserer Tochter Petra, gab es einen großen Opel-Ball im Kurhaus in Wiesbaden. Alle Händler waren dazu eingeladen. Die Direktion hatte es so eingerichtet, dass die ranghöchsten Manager selbst bestimmen konnten, mit welchem Händler-Ehepaar sie an einem Tisch sitzen wollten. Bei der Ankunft im Hotel fanden wir im Zimmer einen Zettel vor, auf dem stand: »Sie werden gebeten, heute Abend an Tisch drei Platz zu nehmen.«

Ich trug ein neues, modisches Kleid in Pastellgrün, wunderschön und sehr kostbar. Peter hatte es mir gekauft. Es kaschierte meinen Babybauch sehr vorteilhaft. Meine Mutter lobte das Kleid in hohen Tönen. »Ist doch nicht so schlimm, wenn es ein bisschen teurer war«, schob sie hinterher. Aber jetzt stieg mir doch die Schamröte ins Gesicht: Als wir an unseren Tisch kamen, an dem sechs oder acht Personen Platz nehmen sollten, sah ich dort die Frau des Direktors stehen – in exakt »meinem« Kleid, nur in Hellblau! Ich wäre am liebsten im Boden versunken, weil ich es wagte, ein so feines Kleid zu tragen wie diese Frau, die in der Firmenhierarchie weit über mir stand. Ehe man sich setzte, begrüßte man sich gegenseitig, die Herren wurden einem vorgestellt und sie entkrampfte die Situation sofort, indem sie sagte: »Ach wie schön, Frau Bimberg! Wir haben offensichtlich den gleichen Geschmack. Jetzt können wir auch noch am gleichen Tisch sitzen!« Da fiel mir ein großer Stein vom Herzen, ich fasste Mut und der Abend wurde noch richtig schön. Dieses Ehepaar waren nette Leute, auch wenn sie erheblich älter waren als wir.

Es gibt ein Zitat: »Möge das Glück immer greifbar sein, mögen gute Freunde jederzeit in deiner Nähe sein, möge dir jeder Tag, der kommt, eine besondere Freude bringen, die dein Leben heiter macht.« Das war so in dieser rauschenden Ballnacht mit meinem lieben Peter und in der Erwartung unseres zweiten Kindes.

Rumpumpeln im Betrieb

Als ich mit Petra schwanger war, sah man den Babybauch stärker, weil mein Rücken schon vorbelastet war. Ich arbeitete und diktierte um die Mittagszeit unserer Sekretärin Fräulein Frohwein etwas. »Wollen Sie sich nicht setzen?«, fragte sie, aber ich gab nur zur Antwort: »Ich kann mich nicht mehr setzen, sonst kriege ich mein Kind hier in der Firma!« Das »Rumpumpeln« hatte schon begonnen, aber wenn man mitten in der Arbeit ist, zumal beim Diktieren, dann nimmt man darauf keine Rücksicht. »Was machen wir denn jetzt?«, fragte Fräulein Frohwein entsetzt. »Ist es denn schon so weit?« – »Suchen Sie mir erst mal meinen Mann«, bat ich.

Der Herr Doktor war aber so schnell nicht aufzutreiben. Er befinde sich bei der Schnelldienst-Station an unserer Tankstelle, wenige Meter von unserer Verwaltung entfernt, hieß es. Unter »Schnelldienst«, auch Soforthilfe genannt, verstand man damals, dass alle wichtigen Teile des Autos geschmiert und ein Ölwechsel gemacht wurde; heute heißt das »große Inspektion«. In der Schnelldienst-Station wurden die Autos auch gewaschen und gepflegt. Wer dort arbeitete, stank nach Benzin und Öl. Unsere große Tankstelle musste später dem Verkehr weichen. Da also fand man meinen Mann.

Doch statt auf ihn zu warten, fuhr ich mit meinem eigenen Auto vor – ich hatte es langsam eilig. »Peter, ich muss nach Hause, wir kriegen unser zweites Kind!«, sagte ich. Am Steuer saß ich nicht mehr gerne, aber ich wollte nicht ins Krankenhaus, bevor ich nicht zu Hause geduscht hatte. Peter fuhr mich nun eiligst ins Krankenhaus, wo man mich sofort in den Kreißsaal brachte und die Gynäkologin Frau Dr. Krieger alarmierte. Keine zwei Stunden später war Petra Frigge auf der Welt, auch nachmittags geboren, kurz vor 17 Uhr – wie unsere Tochter Fritzi Marie; diesmal allerdings nicht im Sommer, sondern am 11. November 1969, ein Dienstag, 16.30 Uhr, 53 cm, 3600 g, 35 cm Kopfumfang, 3750 g bei der Entlassung am elften Tag. Vorsorglich hatte die Ärztin zwei Schnitte gesetzt, um dem Köpfchen Platz zu schaffen; die machten mir anschließend sehr zu schaffen. Aber es war schön, das Baby in den Armen zu halten! Auch zu Hause stillte ich am liebsten liegend im Bett – dann trank die Kleine auf der einen Seite Milch, während ich die Große auf der anderen Seite im Arm hielt, damit sie sich nicht zurückgesetzt fühlte. Ich hatte früher schon genug Ärger mit unseren beiden Cockern Gerry und Geisha gehabt, die eifersüchtig auf Fritzi gewesen waren. Sie hatten mich manchmal nicht auf die Treppe gelassen oder sie hatten an der Tür gekratzt, hinter die ich mich mit Fritzi zurückgezogen hatte.

Wenn ich mittags nach Hause kam, genoss ich es, eine Weile mit den Kindern so im Bett zu liegen. Fritzi ging bald darauf in die Schule, Petra war noch im Körbchen zu Hause. Seit Fritzis Geburt half uns die Kinderfrau Hilda, »Tante Braun« genannt, und versorgte beide Mädchen gut. Auch meine Mutter war stets um die Kinder besorgt. So sind sie aufgewachsen. Es war eine schöne Zeit für uns alle.

Ich möchte jungen Frauen Mut machen zum Kinderkriegen. Ich möchte ihnen sagen: »Macht nicht so viel Theater, seid einfach glücklich, dass ihr ein Kind empfangt! Wenn es so weit ist, wird es schon von selbst kommen.« Man geht zur Geburt meist nur kurz ins Krankenhaus und lässt sich dann von der Hebamme zu Hause versorgen – das ist richtig. Es ist das Natürlichste von der Welt, dass Kinder geboren werden. So sicher, wie wir später in den Sarg kommen, so werden wir auch geboren. Ich möchte Mut zum Leben machen und die Angst vorm Sterben nehmen – im Kommen und im Gehen liegen wir in Gottes Hand.

Ich glaube, dieser Mut zum Leben fehlt vielen jungen Leuten. Warum bleiben so viele allein, warum haben sie noch nicht einmal einen Freund oder eine Freundin? Scheuen sie sich vor der Verpflichtung, für andere da zu sein?

Grömitz – »zweite Heimat«

Geliebte Ostsee

Urlaub zu machen stellte uns immer wieder vor Probleme: Wenn wir ein Hotelzimmer reservierten, kam es vor, dass mein Mann nicht aus dem Betrieb wegkonnte, oder ich konnte es nicht oder eins der Mädchen war krank oder irgendein anderes Hindernis trat auf ... Wir zahlten eine Menge Geld für Zimmer, die wir nicht belegten, und Urlaube, die wir nicht antraten. Auch wollten wir meine Schwester nicht zu lange im Unternehmen allein lassen. Schließlich reifte in uns die Überzeugung, dass unsere Urlaubsproblematik nur mit einer eigenen Ferienwohnung zu lösen sei. So begannen wir 1969, kurz nach Petras Geburt, uns eine entsprechende Unterkunft zu suchen.

Peter und ich hatten beide einen Hang zur Ostsee. Ich war bereits als Kind mit meinen Eltern nach Niendorf gefahren, das damals ein sogenanntes Familienbad war, ganz in der Nähe von Travemünde und dem Timmendorfer Strand, Ostseebäder, die schon vor dem Krieg international bekannt waren. Wenn wir nicht in Bad Sassendorf im Kinderheim waren oder mit unseren Eltern in Bad Salzuflen in der Villa Roseneck, machten wir manchmal in Niendorf Urlaub. Auch in meiner Hamburger Zeit hatte ich mich an schöne Kindertage an der See erinnert und war manchen Sonntag mit dem Zug über Lübeck für einen Tag ans Meer gefahren. Ich verbrachte auch schon mal einige Ferientage in der Gegend um Niendorf. Damals konnte man noch in netten kleinen Hotelpensionen wohnen, die sehr persönlich geführt wurden.

Peter hatte einen Freund in Kiel, der ihn für das Segeln begeistert hatte. Außerdem war er gelegentlich im Ferienhaus der Familie seines Studienfreunds in Hohwacht zu Gast gewesen. Davon hatte er mir immer wieder vorgeschwärmt. So lag es nahe, dass wir auch mit der kleinen Fritzi gerne zum Familienurlaub an die Ostsee fuhren. Der kleine Fischerort Grömitz hatte es uns angetan. Dort wohnten wir im einfachen Strandhotel der Familie Künzel. Der heutige Hotelstandard war in den 1960er-Jahren noch unbekannt. Die meisten Zimmer hatten nur Etagenduschen, die man sich mit anderen Gästen teilen musste. Künzels verfügten aber schon über vier Zimmer mit Duschbad, die wir im Mai, rechtzeitig vor Beginn der Hauptsaison, noch buchen konnten. Sie schafften sogar ein Gitterbettchen für Fritzi an. Mit Wickelkindern war es in einem Gemeinschaftsbad beschwerlich.

Als Fritzi klein war, war die Strandpromenade in Grömitz noch nicht ausgebaut. Im Winter schützte man den Fußweg mit ein paar Wellblechplatten vor Sturm und Flut. Im Sommer, wenn die Besucher kamen, nahm man diese Platten wieder weg. Dann allerdings musste regelmäßig gefegt werden, damit der Weg nicht versandete. Daran beteiligte sich mit großem Eifer auch unsere Fritzi: »Immer alles fein sauber machte!«, rief sie in ihrer Kindersprache. Wenn wir auf dem Weg ins Dorf bei Oma Kolschens Gemischtwarenladen vorbeikamen, musste ich immer eine Kleinigkeit für sie kaufen – mal einen roten Besen, damit sie fegen konnte, mal eine Kehrschaufel oder etwas anderes, was sie entdeckt hatte. Oma Kolschens Laden war ein Paradies für das Mädchen. Das lag auch an der alten Dame selbst, die Freude an Kindern hatte. Bei ihr konnte man auch ein Eis kaufen. Hatte man seine Blechkanne dabei, konnte man sich beim Milchladen gleich nebenan noch frische Milch abfüllen lassen. Da Grömitz ein Fischerdorf war, lieferte man frisch gefangene Schollen bis an die Haustür.

Ich traute mich im Mai schon in die kalte See, um tapfer ein paar Züge zu schwimmen, während mein Mann lieber segeln ging. Die kleine Fritzi ließ sich die Füße im Sand von den Wellen der Ostsee umspülen. Ein Beinchen vor und eins zurück, so stand sie fröhlich an der Wasserkante. Vater Künzels Schafe im Hotelgarten hatten im Mai kleine Lämmer bekommen. Ihnen gab Fritzi aus der Flasche Milch zu trinken. Es war eine wunderbare Zeit!

Unsere Ferienwohnung in Grömitz

Mit Petra erwarteten wir unser zweites Kind. Fritzi freute sich auf ihre Einschulung im nächsten Jahr. Es war absehbar, dass wir bald nur noch zur Schulferienzeit würden reisen können. Da aber war in Grömitz Hauptsaison! Die Duschbadzimmer im Hotel waren in diesen Wochen langfristig belegt. Doch Grömitz begann sich auch zu verändern: Die alten Hotels machten nach und nach zu. Die ersten Appartementhäuser mit Eigentumswohnungen entstanden. Peter begann sich umzusehen, ob wir nicht auch eine Wohnung kaufen könnten. Bald hörte er vom Hausmeister eines der ersten beiden Appartementhäuser, dass dort vermutlich bald eine Wohnung verkauft würde. Sie gehörte einer Familie aus Springe im Solling mit vier Kindern, die gerade eine Tragödie erlebt hatte. Ihre jüngste Tochter Friedchen hatte in den Ferien in Grömitz das Radfahren gelernt. Als sie diese neue Fähigkeit stolz den Nachbarn zu Hause vorführte, wurde sie Opfer eines Verkehrsunfalls. Für die untröstlichen Eltern war fortan ihre Grömitzer Wohnung ein Ort schlimmer Erinnerungen. Deshalb trennten sie sich von ihr.

Für uns war der Kauf dieser Wohnung ein großes Glück. Sie lag gleich hinter der Strandpromenade. Mit Wohnzimmer, Kinderzimmer, Elternschlafzimmer, Küche und Bad, dazu einer traumhaften Loggia mit ganztägiger Sonnenbestrahlung, hatten wir auf 55 qm alles, was wir brauchten. Wir verbrachten dort wunderschöne Wochen, feierten viele Feste. Fast hätten Peter und ich unseren Lebensabend hier gemeinsam an der See verbringen wollen, denn Grömitz war uns schnell zur zweiten Heimat geworden.

Als wir in der Firma noch die volle Verantwortung trugen, fuhr meine Mutter oder meine Schwester gelegentlich mit der Kinderfrau und den Mädchen allein nach Grömitz. Manchmal kamen wir nach. Auch konnten wir zwischendurch für ein paar Tage dort sein, damit wir als Familie zusammen waren. Wir hatten nicht viel Zeit, aber die Zeit, die wir uns nahmen, verbrachten wir gern zusammen an der See. Das machte uns glücklich. Wir konnten den Kindern auch einiges bieten, man war damals noch nicht so einseitig auf Strand, Sonne und Wellness ausgerichtet. Unsere Mädchen lernten hier das Radfahren, erst mitmilfe von Stützrädern, dann ohne. Auf der Strandpromenade konnte man herrlich üben; inzwischen wäre das angesichts des Massentourismus längst nicht mehr möglich. Wir hatten vier Klappräder im Keller. Erlebnishungrig erkundeten wir damit die Gegend rund um Grömitz.

Auch das kirchliche Leben im Ort war für uns von Anfang an sehr angenehm. Wir begannen, in der Gemeinde die ersten Nachtwanderungen zu veranstalten, an denen sich Kirchenbesucher und Urlauber gern beteiligten. Wir liefen abends mit Taschenlampen los an einen schönen Platz am Steilufer, machten Picknick im Wald, sangen Gutenachtlieder, beteten gemeinsam und ließen den Abend mit dem Genuss von ein paar Grillwürstchen ausklingen.

In dem kirchlich geführten »Haus an der Brücke« waren die Kinder häufig, um zu malen, zu basteln und Theater zu spielen. Mal lernten sie das Batiken, mal wurden Muscheln bemalt oder Steine hübsch verziert, mal standen die Kinder an der Strandmauer und verkauften ihre Werke für ein paar Pfennige an interessierte Eltern und Passanten. Sie spielten auch mit Begeisterung Puppentheater.

Eines frühen Morgens weckte ich die Mädchen bereits um drei Uhr, um mit ihnen in die Dorfbäckerei zu gehen und zuzuschauen, wie der Bäcker anfing, die frischen Brötchen zu backen, die wir dann pünktlich zum Frühstück essen konnten. Das war ein Erlebnis, das man nur im Urlaub haben konnte!

Mit dem Kauf unserer Grömitzer Wohnung war eine Option für einen eigenen Liegeplatz am neuen Hafen verbunden. Der Yachthafen war noch nicht fertiggestellt. Ständig hörten wir das Baggern. Mein Mann als leidenschaftlicher Segler liebäugelte damit, dort ein Boot zu haben. Aber ich sagte: »Wir brauchen keinen Liegeplatz am Hafen. Du lässt es ja doch nicht zu, dass ich mit einem schönen schnellen Motorboot über die Ostsee flitze!« Ich segelte nicht, ich zog immer den Motor vor. Ich träumte von einer schnellen Wasserfahrt auf dem freien Meer, wie ich es bei anderen gesehen hatte. »Dass du noch dazu beitragen willst, das Wasser mit Benzin zu verpesten!«, schimpfte mein Mann. Die Frage war bald entschieden: Wir brauchten kein eigenes

Boot. Von unseren Töchtern konnte Peter nur Fritzi für das Segeln gewinnen und auch die hatte genug davon, nachdem sie einmal bei Windstärke sieben unterwegs gewesen waren. Damals hatte sie wohl um ihr Leben gebangt.

Meine Freundin Ute (sie hatten in Grömitz im selben Haus eine Wohnung), die mit ihrem Porsche gelegentlich auf dem Nürburgring ein paar schnelle Runden drehte, sagte mir später, mit meinem kaputten Rücken solle ich lieber nicht von einem Motorboot träumen. Das schlage doch hart auf dem Wasser auf und sei nicht so gut gefedert wie ihr Porsche. Also blieb ich beim Auto, wenn ich Geschwindigkeit genießen wollte. Auf der Westseite konnte man am Meeressaum schnell bis nach Fehmarn fahren.

Der Yachthafen wurde ohne einen Liegeplatz für uns weitergebaut. Nachdem der Hafen fertig war, stellte sich in der Folgezeit heraus, dass er bei jeder Sturmflut versandete und für teures Geld wieder ausgebaggert werden musste. »Das ist der Fluch Gottes!«, sagte unser Pastor Schneider dazu und erinnerte an eine Schiffstragödie, die sich am Ende des Zweiten Weltkrieges in der Lübecker Bucht ereignet hatte: Am 3. Mai 1945, wenige Tage vor dem offiziellen Kriegsende, wurde die »Cap Arcona« hier von britischen Jagdbombern in Brand geschossen und kenterte. Das Schiff war überfüllt mit evakuierten KZ-Häftlingen, von denen die meisten umkamen; viele ruhen bis heute auf dem Grund der Ostsee.

1985 feierten Peter und ich silberne Hochzeit in der Grömitzer Nicolaikirche. Pastor Schneider, der Vorgänger von Pastor Kock, ließ für uns sogar die Glocken läuten, als wir zur Dankandacht in unsere geliebte Kirche gingen. Petra war aus England gekommen. Fritzi war im Studium in Hamburg sehr eingespannt, da sie Klausuren vor sich hatte. Wir trafen sie mittags zum festlichen Essen bei »Jacobs« in Nienstedten, dem besten Restaurant von Blankenese, an der Elbchaussee und genossen den wunderbarem Blick über das Wasser. Am Abend erlebten wir noch den großen John Neumeier als Choreografen der Tschaikowski-Oper Eugen Onegin, bevor wir wieder nach Grömitz zurückfuhren. Der dortigen Nicolaikirche blieben wir treu, bis unser guter Pastor Lorenz Kock eine Pfarrei in Altenkrempe übernahm, nur 13 km von Grömitz entfernt. Da sich mit ihm bald eine innige Freundschaft entwickelte, besuchten wir fortan seine Gottesdienste, bis er in den Ruhestand ging. Heute ist ihm meine ganze Familie noch immer sehr verbunden. Bei Familienfesten und Firmenjubiläen ist er mit seiner Frau Ursula immer dabei, hält die Predigten und erfreut uns mit seinem Sologesang. Gern erinnere ich mich an »Deine Güte reicht, so weit der Himmel ist …«. Beim Heimgang meines Mannes stand er mir zur Seite und hielt auch den Trauergottesdienst.

Auf vergangenen Spuren wandeln

Über den Muttertag 2014 bin ich mit Petra zusammen noch einmal nach Grömitz gefahren. Mir ist dabei einmal mehr deutlich geworden, wie stark dieser Ort mit schönen Familienerinnerungen verbunden ist. Dort spüre ich auch die Gegenwart meines Mannes, auf den ich immer wieder angesprochen werde. 2009, nach Pfingsten, bin ich zum letzten Mal mit ihm dort gewesen. Wir kamen von IVCG-Kongress in Berlin und fuhren über Grömitz zurück nach Hause. Peter ging es nicht sehr gut, ich hatte mir vorsichtshalber in der Apotheke einen Rollstuhl für ihn ausgeliehen. Am Sonntag machten wir noch eine Flasche Rotwein von der Heroldrebe auf, die er so gerne trank. »Die angebrochene Flasche lassen wir hier stehen, in 14 Tagen sind wir ja wieder da!«, sagte Peter, als wir am Montag zurück nach Villigst fuhren; zwei Wochen später wollten wir Urlaub in Grömitz machen. Aber dazu kam es nicht mehr. Nun ist er mir in Grömitz ganz gegenwärtig. Überall sind Bilder von ihm zu sehen. Oft blätterte ich in Alben und erfreue mich an alten Schätzen wie den Bildern von seinem 80. Geburtstag 2008 und von seinem 65., den wir damals in Grömitz mit vielen Freunden groß gefeiert haben, wenige Jahre nach Öffnung der deutsch-deutschen Grenze.

Dieser Grenze war man in Grömitz auf bedrückende Weise nahe gewesen. Aus unserer Wohnung heraus konnten wir über die Lübecker Bucht bei klarer Sicht bis an das andere Ufer sehen, das schon in der

DDR lag. In den 1960er-Jahren, als wir noch im Hotel schliefen, gab es Nächte, in denen ich wach wurde, wenn das Licht großer Suchscheinwerfer durch unser Schlafzimmer streifte. Damals suchte der DDR-Grenzschutz die Ostsee ab, weil immer wieder Menschen versuchten, mit kleinen Ruder- oder Schlauchbooten die Lübecker Bucht in Richtung Westen zu überqueren. Wir hörten auch Schüsse, wenn wieder ein kleines Flüchtlingsboot entdeckt war und unter Feuer genommen wurde. In den 1970er-Jahren wurden wir gewarnt, nicht in Richtung Süden am Strand entlangzulaufen, da dort häufig Leichen angeschwemmt wurden. Es waren Leichen von Verzweifelten, die im vorangangenen harten Winter versucht hatten, über die Eisdecke der Bucht in die Bundesrepublik zu fliehen. Sie waren erschossen worden oder im Eis eingebrochen. Mit dem guten Fernglas, das mein Mann aus Wehrmachtszeiten noch aufbewahrt hatte, schauten wir manchmal auf die andere Seite der Bucht ins »Niemandsland«. Boltenhagen, der nächste Ort auf DDR-Seite, lag ein Stückchen weiter an der Küste. Im dem Abschnitt, der dem Gebiet der Bundesrepublik am nächsten lag, waren alle Häuser unbewohnt. Wenn sich dort jemand bewegte, war es entweder ein Grenzsoldat oder jemand bei einem Fluchtversuch.

Im Süden der Bucht, jenseits der Trave bei Travemünde, lag ostwärts die Halbinsel Priwall. Dieses Gebiet hatte für unsere Ohren einen schlechten Klang, denn dort blühte der Schwarzhandel. Vom Osten her konnten nur privilegierte Personen mit Sondergenehmigung nach Priwall kommen. Nach der Wende fuhr man durch Priwall hindurch in Richtung Osten, wenn man nicht den großen Umweg über Lübeck in Kauf nehmen wollte.

Zu Peters 65. Geburtstag am 1. Juli 1993 luden wir unsere Freunde nach Grömitz ein, um ihnen unsere Wahlheimat näherzubringen. Im Hochsommer war es für uns schwierig, Unterkünfte für sie zu finden. Irgendwie gelang es doch. Wir begannen mit einem Empfang in unserer kleinen Wohnung, in der sich etwa 50 Leute gemütlich drängten. Dann feierten wir Andacht in der Kirche von Altenkrempe mit Pastor Lorenz Kock, unserem Freund. Im »Schlemmerland« wurde am Abend wunderbar gefeiert und getanzt. Bevor wir auseinandergingen, sangen wir, im großen Kreis stehend, gemeinsam noch das schöne Lied »Guten Abend, gut' Nacht« mit der bekannten Melodie von Johannes Brahms und dem Text von Clemens Brentano. Es war für uns alle sehr bewegend.

Am nächsten Morgen trafen wir uns alle auf einem kleinen Dampfer, den wir gemietet hatten. Der Dampfer hieß nach seinem Besitzer ebenfalls »Peter«. Dieser Kapitän Peter hatte am gleichen Tag Geburtstag wie mein Mann, nur war er etliche Jahre jünger. Er fuhr uns nun über Boltenhagen bis nach Wismar. Da wir nicht wussten, ob es in Wismar für so viele Personen Essen geben würde, hatten wir vorsichtshalber alles mitgenommen: Lachs- und Heringsbrötchen, von der Hand zu essen, Wein, Bier, Bimberger Branntwein, Streuselkuchen, dazu Musik, ein Schifferklavier spielte und Pastor Kock sang. In Wismar machten wir einen Rundgang durch die alte Hansestadt. In der Kirche wurde für uns sogar die Orgel gespielt. Obwohl das Gotteshaus vom Krieg her noch stark ramponiert war, durften wir hinein und lauschten andächtig der Musik.

Der Kapitän hatte so viel Spaß mit uns, dass er uns versprach, immer unsere Lieblingsmusik aufzulegen, wenn er mit seinem Dampfer am Grömitzer Strandschloss, unserer Wohnung, vorbei nach Neustadt in den Hafen fahren würde. Manchmal lagen wir abends bei offenem Fenster im Bett und hörten die Musik von diesem netten Peter, die er uns zu Ehren spielte. Ich hätte ihn gerne jetzt noch einmal besucht, aber leider habe ich ihn nicht angetroffen. Von diesem Geburtstag schwärmten auch die Freunde immer wieder. Peter hatte in seiner Ansprache gesagt, wir hätten die Absicht, künftig häufiger in Grömitz zu sein – doch dann haben wir bald wie gewohnt im Geschäft weitergearbeitet. So blieb dieser Traum unerfüllt, aber Peters Geburtstag haben wir gottlob im Film festgehalten.

Auf unserer Muttertagstour sind Petra und ich gemeinsam auf vergangenen Spuren gewandelt. Das begann mit einem Besuch in der »Schiffergesellschaft« in Lübeck zum Essen, einem ganz alten Traditionshaus aus dem 16. Jahrhundert. Hier waren wir als Familie häufig eingekehrt, wenn wir auf dem Weg nach Grömitz waren. Wenn früher die großen Handelsschiffe im Lübecker Hafen ankamen und ihre Ladungen gelöscht waren, gingen die feinen hanseatischen Großkaufleute ins »Schabbelhaus« und die Matrosen zuerst in die Kirche zum Beichten und anschließend ins Wirtshaus gegenüber, eben in die »Schiffergesellschaft«. Dort sitzt man noch heute an langen Tischen und Bänken und kann leckeren fangfrischen Fisch genießen. Danach fuhren Petra und ich zum Brodtener Steilufer. Eigentlich führte unser Weg nach Grömitz immer die Bäderstraße entlang. Weil aber das Wetter so schlecht war, zog es uns auf kürzestem Wege in unsere Ferienwohnung. Wir haben uns dort einen schönen Tee gekocht, eine Kleinigkeit zu essen gemacht und dann bis weit in den Abend hinein ein Spiel gespielt, das mein Mann den Kindern einst geschenkt hatte. Petra hatte es in ihrer Wohnung gefunden und noch nie gespielt – jetzt taten wir es. Und ich, die ich nie Lust zu spielen hatte, fühlte mich dabei richtig ausgeglichen.

Seit einigen Jahren verfügen wir in Grömitz über zwei Ferienwohnungen. Petra und ihre Familie wohnen unter uns. So können wir gleichzeitig Urlaub machen. Jeder kann nach seinen Gewohnheiten den Morgen beginnen. Danach verbringt man gemeinsam den Tag. Ich merke allerdings, dass ich inzwischen älter und auch kleiner geworden bin. Die Kleiderstange in meinem Schrank musste nach unten versetzt werden. Bücken kann ich mich auch nicht mehr besonders gut, doch die Erinnerungen fangen gleich wieder an, in der Seele lebendig zu werden. So denke ich an die vielen Spiele, die mein Mann mit den Mädchen gespielt hat: Halma, Mensch-ärgere-dich-nicht und Mühle. Spielt Petra mit, kann man sehen, dass sie die Kniffe meines Mannes gut gelernt und noch nichts vergessen hat.

Zu den Grömitzer Erinnerungen gehört auch die alte »Barkasse« am Hafen, in der man so gut Fisch essen konnte. Als ich kürzlich mit meinen Portugiesen in Grömitz war, die mir tüchtig halfen, die Schränke auszuwischen und die Wohnung gründlich zu putzen, da fuhr ich über Brenkenhagen. Dort gab es einen Dorfgasthof, in dem man den besten Holsteiner Schinken essen konnte. Auf dem Dach war früher ein Storchennest. Beides wollte ich den Portugiesen zeigen, fand jedoch den Gasthof nicht mehr. Da ging eine Frau an uns vorbei, die sprach ich an. »Das war hier der Gasthof, gehen Sie nur näher heran, Frau Bimberg, dann können Sie es sehen. Es ist alles zugewachsen, denn die Besitzer mussten vor zwei Jahren aufgeben.« Der Storch hatte sich ebenfalls eine neue Bleibe gesucht. »Aber wer sind Sie und woher kennen Sie meinen Namen?«, fragte ich. »Na, Sie sind doch der Anhang von Dr. Bimberg!«, rief die Frau. »Ich bin nicht sein Anhang, sondern seine Frau«, antwortete ich lachend. Als wir uns weiter unterhielten, stellte sich heraus, dass diese Dame 15 Jahre lang in der »Barkasse« bedient hatte, wo wir so gerne zum Essen gegangen waren. »Wer Ihren Mann nicht in Erinnerung behält, dem kann man nicht helfen«, sagte sie entschieden. Diese Frau hatte früher immer noch einen Platz für uns gefunden, selbst wenn das Lokal schon ziemlich voll war. Jetzt wollte ich mit Petra noch einmal zur »Barkasse« gehen, aber zu meinem Schrecken musste ich feststellen, dass sie inzwischen zu einer Tapasbar geworden war. Spanische Tapas an der Ostsee …!

Auf alten Spuren zu wandeln bedeutete für mich auch, noch einmal den Weg bis zum Café an der Düne aus eigener Kraft zu gehen: 3 km Hinweg und dann die gleiche Strecke wieder zurück. Petra wollte es mir ausreden. Ich aber hatte es mir fest vorgenommen, nahm meinen Rollator und lief los: »Da werden wir leckeren Fisch kriegen!«, war ich mir sicher und ließ mich nicht entmutigen. Ich schaffte den Weg! Auf dem letzten Stück durch den Sand half mir allerdings Petra. Auf dem Rückweg regnete es sehr. Überall, wo ein Café war, stellten wir uns kurz unter, bevor wir weiterzogen. So kamen wir in Etappen wieder nach Hause. Dem Regen war es zu verdanken, dass ich anderntags sogar noch einmal am Strand ganz dicht am Wasser entlanggehen konnte, denn der nasse Sand war fest genug, mir und meinen Füßen Halt zu geben. Ich habe dem Herrgott gedankt, dass ich das noch einmal bewältigen durfte. Meinen Rollator ließ ich stehen. Mit Petra an der einen Seite, dem Stock an der anderen und dem festen Sandboden unter den Füßen kam ich gut voran. Wir sind bestimmt kilometerweit am Wasser entlanggegangen. Dicht am Wasser war auch immer mein

Mann gelaufen, wenn er morgens in der See geschwommen hatte und sich trocknen wollte. Er vertrat die Ansicht, Meerwasser müsse auf der Haut trocknen.

Als ich nach seinem Tod zum ersten Mal wieder in Grömitz war, hatte meine Hilfe absichtlich die offene Flasche Wein für mich stehen lassen und Peters Bett nicht neu bezogen: »Das Bett vom Doktor wollen Sie sicher mit nach Hause nehmen und selbst waschen«, sagte sie mir damals. »Wie ich Sie kenne, sind Sie nicht glücklich, wenn Sie Ihrem Mann nicht diesen letzten Dienst erweisen können.« Zunächst wusste ich nicht, was ich davon halten sollte. Zu viele Gefühle stürmten auf mich ein. Aber sie hatte recht und deshalb folgte ich ihrem Vorschlag und habe in der ersten Nacht sogar noch im Bettzeug meines Mannes geschlafen. Dann habe ich es mitgenommen, gewaschen, gebügelt und in Grömitz wieder in den Schrank gelegt. Das tat mir richtig gut!

Als wir 2009 nicht mehr den geplanten gemeinsamen Urlaub an der Ostsee machen konnten, schenkte mir Peter zum Geburtstag am 17. Juni eine Art Gutschein für schöne Ferien in Grömitz. Er hoffte damals noch, es mit mir gemeinsam zu schaffen, und verband das mit seinem innigen Dank für meine Liebe und Fürsorge. Diese Zeilen von ihm, auf blauem Briefpapier geschrieben, bewahre ich in dankbarer Erinnerung an meinen geliebten Mann auf.

LIEBE MENSCHEN

Feste feiern

Für Privates blieb in unserem Alltag wenig Zeit. Runde Geburtstage und andere besondere Anlässe haben wir aber meistens zünftig gefeiert – das war uns wichtig. Als wir an den Sonntagnachmittagen nicht mehr die Tankstellen abzurechnen hatten, als es keine Scheine mehr gab, mit denen die britische Rheinarmee das getankte Benzin bezahlte, gewannen wir gemeinsame Zeit, mit der etwas anzufangen war. Wir wanderten und fanden schnell Freunde, die sich regelmäßig mit uns auf den Weg begaben. Dabei verließen sie sich ganz und gar auf die gute Ortskenntnis meines Mannes. »Peter, du kennst die Wege am besten«, hieß es, wenn eine neue Wanderung zu planen war. »Du weißt, wo wir ein anständiges Schinkenbrot kriegen können als Vesper nach der Wanderung.« Peter setzte sich also hin, nachdem er am Samstagabend in seiner Funktion als Presbyter das Nötige für den Sonntagsgottesdienst vorbereitet hatte, und tüftelte eine schöne Wanderroute mit passender Einkehr aus. Die Freunde schwärmten immer von dem, was er ihnen da präsentierte. Das hielt sie leider davon ab, sich auch selbst einmal um eine Wanderungsplanung zu kümmern. »Sei doch froh«, sagte Peter, »dann gehen wir wenigstens auf Wegen, die wir uns selbst ausgesucht haben!«

Zu unserem Wanderkreis zählte auch mein angeheirateter Vetter Fritz, der 1981 wenige Tage nach mir seinen 50. Geburtstag beging. Da es eine »große Schnittmenge« bei unseren Freunden gab, entschlossen wir uns, diesen Geburtstag gemeinsam zu feiern, obwohl ich eigentlich gar nichts davon hielt. Diesmal stellte es sich jedoch als gute Idee heraus. Wir luden zur Feier auf das Schloss Hohenlimburg ein. Ein Bus holte die Gesellschaft an unserem Betrieb in der Giesestraße ab, denn dort gab es genügend Plätze zum Abstellen der Autos, und fuhr uns zum Schloss. Bevor abends die Tanzschuhe angezogen wurden, ging es noch zum Wandern in den Wald. Ein Marketenderwagen versorgte uns unterwegs mit Bier und Brezeln, bis am Abend auf dem Schlosshof die Musikanten für uns aufspielten. Es war ein schönes, stimmungsvolles Fest, von dem die Gäste noch heute schwärmen.

Gutes Gedächtnis

Als Petra noch ganz klein war, plagten mich über einen längeren Zeitraum furchtbare Kopfschmerzen, die mit Migräne nicht mehr zu erklären waren. Man befürchtete schon einen Tumor im Kopf. Deshalb schickte man mich »in die Röhre« zur Kernspinresonanzspektroskopie. Das war damals ein ganz neues Verfahren. Die Lungenklinik in Hemer hatte bereits ein solches Gerät. Ich hatte schreckliche Angst davor, aber es half nichts. Ein Sanatoriumsaufenthalt in Oberstdorf zu Beginn unserer Ehe hatte mir keine dauerhafte Erleichterung gebracht und auf die Schmerzen konnte sich niemand einen Reim machen. Also blieb der Tumorverdacht, dem man nun auf den Grund gehen wollte.

Als ich aus der schrecklich engen Röhre wieder herauskam, standen dort zwei Ärzte und sagten, sie könnten im Kopf nichts finden. »Offensichtlich sind Sie überarbeitet; deshalb scheinen Sie nicht mehr zu merken, wenn die Drähte da oben im Kopf nicht mehr wollen«, erklärten die Mediziner. »Wahrscheinlich haben Sie sich an die Schmerzen schon gewöhnt und kriegen nur den ständigen Druck nicht weg. Sie müssen mal ein bisschen ausspannen! Ich glaube, wir müssen Sie mal vier Wochen in einen tiefen Schlaf versetzen.« Der Kopf sei ansonsten ganz frei. Es gebe aber ein Problem bei mir (ich weiß nicht, woraus sie das ableiteten): »Sie behalten alles im Kopf, Ihrem Gedächtnis geht nichts verloren. Auf diese Weise speichern Sie sehr viel.«

Allmählich glaube ich selbst daran. Ich kann nämlich gut etwas vergeben, nie aber vergessen. Ich behalte alles. Ich bin sehr dankbar, dass ich mich selbst in hohem Alter noch so gut erinnern kann. Damals habe ich mich nicht in den Tiefschlaf versetzen lassen, sondern bin weiter fröhlich meinem Arbeitsalltag nachgegangen. Freie Zeiten habe ich mit meiner Familie genutzt und gern gefeiert – das tat immer gut. Auch nahm ich mir vor, Kopfschmerzen künftig nicht mehr wahrzunehmen.

Viele gute Helfer

Es gibt viele Dinge im Leben, die gut geordnet werden müssen, damit sie in den richtigen Bahnen ablaufen. Wenn Kinder da sind, lässt sich nicht alles auf Vater und Mutter abwälzen, auch nicht auf die Großeltern. Man braucht viele gute Helfer! Ich kann voller Dankbarkeit sagen, dass ich sie immer gehabt habe. Wie mein Mann, meine Schwester und ich es im Geschäft gehalten haben, habe ich es auch in unserem Haushalt gemacht: Ich habe meine Kraft immer da eingebracht, wo es mir gerade am sinnvollsten zu sein schien. Darüber hinaus haben wir Arbeitsplätze geschaffen, damit alles, was uns wichtig war, erledigt werden konnte. Uns ist es gemeinsam gelungen, die nötigen Mittel zu erwirtschaften, um vielen Menschen die Möglichkeit zu geben, Geld bei uns zu verdienen – jedem nach seinen Fähigkeiten, die ihm Gott gegeben hat. Wie ich es bei meiner Mutter erlebt hatte, sah auch ich mich in der glücklichen Lage, über Jahrzehnte stabile Beschäftigungsverhältnisse zu schaffen. Dabei sind neben allem Arbeitseinsatz wunderbare Beziehungen entstanden, die mich heute noch tragen. Von einigen will ich hier erzählen.

Mit Erscheinen unserer Fritzi kam bald zusätzlich zur Haushaltshilfe Elisabeth, die schon bei meiner Mutter beschäftigt gewesen war, die Kinderfrau Hilda ins Haus. Dadurch konnte ich stundenweise wieder ins Geschäft gehen, wo ich gebraucht wurde. Doch ganz wohl war mir bei der Arbeit nicht. Ständig war ich in Sorge, eine Infektion nach Hause zu bringen. Ich achtete jetzt ganz besonders auf Hygiene und darauf, nicht mit zu vielen Leuten in Kontakt zu kommen und nicht jede Hand zu schütteln. Wenn ich mir eine Tröpfcheninfektion eingefangen hätte, hätte meine ganze Familie im Gesundheitsamt erscheinen müssen, um sich impfen zu lassen. So etwas wollte ich vermeiden.

Trotzdem erkrankte unsere Tochter Fritzi, als sie gerade ein Vierteljahr in die erste Klasse der Volksschule ging, an einer Infektion mit Kolibakterien. Freunde von uns besaßen ein Planschbecken im Garten. Wie kleine Kinder so sind, sprang Fritzi dort hinein und kletterte wieder heraus, in wildem Wechsel. Sie lief die ganze Zeit im nassen Höschen herum, vielleicht wurde ihr das zum Verhängnis. Sie fing sich eine üble

Infektion ein und musste zu Hause strenge Bettruhe halten. Eigentlich hätte man sie in ein Krankenhaus legen müssen, aber sie war ja erst sechs Jahre alt. Der Arzt riet uns, sie zu Hause zu behalten, damit ihre Seele nicht zu sehr litte. Um sie herum sollte alles möglichst steril sein. Morgens und abends kam jemand vom Krankenhaus, um ihr ein Antibiotikum zu spritzen. Das eine Bein war morgens, das andere abends dran.

Fritzi hatte wirklich viel zu leiden damals. Weil das Mittel nicht anschlug, musste sie immer wieder liegen. Meine Mutter war mit ihrer Pflege überfordert; da sie ein Hüftleiden hatte, konnte sie nicht lange an Fritzis Bett sitzen. Ich wurde im Geschäft gebraucht und Petra war noch ein Säugling. Heute weiß ich gar nicht mehr, wie wir diese Zeit überstanden haben. Auch der Kinderfrau wurde alles zu viel. Mir gelang es schließlich, eine Kindergärtnerin als Betreuerin für Fritzi zu gewinnen, die ihr die schlimmste Langeweile vertreiben sollte. Anders war die Bettruhe nicht durchzuhalten. Aber Fritzi fing bald an zu weinen: »Die stinkt nach Knoblauch, Mama, ich halte das nicht aus!« Es war tatsächlich so. Es war sehr, sehr hart für uns alle. Drei Medikamente wurden nacheinander durchprobiert, monatelang war das Kind zu Hause, bis sich schließlich ein Erfolg zeigte. Doch die lange Leidenszeit hatte tiefe Spuren hinterlassen: Viele Haare waren Fritzi ausgefallen und ihre Haut war immer dünner geworden. Als sie wieder in die Schule konnte, war es bereits Sommer und ihre Klasse war ihr ein Dreivierteljahr voraus. Trotzdem zog die Lehrerin sie mit, denn sie war der Ansicht, dass es noch härter für das Kind wäre, wenn sie die vertraute Gruppe verlassen müsste.

Meine Schwester machte sich sehr verdient, indem sie Fritzi oft in die Schweiz in die gesunde Bergluft mitnahm. Mit uns fuhr Fritzi nach Grömitz an die gesunde See. Das tat ihr gut. Martha übte mit ihr Diktate und Rechnen. Die Lehrerin versicherte mir immer wieder, ich brauchte mir keine Sorgen zu machen, sie würde den Anschluss an den Wissensstand ihrer Klassenkameradinnen mit Sicherheit bald finden. Im zweiten und dritten Volksschuljahr ging es tatsächlich weiter aufwärts und nach dem vierten Jahr wechselte sie als eine der Besten aufs Gymnasium.

Manchmal ist es wichtig, Menschen zu haben, die einem Mut zusprechen. Auf diese Lehrerin habe ich gebaut, weil sie von Anfang an der Überzeugung war, Fritzi müsse keine Klasse wiederholen. Viel wichtiger für ihre Seele sei es, mit den Kindern zusammenzubleiben, mit denen sie eingeschult worden war. Sie führte tiefe Gespräche mit mir, als ich sehr niedergeschlagen war, und baute mich so auf. Da traf es mich sehr, als Fritzi im zweiten Schuljahr eine neue Klassenlehrerin bekam. Aber auch darüber half mir die erste Lehrerin schnell hinweg. Sie stärkte mein Vertrauen, indem sie mir zu verstehen gab, ein Rock gehöre mir, aber das Kind nicht. Das sei mir nur aus Gnade anvertraut. Ich müsse lernen, es auch wieder loszulassen. Der Herrgott werde es führen und beschützen und alles so richten, dass es gut würde – zumindest für das Kind, nicht unbedingt für mich. Diese Frau hat mir Worte geschenkt, die mich mein ganzes Leben lang begleitet haben.

Es hat uns nie an treuen Helfern und Helferinnen gefehlt. Es gibt ein altes Sprichwort, das sich immer wieder bewahrheitet: »Wie man in den Wald hineinruft, so schallt es heraus.« Der eine macht diese Arbeit, der andere jene. Solange man respektvoll miteinander umgeht und weiß, dass es in Wert und Würde des Menschen keine Unterschiede gibt, kommen alle gut miteinander aus. Jeder wirkt da, wo ihn das Leben hinstellt. So erinnere ich mich an unsere Kindermädchen, die nicht nur viel Liebe ausstrahlten, sondern auch dafür sorgten, dass wir in den Kriegsjahren etwas Schmackhaftes zu essen bekamen, und die uns auch gute Sitten beibrachten. Einmal in der Woche kamen die Weiß- und Blaunäherinnen ins Haus. Eine Weißnäherin beschäftigte sich mit Stickereien und Verzierungen auf weißen Textilien wie etwa Bettwäsche, Tischtüchern oder Taschentüchern, aber auch auf Damenunterwäsche. Die Blaunäherin zeigte uns Mädchen, wie mit der Nähmaschine umzugehen war und wie man Puppenkleidchen fertigte, denn sie nähte für uns die Kinderkleider. Dankbar blicke ich auf die Unterstützung zurück, die Vater von seinen Mitarbeiterinnen und Mitarbeitern im Betrieb hatte, was mir immer sehr imponierte. Sie pflegten einen freundlichen Umgang miteinander und zeigten sich gegenseitig erkenntlich. Zum Beispiel gab es zu Weihnachten viele Dankesworte und Blumensträuße.

Im Haushalt haben wir viel lernen können. Die Haushaltshilfen brachten mir das Putzen bei und das Bohnern. Parkett- und Linoleumböden bohnerte man damals mit speziellem Wachs. Auch lernte ich das Fensterputzen, aber alles auf eine positive Art. Nie dachte ich: »Ach, warum muss ich das jetzt machen?«, sondern ich war dankbar, dass man mir vieles zeigte. Der Umgang miteinander war respektvoll. Weil das Silber alle Vierteljahre zu putzen war und man bei dieser Arbeit sehr schmutzige Finger bekam, sagte ich zu unseren Haushaltshilfen: »Jetzt machen wir uns mal einen schönen Nachmittag!« Dann haben wir Kaffee gekocht, uns dazu ein Brot gemacht und viel erzählt, um danach gemeinsam das Silber zu polierten. Gerade von unserer Agnes habe ich bei diesen Gelegenheiten sehr viel erfahren über ihre Flucht und die böse Vertreibung aus Schlesien bei Kriegsende. Man wusste so viel besser, miteinander umzugehen. Ich habe trotz Geschäft immer gerne selbst die Fenster geputzt. Nur schwarze Ränder unter den Fingernägeln durfte ich im Betrieb nicht haben, da passte ich auf.

Kurz vor Vaters Tod war sofort unser Privatfahrer Ewald Hilsmann zur Stelle. Er brachte uns ins Krankenhaus und stand uns treu zur Seite. Ebenso erging es uns in den schweren Stunden der Krankheit und des Todes meiner Mutter. Immer waren Menschen da, die uns beigestanden haben. Heute noch sind es unsere Portugiesen, die sofort angeflogen kommen, wenn ich ihre Hilfe brauche, besonders als es mit meinem Mann zu Ende ging und auch während der schweren Erkrankung von Petra.

Als wir Ende 1996 unseren Wohnsitz nach Villigst verlegt hatten, kam die liebe Ilse ins Haus, damit ich den Rücken frei hatte, um mit meinem Mann die Fäden im Unternehmen zusammenzuhalten. Seither steht sie mir freundschaftlich zur Seite und versorgt mich gut. Christel Frohwein, ehemals Sekretärin bei Gebrüder Nolte, macht mir, seit sie in den Ruhestand getreten ist, private Büroarbeiten zu Hause.

Zeitungsmeldung über Dr. Martha Noltes Autounfall, 1960

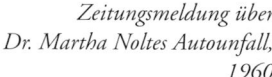

Hochzeit von Dr. Peter Bimberg und Fritzi Bimberg-Nolte, 1960

Hochzeitsreise nach Baden-Baden, Hotel Bellevue

Das Bimberg-Nolte-Familienhaus Am Tyrol in Iserlohn, anfangs noch unverputzt

Die drei »Nolte-Frauen«: Martha und ihre Töchter Martha und Fritzi

Gutes »Dreigestirn« in der Unternehmensleitung: Dr. Peter Bimberg mit seiner Frau Fritzi und ihrer Schwester Dr. Martha Nolte

*Die nächste Generation:
Fritzi Bimberg mit Mutter
und Großmüttern*

*Die Schwestern Fritzi und Petra Bimberg auf dem Biggesee anlässlich einer Betriebsfeier
von Gebrüder Nolte, 1982*

Hauskonzert Am Tyrol mit Attila Kubinyi

*Treuenadel für Fritzi Bimberg-
Noltes 40-jährige Mitgliedschaft
im Reiterverein Kalthof, 1987*

*Dr. Peter Bimberg mit seiner Frau Fritzi in den
geliebten Bergen, hier auf 3000 m Höhe*

Wissenschaftliches Hptquartier
zu Giessen a.D. 1950, 17. Spt.

An das hochwohllöbliche und tugendsame Frauwelein Fritzi.

Zuvor Unseren submissesten und ehrerbietigsten Gruss mit der Speculation nach Ihro Hochmerkwürdigen Befinden.

In medias res:

Wir, das signierende streitbare Triumvirat, sehen Uns gezwungen, per procura die Interessen Unseres Monofeminats sine ira et studio zu suscipieren und glauben hiermit den adaequaten Locus gefunden zu haben, wo Wir

Unseren vehement messerscharfen und heftig hochauflodernden exorbitanten Protest wegen Negierung des dringlichen schwesterlichen Wunsches betr. Transferierung des versprochenen Velocipeds loswerden und dabei Unser mittleres Befremden ab oculos demonstrieren können.

Wir manifestieren, daß ein fahrbarer Untersatz für das andante und immobile Monofeminat zur Erhöhung der communen Gruppengeschwindigkeit nolens volens necesse est.

A posteriori extendieren wir diesen Wunsch auf Spedition von

Turnzeug a potiori Turnschuhe alldieweil und sintemalen durch die sessile geistige konzentrierte Arbeit einer Muskelatropie durch angemessene körperliche Motion antagoniert werden soll.

Wir bitten, daß diese Wünsche nicht mumifiziert ad acta gelegt werden und den sublunarischen Weg alles Irdischen à fonds perdu gehen werden.

Ergo nota bene: Bis dat, qui cito dat!

Bona fide magna spe sumus, mit Unserer Mahnung keinen Fauxpas begangen zu haben und percutieren per distance Ihr schwe-

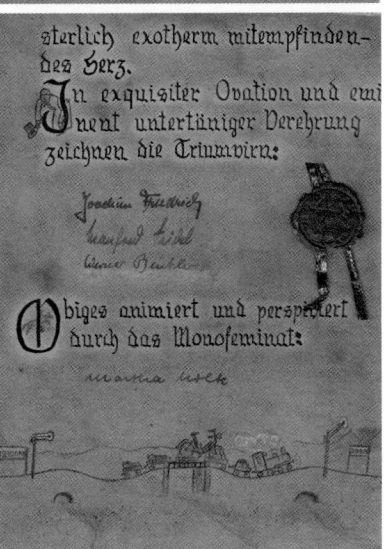

-sterlich exotherm mitempfindendes Herz.

In exquisiter Ovation und eminent untertäniger Verehrung zeichnen die Triumvirn:

Joachim Friedrich
Manfred Sihl
Werner Keib

Obiges animiert und perspiciert durch das Monofeminat:

martha nolte

»Übergabe-Urkunde«: Fritzi Nolte tritt ihr Fahrrad an ihre Schwester Martha ab, 1950

*Promotionsurkunde für die Veterinärmedizinerin
Dr. Martha Nolte, 1954*

Die größer gewordene Familie im Urlaub, 1989

Das glückliche Paar

Dr. Peter Bimberg mit Tochter Fritzi, 2008

Dr. Peter Bimberg mit Tochter Petra in Oxford/England

Petra Pientka mit ihren Töchtern Anna-Meta (links) und Klara (rechts), 2015

Umzug in das Haus in Schwerte-Villigst

Bestnote für Gebrüder Nolte im DEKRA-Werkstatttest

Urkunde für das Engagement in der beruflichen Ausbildung, 2016

Drei Generationen Firmenleitung – von Fritz Nolte über Fritzi Bimberg-Nolte zu Petra Pientka

Geschenk von Dr. Martha Nolte zu Fritzi Bimberg-Noltes 50-jährigem Berufsjubiläum, 2001

Hundert Jahre Gebrüder Nolte, 2014 – wenn das kein Grund zum Feiern ist …

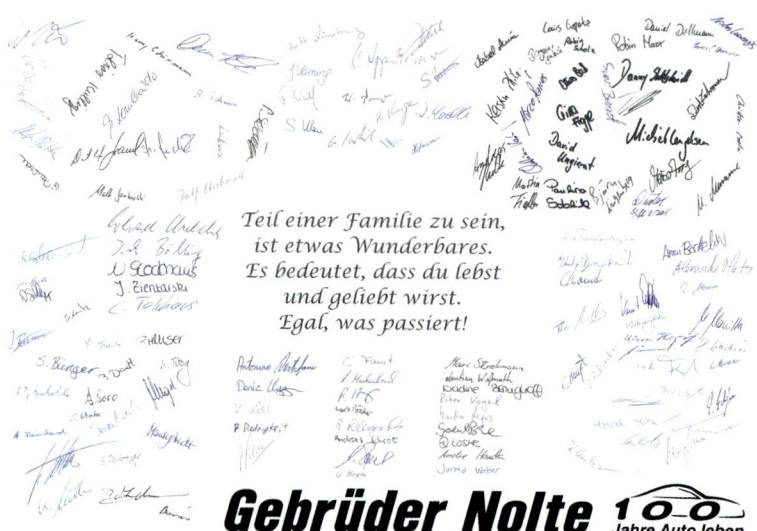

Geschenk der Mitarbeiter an die Unternehmensleitung anlässlich des hundertjährigen Firmenjubiläums

Opel-Autohaus in Gevelsberg von Gebrüder Nolte – von der Vertragsunterzeichnung bis zur Eröffnung, 2015

Ja, ich werde 85!

geboren 17. Juni 1931 und immer noch gehts rund...

Grund,

Danke

zu sagen!

Herzliche Einladung!

Liebe Festgemeinde!

Anlässlich meines

85. Geburtstages

lade ich herzlich ein zum

Dank- und Festgottesdienst
am Samstag, 18.06.2016,
um 11:00 Uhr
in der Obersten Stadtkirche, Iserlohn
mit anschließendem Empfang.

Ich bitte um baldige Zusage*
per E-Mail: zusage@nolte-gruppe.de,
per Telefon: 02371 7905-32 oder
per Fax: 02371 7905-13.

Herzliche Grüße

* bis 06.06.2016
Keine Rückmeldung verstehen wir als Absage.

Oberste Stadtkirche
Kurt-Schumacher-Ring 9
58638 Iserlohn

Den Gottesdienst hält
Pfarrerin Bärbel Wilde, Lüdenscheid.

Der Empfang findet statt im
benachbarten Rieva Restaurant.

Die ganze **Gebrüder Nolte** seit 1914
Familie freut sich mit!

Das Leben ist so kostbar; wenn man es betrachtet, kann man nur staunen und danken. Machen wir es gemeinsam!

Auf Wiedersehen bis zum 18.06.2016!
Keine Rückmeldung verstehen wir als Absage.

Wenn Geburtstagsgeschenk,
dann bitte eine Geldspende für
World Vision Deutschland e. V.
für das Projekt:
Zukunft für Kinder in Bangladesch durch Bildung
IBAN: DE93 5001 0060 0000 0666 01
Verwendungszweck:
001703538 Geburtstag Bimberg-Nolte.

Dank- und Festgottesdienst in der Obersten Stadtkirche in Iserlohn aus Anlass des 85. Geburtstages von Fritzi Bimberg-Nolte, 2016

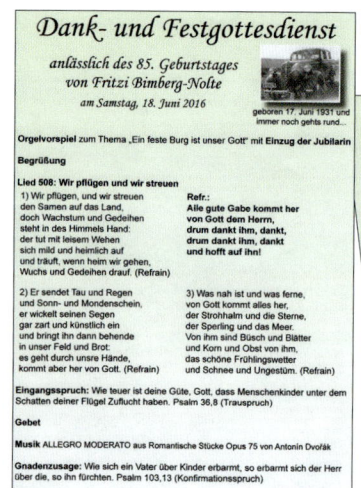

Dank- und Festgottesdienst

anlässlich des 85. Geburtstages
von Fritzi Bimberg-Nolte
am Samstag, 18. Juni 2016

geboren 17. Juni 1931 und
immer noch gehts rund...

Orgelvorspiel zum Thema „Ein feste Burg ist unser Gott" mit **Einzug der Jubilarin**

Begrüßung

Lied 508: Wir pflügen und wir streuen

1) Wir pflügen, und wir streuen
den Samen auf das Land,
doch Wachstum und Gedeihen
steht in des Himmels Hand:
der tut mit leisem Wehen
sich mild und heimlich auf
und träuft, wenn heim wir gehen,
Wuchs und Gedeihen drauf. (Refrain)

2) Er sendet Tau und Regen
und Sonn- und Mondenschein,
er wickelt seinen Segen
gar zart und künstlich ein
und bringt ihn dann behende
in unser Feld und Brot:
es geht durch unsere Hände,
kommt aber her von Gott. (Refrain)

Refr.:
Alle gute Gabe kommt her
von Gott dem Herrn,
drum dankt ihm, dankt,
drum dankt ihm, dankt
und hofft auf ihn!

3) Was nah ist und was ferne,
von Gott kommt alles her,
der Strohhalm und die Sterne,
der Sperling und das Meer.
Von ihm sind Busch und Blätter
und Korn und Obst von ihm,
das schöne Frühlingswetter
und Schnee und Ungestüm. (Refrain)

Eingangsspruch: Wie teuer ist deine Güte, Gott, dass Menschenkinder unter dem Schatten deiner Flügel Zuflucht haben. Psalm 36,8 (Trauspruch)

Gebet

Musik ALLEGRO MODERATO aus Romantische Stücke Opus 75 von Antonin Dvořák

Gnadenzusage: Wie sich ein Vater über Kinder erbarmt, so erbarmt sich der Herr über die, so ihn fürchten. Psalm 103,13 (Konfirmationsspruch)

Ja, auch mit

85

habe ich Grund,

Danke

zu sagen!

Nicht nur die Lokal- und Regionalpresse berichtete ausführlich über den 85. Geburtstag von Fritzi Bimberg-Nolte, es erschienen auch diverse Sonderausgaben … ☺

»Wir haben hier keine bleibende Stadt, sondern die zukünftige suchen wir«
(Hebräer 13,14) – Bild von Petra Pientka

Auch mit ihr ist eine Freundschaft gewachsen. Wenn ich in Nöten bin, darf ich sie immer anrufen. Dann kümmert sie sich um mich. Sie hilft mir auch beim Einkaufen, wenn ich alleine bin. Seit Jahren verbringen wir den Heiligen Abend gemeinsam bei mir.

Herausheben möchte ich auch die gute ärztliche Betreuung, ohne die ich schon oft verloren gewesen wäre: Von Jugend auf war ich an Ärzte im Haus gewöhnt, aber erst nach und nach wurde mir bewusst, dass es die menschlichen Beziehungen zu den Ärzten gewesen sind, die mich neben ihrer fachlichen Kompetenz am Leben erhalten haben. Dr. Helmut Hartig und Dr. Hans Stricker waren früher unsere Hausärzte, für unsere Kinder war Dr. Herminghaus da. Seit 2001 betreut mich Chefarzt Dr. Johannes Hoffmanns in allen existenziellen Fragen rund um meine Krebserkrankungen. Herrn Dr. Hölzl, der mich damals operiert hat, bin ich ebenfalls verbunden. Herr Dr. Stephan Spanke ist heute mein unverzichtbarer Hausarzt. Bei einem Darmdurchbruch und bei einem Herzinfarkt hat er dafür gesorgt, dass ich rechtzeitig in die richtigen Krankenhäuser kam und die passende Behandlung erfuhr. Als mich der Krebs erwischt hatte, vermittelte er mir eine optimale Betreuung. Bei diesem Arzt wusste ich mich immer gut aufgehoben. Ich kann ihn zu jeder Tages- und Nachtzeit persönlich ansprechen, wenn ich in Not bin – das ist für mich von unschätzbarem Wert.

Dr. Stephan Spanke hat zudem meinem Mann geholfen, in unserem Haus, in seinem Schlafzimmer, heimgehen zu dürfen und nicht im Krankenhaus sterben zu müssen. Mit welch innerem Frieden Peter ruhig und gefasst seinen letzten Weg gegangen ist, hat ihn sehr berührt. Auch dass er im eigenen Hause aufgebahrt werden konnte bis zu seiner Beerdigung, habe ich Dr. Spanke zu verdanken, auch unserer offenen, ehrlichen Beziehung zueinander und seinem Berufsverständnis, dass ein Arzt sich nicht nur um den Leib, sondern auch um die Seele zu kümmern habe.

In dieser Hinsicht spreche ich mich für eine Zusammenarbeit und Abstimmung zwischen Arzt, Seelsorger, Familie und unter Umständen auch dem Arbeitgeber aus. Es entsetzt mich, wenn Ärzte unter Hinweis auf ihre Schweigepflicht wichtige Dinge für sich behalten, um die man sich eigentlich dringend kümmern müsste. So kann es zu bösen Schwierigkeiten führen, wenn wir im Unternehmen über Krankheiten unserer Mitarbeiter nicht Bescheid wissen. Über diese Problematik muss in der Politik dringend nachgedacht werden. Das liegt mir sehr am Herzen.

Unsere lieben Portugiesen

Ich habe wie gesagt in meinem Leben nie Not gehabt, Menschen zu finden, die mir halfen. Schon in meinem Elternhaus waren wir von Kind an gut versorgt. Auch meine Großmutter in Erfurt hatte viele gute Hausgeister um sich herum. Selbst in unserem Betrieb läuft es so: Der größte Teil unserer Mitarbeiter ist immer bereit zu helfen, wo und wann Hilfe nötig ist. Wenn man mit Menschen gut umgeht, lassen sie einen nicht im Stich und helfen sogar mit Freude.

Ein Beispiel dafür bieten unsere portugiesischen Hausangestellten. Ich habe stets dafür gesorgt, dass meine Kinder zu Hause nicht allein waren, auch wenn wir Eltern in den Betrieb mussten. Als meine Mutter noch lebte, arbeitete bei uns Alberto, ein Mann aus Portugal, der sich um den Garten kümmerte und alles, was im Haus zu reparieren war. Nach seiner Pensionierung kehrte er in seine Heimat zurück und schickte uns zwei neue Portugiesen, die statt seiner in unsere Dienste traten: Antonius und Maria. Maria versorgte uns im Haus, Antonius arbeitete im Garten. Ihre eigene Tochter wuchs bei einer Tante auf, weil beide Eltern in Deutschland Geld verdienen mussten. Davon konnten sie ihrer Tochter einen Internatsbesuch und das Studium finanzieren. Jetzt arbeitet sie als Rechtsanwältin in einer Kanzlei in Portugal. Antonius und Maria kehrten nach Erreichen des Ruhestandsalters 2009 zurück in ihre Heimat. Ich war traurig über den Abschied, denn die beiden hatten immer wunderbar für meine Schwester gesorgt, besonders als Peter und ich nach Schwerte gezogen waren und Martha allein am Tyrol lebte. Auch diese beiden treuen Seelen besorgten uns neue Portugiesen, die sie aus ihrer Kirchengemeinde kannten: Maria und ihren Mann Antoni, der bei uns gelegentlich freundschaftlich aushilft. So bleiben wir weiter gut versorgt.

Dass ich so aufgeschlossen gegenüber Menschen aus fremden Ländern bin, dazu hat mir meine Mutter mit ihrem Verständnis verholfen. Sie hat mir viel von den polnischen Saisonarbeitern auf ihrem Thüringer Gemüsehof erzählt: »Ohne diese Menschen hätten wir nicht so guten Blumenkohl gezüchtet!«, erzählte sie. Die Polen kamen damals als Deputat-Arbeiter mit ihren Familien auf den Hof, Frauen und ältere Kinder halfen fleißig mit. Auch meine jetzige Hilfe Maria, die bald 60 Jahre alt wird, durfte in ihrer Kindheit nur vier Jahre zur Schule gehen, dann musste sie arbeiten. Kolonnenweise schritten die Deputat-Arbeiter meiner Eltern über die Felder, um Gemüse zu setzen, es zu pflegen und später auch zu ernten. Sie lebten in einem eigens für sie bestimmten Wohnhaus und hatten ein Waschhaus und ein separates Backhaus zur Verfügung. Wenn sie den Winter über in ihre Heimat zurückgingen, standen diese Häuser für ein paar Monate leer. Ich kann mich daran erinnern, dass ich als Kind vor 1939 sehr gerne bei diesen Polen war. Bei ihnen sah alles sauber und gepflegt aus. Während des Krieges kamen französischen »Halbgefangene« und später russische Zwangsarbeiter in den Betrieb. Auch zu ihnen entwickelte ich ein vertrautes Verhältnis.

Deshalb habe ich kein Verständnis für Ressentiments gegenüber Fremden: Wir sind doch alle Menschen!

Die Bereitschaft zu geben

Gerade an den Kindern habe ich etwas ganz Wichtiges beobachten können: Wenn man jemand positiv beeinflussen will, muss man etwas anzubieten haben. Als einmal meine Mädchen draußen spielten, wollte ich ihnen süße Kartoffelpuffer mit Zimt und Rosinen backen. Durch das Küchenfenster hindurch reichte ich die fertigen Plätzchen auf kurzem Wege nach draußen. Ich kam jedoch mit dem Backen kaum hinterher, weil da plötzlich zwölf Kinder standen, die etwas haben wollten! Sie haben sich meine Produkte schmecken lassen, sich gemeinsam gefreut und unsere Töchter hatten nette Spielkameraden – ein positives Ergebnis für alle!

An einem Rosenmontag habe ich die Mädchen gefragt, ob sie feiern wollten. Sie wollten gerne, luden dazu ein und ich hatte das Haus voll. Alle ihre Freunde waren glücklich, dass es bei uns ein so lustiges Rosenmontagsfest gab. Am Sonntag davor kamen die Kinder zum Frühstück – das war ein Lachen und Futtern! Man muss auch bereit sein zu geben. Von solchen Erlebnissen zehren die Kinder noch viele Jahre!

Selbst Antonius, der Portugiese, der sich bei uns um den Garten kümmerte, schwärmt heute noch davon, dass er und viele, die an unserem Iserlohner Haus am Tyrol vorbeigingen, oft samstags eine kräftige, heiße Suppe von mir bekommen haben. Ich versuchte, samstags früh meine Arbeit im Geschäft in zwei oder drei Stunden zu erledigen, um danach zu Hause den Sonntagsbraten und eine Suppe für das Mittagessen vorzubereiten. Ich hatte stets einen Kalbsknochen zur Hand für eine Brühe, wie ich es von meiner Mutter gelernt habe. Eine gute Fleischbrühe tut bekanntlich immer gut, besonders wenn man plötzlich erkrankt, denn Mark und Knochen sind gesund. Deshalb kochte ich samstags für uns Suppe. Wer um die Mittagszeit vorbeikam, konnte einen Teller davon mitessen. So ergab es sich, dass meine Suppe immer beliebter wurde. Ob arm oder reich – alle aßen gerne ein paar Löffel mit. Noch heute erzählen mir manche Iserlohner, wie lecker ihnen meine Suppe am Küchenfenster oder am Gartentor geschmeckt hat.

Man muss sich solche kleinen Ziele im Leben setzen. Ich habe die Suppe nicht verteilt, um geliebt zu werden oder ein Dankeschön zu bekommen, sondern um meiner selbst willen. Es machte mir eben Spaß, die Leute zu erfreuen. Und natürlich kam auch viel zurück, und wenn es nur ein Lächeln war. Ich glaube, es gibt zu wenige Leute, die anderen etwas gönnen können. In meinem Umfeld sollte es sich, wie ich finde, von selbst verstehen, dass man eine Haushaltshilfe für ihre Arbeit gut bezahlt. Ich verstehe die Menschen nicht, die hier knausern!

Ich führe es auf meine Erziehung zurück, dass ich immer Wege gefunden habe, die Liebe meines Herrn, die ich in mir habe, an andere weiterzugeben. Wer viel hat, kann viel helfen, wer wenig hat, kann wenig helfen. Es kommt vor allem auf die Haltung der Gebenden an. Meine Eltern brachten mir früh bei, verzichten zu können. So erinnere ich mich, dass mir ein BP-Direktor einmal ein großes grünes Gummikrokodil schenkte, mit dem man im Wasser spielen konnte. Er hatte mit Vater wohl neue Konditionen für den Treibstoffverkauf an den Tankstellen ausgehandelt. Ich hatte dieses Krokodil auf dem Arm und freute mich daran. Da kam unser Lagerleiter ins Chefbüro und war sogleich begeistert von dem Riesenspielzeug: »Ach, das ist aber ein schönes Tier! Kann ich wohl auch eins haben?« – »Nein, das bekommen nur die Inhaber«, sagte der BP-Direktor. Daraufhin forderte mich mein Vater auf: »Dann komm, Fritzi, gib das Krokodil mal ab, gib es dem Herrn!« Der Lagerleiter hatte ebenfalls Kinder, die sollten nun mein Krokodil bekommen. Mir standen die Tränen in den Augen, als ich es vor den Augen des BP-Mannes abgab. Später erklärte mein Vater mir, warum er das von mir verlangt hatte: Er dachte an die Kinder dieses Angestellten, wie sehr sie sich über so ein besonderes Spielzeug freuen würden, das ihre hart arbeitenden Eltern ihnen nicht hätten kaufen können. »Du hast doch alles, was du brauchst, Fritzi! Nun komm darüber hinweg, dass du es abgegeben hast!« Für mich war das ein einschneidendes Erlebnis, aber ich habe meine Lektion gelernt. Als meine Enkelin Anna-Meta mir einmal bewundernd sagte, ich sei sehr großzügig, durfte ich antworten: »Ja, das habe ich auch geübt! Meine Eltern haben es mir vorgelebt und ich fühle mich wohl dabei.« Wir müssen säen, damit wir ernten und unsere Ernte verteilen können.

Mir kommt in dem Zusammenhang auch eine Leinendecke mit echter Indanthren-Färbung in den Sinn. Zwölf Servietten gehörten dazu. Diese Tischdecke habe ich mit in die Ehe gebracht. Es war Vorkriegsware von höchster Qualität. Meine Mutter hatte schon früh begonnen, für jede von uns Töchtern eine Aussteuer zu sammeln, und so kam ich zu einem Schatz, der langsam an Menge und Wert zunahm. Indanthren war ein Farbstoff, der besondere Haltbarkeit versprach. Man konnte solche Tischwäsche kochen, ohne dass die Farbe verblich oder ausgewaschen wurde. Die Decke war rustikal bestickt mit bunten Fäden. Zum Frühstücken oder zur Brotvesper war sie ideal. Obwohl oder gerade weil ich sie in Ehren hielt, verwendete ich sie lange Zeit nicht, sondern bewahrte sie originalverpackt auf für einen passenden Anlass. Nach 60 Jahren in meinem Schrank gab es diesen Anlass: Wir bekamen eine junge Pastorin nach Iserlohn, verheiratet, mit Kindern. Ich wusste aus eigener Erfahrung, dass es in einer jungen Ehe oft an Geld fehlte. Daher wollte ich ihr eine Freude machen, aber ich wollte ihr ganz bewusst nicht irgendetwas Neues kaufen, sondern ihr von meinen »Schätzen« etwas abgeben. Bald kam mir diese hübsche Indanthren-Decke in den Sinn und ein innerer Kampf begann. Die eine Stimme sagte, ich könne doch nicht einfach ein Erbstück meiner Eltern, zumal es für meine Aussteuer bestimmt war, in fremde Hände geben! Die andere Stimme sagte hingegen: »Was willst du denn damit? Du hast doch genug zum Leben! Sei doch zufrieden!« So schnappte ich mir die Schachtel mit der kostbaren Decke und ging los. War der einsetzende Regen nicht ein gutes Argument zum Umkehren? Nein. Stattdessen klingelte ich, drückte der jungen Frau meine Schachtel in die Hand und sagte: »Das ist aus meiner Aussteuer.« Ihre strahlenden Augen könnte ich heute noch malen, so sehr hat sie sich darüber gefreut. Sie legte die Decke sofort auf ihren Tisch: Sie passte hervorragend. Ich hatte mich selbst glücklich gemacht mit diesem Geschenk an eine junge Frau, die sich so etwas noch nicht hätte kaufen können.

Für meine Mutter war das rechtzeitige Beschaffen der Aussteuer für ihre Töchter wichtig gewesen. Sie war selber reich ausgestattet in die Ehe gegangen und hatte auch meine Schwester und mich mit guten Steppdecken, Tischwäsche und wertvollem Porzellan versorgen können. Vieles davon habe ich schon weitergegeben an unsere Töchter. Ich bin froh, dass ich frühzeitig das Abgeben gelernt habe. Es befreit und macht froh. Wenn ich heute meinen Kindern Geschenke mache, sage ich gleich dazu, sie dürften damit ruhig jemand anders eine Freude machen. Sie sollen eine gute Verwendung dafür finden, ohne alles für sich selbst behalten zu müssen. Ein Geschenk nicht anzunehmen ist ein Affront dem Schenkenden gegenüber. Selbst im Betrieb haben wir einen Schrank, in dem wir Gaben sammeln, die wir selbst nicht brauchen oder nicht für uns behalten wollen. Sehr oft können wir davon weitergeben an Menschen, die sich herzlich darüber freuen. Wir verschweigen nicht, dass wir es selbst geschenkt bekommen haben. Man kann ja abschätzen, wer sich über eine solche Gabe freuen und bei wem es nicht ankommen würde.

Schwester Edith

Ich hatte wie erwähnt ein besonderes Vertrauen zu Diakonissen. Als Fritzi sehr krank war, versuchte ich, im Mutterhaus in Bethel bei Bielefeld zwei Schwestern, die ich kannte, dafür zu gewinnen, zu uns nach Iserlohn zu kommen. Die aber hatten ihren Dienst an den Alten zu leisten und trauten sich es nicht mehr zu, lange an einem Kinderbett zu sitzen. Ende der 1960er-Jahre war es sehr schwierig, Personal für Haushalt und Pflege zu bekommen.

Ich hatte jedoch guten Kontakt zu unserer Iserlohner Diakonie-Gemeindeschwester Edith Hellmann. Im Ausstellungsraum unseres Geschäfts hatte ich sie zufällig kennengelernt, als sie für ihren Gemeindedienst ein Auto bei uns aussuchte. In meinen Augen strahlt jede Schwester mit einem Häubchen etwas aus, was Respekt verdient. Solche Frauen sind einfach etwas anderes als Menschen im Straßenanzug. Schwester Edith stand also bei uns im Autohaus und ich sprach sie an. Ich mochte sie sofort und lud sie ein, einmal in der Woche bei uns Mittag zu essen. Es entstand eine Freundschaft und ihre Besuche gerieten uns wie auch unseren Kindern zum Segen.

Schwester Edith trug eine graue Tracht und zählte zu den Ravensberger Schwestern. Sie durfte im Alter ins Mutterhaus zurückkehren, war aber nicht verpflichtet dazu. Wenn sie zum Essen zu uns kam, lernten die Kinder, ihr Tischgebet nicht einfach herunterzuleiern, sondern einen echten Dank daraus zu machen, vielleicht sogar noch etwas anderes bei Gott loszuwerden. Schwester Edith wurde zum Auffangbehälter der Kindersorgen und auch um mich sorgte sie sich: Nach dem Essen verordnete sie mir Ruhe. Ich solle mich in den Sessel setzen und ein wenig entspannen, sagte sie. Es gehe nicht, dass ich gleich wieder ins Geschäft stürzte. So bekam ich, was ich mir selbst sonst nicht gegönnt hätte.

Bald ergab es sich, dass Schwester Edith auch zu Heiligabend und Silvester zu uns kam. Als in den 1970er-Jahren verheiratete Frauen in der Schwesternschaft zugelassen wurden, übernahm Schwester Edith allerdings häufig Dienste an den Feiertagen, damit ihre Kolleginnen bei ihren Familien sein konnten. Dann kam sie erst spät am Abend zu uns und übernachtete im Gästezimmer.

Im Alter zog sie zurück nach Bethel, blieb meinem Mann, meiner Schwester und mir aber immer verbunden. So vergaß sie zum Beispiel nie, uns zum Hochzeitstag zu gratulieren. Anfangs kam sie dazu persönlich zu uns ins Geschäft, später schrieb sie einen Brief oder schickte ein Päckchen. »Die Ehe ist heilig«, sagte sie. »Und dafür, dass zwei Menschen zusammen dienen können, dass sie diese Gnade erfahren, dafür kann man Gott am Hochzeitstag besonders danken.« So hatte ich es auch empfunden, als ich vor dem Traualtar stand. Unseren Kindern schickten wir nach ihrer Heirat zum Hochzeitstag einen schönen Brief, ein stützendes Wort aus der Bibel, vielleicht einen Blumenstrauß und dazu einen angemessenen Geldbetrag, damit sie sich an diesem Tag etwas Besonderes gönnten. Manchmal kam das unseren Töchtern übertrieben vor, aber ich bestand darauf: »Dieser Tag ist ganz wichtig für euer Leben. Ihr habt dem Herrgott vor dem Altar ein Versprechen gegeben, das sollt ihr halten. Ich will euch daran ein bisschen erinnern.« Das habe ich von Schwester Edith gelernt. Sie war zwar selbst nie verheiratet, aber sie freute sich sehr an unserer Familie und »bestrickte« unsere Kinder mit viel Liebe.

Als sie in Bethel ihr Schwesternjubiläum feierte, waren mein Mann, meine Schwester und ich im Festgottesdienst dabei. Selbst da sorgte sie noch für mich, indem sie mir auf ihrer Station ein Mittagspäuschen in einem leeren Zimmer ermöglichte. Zu Martha und Peter sagte sie: »Das ist eure Mutter, die braucht Ruhe. Ihr könnt euch draußen auf die Bank setzen, aber Fritzi muss mal die Beine hochlegen.« Schwester Edith wusste, was Leben ist und was Muttersein bedeutet. Sie stammte aus einer großen Metzgerei, bevor sie ihrem Ruf in die Schwesternschaft folgte. Manchmal beschäftigte es sie, dass sie sich lebenslang um alte Menschen gekümmert, aber ihre eigene Mutter ins Altersheim gegeben hatte. »Sie war gut versorgt und ich hatte so viele andere, die mich brauchten«, erklärte sie dann. Ich nehme mir an ihr ein Beispiel: Man muss sich fragen, was die eigene Berufung sei und wo man zu dienen habe. Viele Menschen reiben sich an der Pflege ihrer Lieben auf, doch ich möchte nicht, dass es meinen Töchtern einmal so ergeht. Sie sollen tun können, was für sie das Beste ist.

Freundschaften

Wer einen festen Platz in der Arbeitswelt gefunden hat und gar als Händler Waren anbietet, die fast jeder brauchen kann, lernt im Laufe seines Lebens viele Menschen kennen. Und es ist für ihn und das Unternehmen, für das er sich einsetzt, von großem Vorteil, viele Kunden zu finden, die beim Kauf seinen Rat erbitten, denn niemand möchte gern zu viel für das bezahlen, was er zu kaufen begehrt. Mein geliebter Peter war von seiner ursprünglichen Ausbildung her nicht in erster Linie Geschäftsmann. Er war seinen Neigungen gefolgt, liebte die Natur, insbesondere den Wald und alle Lebewesen, die sich darin wohlfühlten, und hatte sein seit frühester Jugend angestrebtes Ziel erreicht, ein anerkannter, gar promovierter Forstmann zu sein. Nur seine unendliche Liebe zu mir bewog ihn, gemeinsam mit mir das väterliche Erbe zu verwalten und so zu gestalten, dass es wachsen, blühen und gedeihen konnte, wie es ein altes lateinisches Sprichwort aus seiner Studentenzeit ausdrückt.

Man sagt, am wertvollsten seien die Menschen, die es schaffen, anderen Menschen ein Lächeln ins Gesicht zu zaubern. Peter konnte das! Freundliche Worte kosten bekanntlich nichts, doch können sie die schönsten Geschenke sein, zumal wenn sie unerwartet sind. Oft ist ihr

Nachklang in den Herzen der Empfänger fast unendlich. Peter war ein solcher Zauberer, der die Gabe hatte, mit seiner stadtbekannten Freundlichkeit Wunder zu wirken. Sehr bald hatte er Hunderte von Bekannten, als er sich in unserem Betrieb um den Verkauf der Opelfahrzeuge zu kümmern begann. Bekannte sind jedoch etwas anderes als Freunde. Schon der Philosoph Aristoteles hat gesagt: »Eine vollkommene Freundschaft gibt es nur zwischen guten und an Rechtschaffenheit sich gleichstehenden Menschen.«

Wie oft versuchen im Geschäftsleben Leute, die sich erst vor Kurzem kennengelernt haben, im Hinblick auf die von ihnen behauptete gute Bekanntschaft den bestmöglichen Preis für eine Ware auszuhandeln. Da heißt es für jeden klugen Kaufmann, wachsam zu sein und lieber auf ein Geschäft zu verzichten, als einen Verlust zu erleiden.

Bekannte hat man viele, doch gute Freunde sind selten! Peter war klug genug zu wissen, dass in einer guten Freundschaft beide Teile gleich viel empfangen und geben müssen. Jedes zu große Übergewicht von einer Seite kann die Freundschaft zerstören. Doch scheut sich wahre Freundschaft auch nicht, Unangenehmes zu sagen, wenn es notwendig ist. Eine in vielen Jahren gewachsene Freundschaft hat für das Leben der Befreundeten einen so hohen Stellenwert, dass sie sogar über den Tod eines Freundes hinaus weiterlebt.

Mein Peter hatte in all seinen Entwicklungsstufen Freunde gefunden, die diese Freundschaft mit ihm jahrzehntelang gepflegt haben:

- Zunächst waren es Schüler- und Studentenfreundschaften aus der Gymnasialzeit und aus seiner studentischen Verbindung, der er bis zu seinem Lebensende angehörte.
- Auch im Kreise seiner Kegelbrüder beim schon seit mehr als hundert Jahren bestehenden Iserlohner Kegelklub lernte er Freunde dieses geselligen Sports kennen. Sie hatten sich zu frohem Spiel und wertvollen Gesprächen zusammengefunden.
- Freundschaftliche Empfindungen hatte Peter auch gegenüber solchen Geschäftsfreunden, die sich ihres offenen und ehrlichen Charakters

wegen durch Lauterkeit und Leistungsstärke viel Lob und Anerkennung verdient hatten.

• Selbst mit recht schlichten Menschen, die mit frischem Mut und gläubiger Seele Vorbild für ihre Mitmenschen waren und Hilfsbereitschaft bewiesen, erlebte und pflegte er freundschaftliche Bindungen.

• Fast selbstverständlich war es, dass Peter zu seinen Nachbarn guten Kontakt unterhielt und dadurch verlässliche Freundschaften begründen konnte, sei es in den ersten Jahren unserer Ehe, als wir noch am Tyrol in Iserlohn lebten, oder später in Schwerte-Villigst am Holbeinweg.

Freundschaft kann nur bei gegenseitiger Achtung erblühen. Sie wächst und festigt sich durch gegenseitig empfangene innere Werte. »Dasselbe wollen und dasselbe nicht wollen, das erst ist feste Freundschaft!« So drückte es der römische Historiker Sallust im ersten Jahrhundert v. Chr. aus. Sein Zeitgenosse, der römische Staatsmann Cicero, erklärte gar, die ewige Freundschaft sei das Höchste im Leben seelenverwandter Menschen.

Bis heute preist die Menschheit echte Freundschaft als das edelste Geschenk des Schicksals. Die Jugend weiß sie oft noch nicht recht einzuschätzen und verwendet, unterstützt von den Medien, nicht selten auf inflationäre Weise die Worte »beste Freunde« für oberflächliche Bekanntschaften. Aber zu oft muss sie erleben, dass, was sie vorschnell mit dem Ehrentitel »Freund« belegt hat, nur eine wenig wertvolle Münze war. Scheinbarer Freundschaft fehlt eben die Seele, die gemeinsame Welt!

Als leuchtendes Beispiel einer wahren Männerfreundschaft möchte ich Dr. Hartwig Elten meinen aufrichtigen Dank sagen für viele Beweise seiner vollkommenen Freundschaft nicht nur mit meinem Peter, sondern mit unserer ganzen Familie. Da gab es kaum eine Familienfeier, die nicht durch seine liebevollen Bekundungen, ob ungereimt oder in Verse gegossen, über die Freundschaft im Allgemeinen wie auch im Besonderen zu meinem Peter glanzvoll veredelt worden wäre.

Hartwig Elten, der nach theologischen Studienjahren den Weg zur Zahnmedizin einschlug und später als Kieferorthopäde nicht nur körperliche Leiden linderte, sondern bekannt dafür war, auch bei seelischen Problemen ein ungewöhnlich erfolgreicher Helfer zu sein, hat sich mehr als vier Jahrzehnte und viele Male gerade aus dem Blickwinkel meiner Enkelinnen durch Rat und Tat als wahrer Freund erwiesen. Er war es nicht nur für Peter, sondern zählt heute auch zu meinen besten Freunden.

Besonders gern denke ich an seine Ansprache zu meinem 50. Berufsjubiläum bei Gebrüder Nolte im Jahre 2001 zurück. In ihr hat er mir und der ganzen Gästeschar den Beginn unserer Freundschaft geschildert und auf die gegenseitige Anerkennung und Achtung hingewiesen, die – unter Außerachtlassung aller sozialen, finanziellen und beruflichen Unterschiede – die unerlässliche Voraussetzung für eine Freundschaft sei. Er erklärte, dass Freundschaft ein so kostbares Gut sei, dass sie der dauernden Pflege bedürfe, um nicht zu verkümmern.

Zum 65. Geburtstag meines Mannes hatte ich ihn gebeten, seine früher so eloquent vorgetragenen Erkenntnisse über die Freundschaft, die mich damals so beeindruckt hatten, in einer erneuten Ansprache darzulegen. Dr. Elten tat das anhand eines Traktates des berühmten Freiherrn Adolph von Knigge, Verfassers des 1788 erschienenen Werkes »Über den Umgang mit Menschen«. Er schlüpfte dabei in die Rolle des Autors, um eine Vorlesung im Stile des ausgehenden 18. Jahrhunderts zu halten über jenes Kapitel, das Knigge mit »Über den Umgang mit Freunden« überschrieben hatte. Seine Ansprache wurde von allen Anwesenden begeistert aufgenommen.

»Fällt es schwer, in unserer Welt treue Freunde zu finden?«, fragte er. Und gab sogleich die Antwort: »Man sagt, sicherstes Mittel, Freunde zu haben, sei, keiner Freunde zu bedürfen. Aber jeder Mensch von Gefühl bedarf der Freunde. Es ist nur halb so schwer, Freunde zu finden, wie man glaubt. Freilich dürfen wir unsere Erwartungen nicht überspannten Begriffen von Freundschaft unterordnen. Nicht gänzliche Hingabe, selbstlose Aufopferung, Selbstverleugnung, blinde Parteiergreifung und Bewunderung unserer eigenen Leistungen sollten wir erwarten, sondern Menschen mit offenem Blick, auch für die eigenen Schwächen, die der Wahrheit folgen und Grundsätze haben. Suchen wir solche ernsthaft, so finden wir gewiss welche! Etwa viele? Nein, aber doch ein paar für jeden, und was brauchen wir mehr in dieser Welt?!«

ABSCHIEDE
UND ERINNERUNGEN

Abschied von den Großmüttern

Als die Kinder noch klein waren, kam ich immer wieder in Nöte: Mal fiel die Kinderfrau aus, mal konnte meine Mutter sich nicht um die Mädchen kümmern, weil sie selbst krank war. Ich arbeitete überwiegend in der Hauptverwaltung in Iserlohn, um schnell zu Hause einspringen zu können. Ein Gedanke war, eine Wohnung in der Mendener Straße zu beziehen, die gerade frei geworden war. Dort hätte ich die Kinder sehr viel besser selber unter Aufsicht gehabt. Solche Überlegungen beschäftigten mich und doch war es gut, dass wir alle unter einem Dach blieben. Wir gingen zwar morgens aus dem Haus, aber irgendwann trafen wir uns alle wieder – wenn es nicht mittags war, dann abends. Besonders schön waren die Sonntage, an denen wir gemeinsam im Garten saßen. Aber oft ging auch da das Telefon und einer von uns musste ins Geschäft. So blieben wir immer in Bewegung.

Im Jahre 1977 starb meine Schwiegermutter; sie war vom Gut Lenninghausen nach Schwerte gezogen, als die nächste Generation herangewachsen war. In ihre kleine Wohnung hatte ich gelegentlich die Kinder bringen können, wenn es nötig war. Aber zum Schluss war sie sehr krank und konnte mir nicht mehr helfen. Auch meine Mutter erkrankte. Sie musste sich an der Hüfte operieren lassen. 1978 ging sie heim. Sie fehlte uns allen sehr. Erst nach ihrem Tod bekam ich richtig zu spüren, was es hieß, wenn die Großfamilie auf die Hilfe ihrer Oma verzichten musste. Trotz Personal und Kinderfrau, trotz Gärtner und weiterer fremder Hilfen – Mutter war es gewesen, auf die ich im Notfall immer hatte zurückgreifen können und die stets da gewesen war. An einem Sonntagnachmittag erlitt sie einen Herzinfarkt und starb im Auto auf dem Weg ins Krankenhaus.

Danach kam eine ganz harte Zeit für mich. Auch ich hatte damals Probleme mit dem Herzen. Ein paarmal haute es mich von den Füßen. Alles wurde mir zu viel. Es hieß, ich brauchte dringend eine Kur, doch hörte ich nicht darauf. Stattdessen verfasste ich mein erstes Testament. Mein Mann fragte, ob das denn wirklich nötig sei, aber ich wollte alles geregelt haben. Ich dachte in dieser Zeit viel über unsere Verantwortung den Kindern gegenüber nach. Oft waren mein Mann, meine Schwester und ich gemeinsam geschäftlich in einem Auto unterwegs. Wenn uns etwas zugestoßen wäre, hätten die Kinder ganz allein dagestanden. Die nötigen finanziellen Regelungen wollte ich für den Fall getroffen haben. Wenn wir mehrere Tage unterwegs waren, brachte ich die Kinder deshalb zu meiner Freundin und ihrem Mann, die Kinder im gleichen Alter hatten. Ihr gab ich auch unser Testament und sagte, da stehe alles drin, was nötig sei, wenn uns etwas passieren würde. Unsere Kinder sollten dann zusammenbleiben, hatten wir verfügt. Wenn die Kinderfrau Hilda es sich zutraute, sollte ihr das Vorrecht bleiben, sich um sie zu kümmern, andernfalls sollten sie zusammen in ein Internat gehen. Meine Freundin, die erst entsetzt darüber war, fand es dann aber doch klug.

Es geht auch ohne Lippenstift

Bei einem Kinderfest in unserem Hause schwärmte mal ein Kind: »Du hast aber eine klasse Großmutter!« Unsere Tochter Fritzi fragte: »Wen meinst du?« Da stellte sich heraus, dass es meine blonde Schwester für Fritzis Mutter und mich mit meinen grauen Haaren für ihre Großmutter gehalten hatte. Das hat mich schon enttäuscht, denn immerhin war Martha drei Jahre älter als ich. Aber sie hatte eben noch Farbe in den Haaren und sah frisch aus, während ich wohl schon wie eine »Großmutter« wirkte.

Ähnlich erging es mir bei einem Opel-Treffen in Nürnberg. Gewöhnlich ließ ich Martha und Peter allein zu diesen Veranstaltungen gehen, weil ich lieber zu Hause bei meinen Kindern bleiben wollte. Aber dieses Mal fuhr ich doch mit. Ein von Opel gecharterter Bus brachte uns zur Hans-Sachs-Halle. Dort kam ein freundliches Ehepaar auf meine Schwester zu und sagte: »Das ist aber nett, dass Sie mal Ihre Mutter mitgebracht haben!« Da war ich doch geknickt! Mein Mann riet mir scherzhaft: »Dann fange mal an, dich zu schminken und dir rote Lippen zu malen. So geht das auch nicht weiter, wie du aussiehst!«

In die gleiche Kerbe schlugen auch Bekannte, wenn sie mich fragten, warum ich nichts aus meinem Typ machte. »Ich habe nicht gelernt, mich zu schminken«, antwortete ich dann. Das müsse man doch nicht lernen, das könne man sich einfach aneignen, hielten sie dagegen.

Und da kam mir die Erinnerung an ein Erlebnis, das ich 1949 hatte: Ich kam aus London zurück, wo mir Margret Felix bei Harrods einen Lippenstift gekauft hatte. Jahrelang trug ich ihn unbenutzt mit mir herum, nur ab und zu strich ich mir damit ganz vorne mal über die Lippen. Dann ging ich eines Tages auf einen YMCA-Ball des internationalen CVJM-Weltbundes. Es muss 1950 gewesen sein. Einige nette junge Leute, darunter auch Engländer, hatten mich dazu eingeladen. Ich bekam ein neues Ballkleid – hellblau, aus reiner Seide. Es war in Prinzessform geschnitten, hochgeschlossen und mit einem kleinen Bubikrägelchen besetzt. Dafür ging meine gesamte Lebensversicherung drauf: Mein Vater hatte für seine beiden Töchter jeweils eine Lebensversicherung über 20.000 Mark abgeschlossen, die mit der Währungsreform 1948 auf ein Zehntel ihres Wertes abgewertet worden war. Wenn man nun ein Luxusgut wie ein Ballkleid kaufen wollte, nahmen das die Läden aus ihren Beständen, denn solche Waren kamen damals kaum neu nach. Daher hatte man für Lagerware, die auch gern für Ausstellungszwecke verwendet wurde, besonders viel zu bezahlen, oft weit über Wert. Mein Vater nahm das hin, und so bekam ich mein Kleid.

Ich sehe mich noch damit am Spiegel des Kosmetikschranks von der Aussteuer meiner Mutter stehen, während mein Vater hinter mir im Bett lag. Es ging ihm wieder einmal nicht gut. Ich huschte in das Prachtkleid, um mich im großen Spiegel zu betrachten. Zur Feier des Tages hatte ich ausnahmsweise vor, meine Lippen schön rot anzumalen. Vater fragte, was ich da machte, und ich erzählte ihm von dem Lippenstift, den ich geschenkt bekommen hatte. »Steck den mal sofort wieder weg«, erwiderte er. »Den kannst du benutzen, wenn du alt bist. Aber jetzt hast du noch genügend Blut in den Lippen, da brauchst du keinen Lippenstift!« Dadurch bin ich ganz davon abgekommen, mich zu schminken, zu pudern, die Augenbrauen zu zupfen und was man sonst noch machen könnte.

Meine Enkelin Anna-Meta erzählte mir neulich: »Oma, siehst du das? Ich habe Wimperntusche!« – »Wo hast du die denn her?«, fragte ich. »Mama hatte das, aber die nimmt so was ja nicht; die ist so wie du, Oma!« Es scheint, dass mich das mein ganzes Leben begleitet und offenbar sogar Wirkung auf die Kinder hat. Mich haben damals die Worte meines Vaters ermutigt. Wenn ich später einmal in Versuchung kam, mich mit einem Hauch Lippenstift zu verschönern, sagte ich mir selbst: »Du brauchst das doch jetzt noch nicht!« Sehe ich heute in den Spiegel, sage ich zufrieden zu mir: »Du hast immer noch rote Lippen!«

Mein Mann berichtete gelegentlich von Herrenrunden, in denen andere Männer klagten, wie viel Geld ihre Frauen für Frisör und Kosmetik ausgäben. Dann sagte Peter: »Das habe ich noch nie in meinem Portemonnaie gemerkt! Fritzi macht sich immer selbst die Haare.« Früher trug ich sie zu einem großen runden Knoten gebunden. Mit den Jahren wurde der immer kleiner. Als Petra als Kind einmal im Betrieb anrief und nach ihrer Mutter verlangte, antwortete sie auf die Frage, wer denn ihre Mutter sei: »Na, die mit den grauen Haaren und dem kleinen Knötchen, eure Chefin, wisst ihr das nicht?« Dazu muss man stehen können. Ich kann es!

Meine Schwester Martha

Meine Schwester und ich haben uns im Betrieb sehr gut ergänzt. Wenn eine Arbeit ganz dringend fertig werden musste, war sie oft verlässlicher als ich, da sie keinen Mann und keine Kinder zu versorgen hatte. In den ersten Jahren nach Vaters Tod haben wir etliches bewegen müssen. Wir haben viel gebaut und vieles neu entwickelt. Als ich später meine

Familie hatte, war ich oft mit meinen Kräften am Ende. Manchmal bestand Martha darauf, noch eine Sache abzuschließen, während ich es nicht mehr zu schaffen meinte. Da merkte ich, dass sie im Gegensatz zu mir noch Reserven hatte.

Manchmal musste ich da an die Priester in der katholischen Kirche denken: Sie haben keine Familie, zu Hause wirkt ihre Haushälterin, und so können sie sich ganz ihrem Dienst widmen. Die evangelischen Pastoren hingegen haben Frau und Kinder; sie müssen ihren Einsatz für die Menschen aufteilen. Auch die Fähigkeit zu lieben ist begrenzt. Meine Mutter sagte: »Wenn man zehn Kinder hat, kriegt nicht jedes die gleiche zeitliche Zuwendung.« Das konnte ich schon bei unseren zwei Mädchen sehen: Das erste hat viel mehr Liebe und Zeit bekommen als das zweite. Ich habe beide von Herzen lieb, aber bei mehreren Kindern teilt sich eben alles auf, das ist ein ganz organischer Vorgang.

Martha und ich hatten eine sehr starke Bindung aneinander. Als ihr Studium der Tiermedizin begann, arbeitete sie zunächst ein Jahr auf dem Uphof, einem Sattelmeierhof in Jöllenbeck bei Bielefeld. Anschließend besuchte sie die Landwirtschaftsschule und hatte dann ein Kolloquium in Gießen zu bestehen, bevor sie zum Studium zugelassen wurde. Damals zählten nicht einfach die guten Abiturnoten. Man prüfte, ob die Kandidaten auch fähig erschienen, einen tierärztlichen Beruf auszuüben, insbesondere als Frau. Wie ich mich erinnere, waren nur vier Frauen in ihrem Semester. Die Kriegsteilnehmer, die schon vor ihrer Einberufung einige Semester studiert hatten, gingen vor.

Bei Peter lief es ähnlich. Er machte beim Fürsten Bentheim-Tecklenburg auf Schloss Hohenlimburg eine Lehre. Dort arbeitete er im Wald, um danach für das Studium der Forstwirtschaft zugelassen zu werden. Anschließend absolvierte er noch ein Praktikum in Böksholm in Schweden in einem Sägewerk. Die Fähigkeit, bestimmte Anforderungen zu erfüllen, und echtes Interesse am Beruf mussten nachgewiesen werden, bevor man an der Universität aufgenommen wurde. Das war gewiss sinnvoll. Ich fühle heute noch Bewerberinnen auf den Zahn, die beispielsweise zunächst Kinderkrankenschwester geworden sind und plötzlich den Wunsch verspüren, bei uns eine kaufmännische

Lehre zu machen. Wie passt das zusammen? Entweder bin ich Kaufmann bzw. Kauffrau oder aber für einen sozialen Beruf geeignet. Das muss man doch herausgefunden haben, bevor man sich bewirbt. Hat es da etwa Probleme gegeben, die bei der heutigen Verpflichtung, nur empfehlende Zeugnisse zu schreiben, unentdeckt bleiben sollen?

Eine schöne Episode rankt sich um mein Fahrrad. In meiner Jugend, es war noch in Kriegszeiten, verhalf mir Vater zu einem eigenen Fahrrad, weil ich viel in Iserlohn unterwegs war und später auch zum Reiten nach Kalthof gelangen musste. Also sprach er beim örtlichen Fahrradgeschäft Timmermann vor. Er erreichte, dass man mir aus mehreren alten Rädern ein funktionstüchtiges Fahrrad zusammenbaute. Für das Hinterrad häkelte ich mir eigenhändig bunte Netze, damit meine Röcke – damals trug man als Frau noch keine Hosen – bei der Fahrt nicht in die Speichen gerieten. Nach dem Krieg, wenn man aufgrund der Sperrstunde nach 22 Uhr nicht mehr auf der Straße unterwegs sein durfte, holte Vater mich ab und zu mit dem Auto vom Reiten ab. Er nahm dabei den Schleichweg durch den Wald, denn auch er durfte ja nicht mehr auf der Straße sein. Da unser Betrieb von den Engländern zu zwei Dritteln beschlagnahmt war, trotzdem aber mit einer Teilbesetzung arbeitete, hatte Vater ein »Permit«, eine Genehmigung, mit dem Auto zu fahren. Mit 18 Jahren machte ich selber meine Führerscheinprüfung und erhielt genau an meinem Geburtstag die Fahrerlaubnis.

Martha hatte als Studentin in Gießen ein Zimmer bezogen und schielte nun auf mein Fahrrad. Das könne sie so gut in Gießen gebrauchen, um nicht immer mit der Straßenbahn fahren oder lange Wege zu Fuß gehen zu müssen. Ich wollte mein Rad aber nicht gern hergeben. Auch mein Vater begann, mich zu beknien: »Du brauchst doch das Rad nicht mehr zu Hause, du fährst doch jetzt Auto! Willst du es nicht deiner Schwester geben?« – »Da muss ich erst mal gebeten werden«, antwortete ich. Wenn ich schon auf das Studium verzichtete, so meinte ich, dürfte ich doch wenigstens Anspruch auf ein Rad haben. Kurze Zeit später bekam ich ein Schreiben, mit welchem einige Studienfreunde von Martha mich formvollendet ersuchten, mein Fahrrad zur Verfügung zu stellen. Das drückte in meinen Augen den nötigen Respekt aus und sie erhielt daraufhin das Rad. Das Schreiben dieser Studenten habe ich heute noch. Ich glaube, ich bewegte mich damals schon auf einem gesunden Mittelweg: Einerseits war ich sehr großzügig, andererseits beherzigte ich eine alte Warnung meines Vaters, ich solle nur gut aufpassen, dass mir nicht alles »unterm Hintern weggezogen« werde.

Von klein auf waren Martha und ich ein Herz und eine Seele. Als ich aufs Gymnasium kam und meine Schwester 14 Jahre alt wurde, schickten unsere Eltern sie auf ein Internat. Es hieß, wir hätten auseinandergemusst, wir hingen zu sehr aneinander. »Wir wollten, dass jede von euch ihren Weg findet«, sagten die Eltern im Nachhinein. Im Grunde war das richtig: Auch ich habe bei unseren Töchtern darauf geachtet, dass jede ihren eigenen Freundeskreis hatte und Geburtstage getrennt gefeiert wurden, was sich durch den Altersabstand von fünf Jahren ohnehin zwanglos ergab. Martha und ich waren nur dreieinhalb Jahre auseinander. Auch später standen wir uns sehr nahe. Sie schätzte auch meinen Mann sehr, erkundigte sich oft nach seinem Wohlergehen und fuhr hin und wieder mit uns zusammen in den Urlaub. Andererseits waren wir in manchem grundverschieden.

Warum hat meine Schwester nie geheiratet, warum blieb sie allein? Vielleicht war sie eine viel zu prächtige Frau, bildhübsch und selbstbewusst im Auftreten – ganz anders als ich. Das Studium der Veterinärmedizin, der Doktortitel, ihre Tätigkeit am Arbeits- und Sozialgericht in Kassel als ehrenamtliche Richterin, all das gab ihr ein hohes Ansehen im Geschäft. Sie war Frau Dr. Nolte, ich einfach nur Frau Bimberg, die junge Mutter. Frauen suchten damals einen Mann mindestens auf Augenhöhe, nach unten orientierte man sich nicht; der Chefarzt konnte eine Krankenschwester heiraten, aber die Chefärztin keinen Pfleger. Meine Schwester hat bestimmt vieles entbehrt durch ihr Alleinsein.

Ich habe mich immer gewehrt, wenn die Leute zu mir sagten: »Guten Tag, gnädige Frau Doktor!« Sie meinten, das gehöre sich so, weil doch mein Mann Akademiker sei, aber ich bestand darauf, dass sie bei mir den »Doktor« weglassen sollten. »Und ›gnädig‹ bin ich überhaupt nicht!«, sagte ich – in dieser Beziehung war ich ganz modern. Trotzdem habe ich unsere Töchter später dazu ermuntert, einen Doktortitel zu erwerben; sie hatten das Zeug dazu und ich meinte, es sei eine Hilfe. Aber sie sahen das anders.

Martha hatte während ihres Studiums einen Freundeskreis, der ihr ganzes Leben lang gehalten hat. An ihrem 70. Geburtstag erzählten mir einige ihrer Freunde und Freundinnen, was für ein »Pfundskerl« Martha gewesen sei. Einer solchen Frau seien sie in ihrem ganzen Leben nicht wieder begegnet. Sie wanderten viel zusammen, sie freuten sich an Marthas Fröhlichkeit, aber letztendlich sei man nie ganz an sie herangekommen. Sie habe immer eine Art Schutzwall um sich gehabt. Ein Arzt, der sie behandelte, beschrieb es ähnlich: Sie mauere sich ein, halte ihre Türen geschlossen und lasse niemanden zu nahe an sich heran.

Es ist nicht gut, wenn ein Mensch allein ist. Deswegen sage ich allen jungen Leuten: »Lehnt euch an, glaubt nicht, dass ihr allein durchs Leben kommt! Es ist nicht einfach.« Ich setze die Ehe auch heute noch ganz hoch an. Ich meine sogar, dass eine Frau in gewisser Weise angesehener ist, wenn sie einmal verheiratet war – selbst wenn darauf eine Scheidung folgte. Es kommt aber nicht unbedingt auf die eheliche Gemeinschaft an, sondern auf die Bereitschaft, sich zu binden. Mir hat einmal ein von mir sehr geschätzter katholischer Priester erklärt, dass der fehlende Priesternachwuchs nicht aufs Zölibat zurückzuführen sei: »Es liegt an den Menschen, dass sie sich nicht verpflichten wollen.« Heute scheut man sich, Bindungen einzugehen – ob zur Kirche oder an einen anderen Menschen; man schreckt vor der Verpflichtung zurück. Für eine Ehe muss man bereit sein, sich zu öffnen. Nicht jeder kann und will das.

Im Sommer 2007 fuhr sie nach Bad Mergentheim zur Kur, während ich mit Peter in Bochum im Krankenhaus war wegen seines Wirbelgleitens. Da erlitt Marthi während einer Lymphdrainage einen Schlaganfall. Der Arzt ihres Sanatoriums rief mich deswegen auf dem Handy an. Er hatte meine Schwester wieder auf die Beine gestellt und bestand nun darauf, sie ins Krankenhaus zu bringen. Das wollte Marthi erst nicht, ließ sich dann aber doch überzeugen. Wie mir der Arzt berichtete, war inzwischen ein zweiter Schlaganfall hinzugekommen. »Das ist sehr bedenklich«, sagte er mir. »Machen Sie sich besser auf den Weg hierher.« Ich ließ also schweren Herzens meinen Mann in Bochum allein und fuhr nach Mergentheim.

Ich hatte nur meine Handtasche und einen Wecker von Peters Nachttisch gegriffen und ließ mich bei strömendem Regen die 500 km zu meiner Schwester kutschieren. Peter hatte ich gesagt, ich würde am nächsten Tag wieder bei ihm. Als ich abends in Mergentheim ankam, suchte sich der Fahrer gleich ein Zimmer. Ich ging zur Intensivstation, auf der man mir im Zimmer meiner Schwester einen Sessel mit Federbett zurechtgemacht hatte. An ihrem Krankenbett sagte ich zu ihr: »Du wolltest immer, dass Peter und ich dich besuchen kommen, aber du hast ja selber gesehen, dass er im Rollstuhl sitzt und nicht mitkann. So bin ich gekommen, denn du liegst im Krankenhaus und jetzt muss ich nach dem Rechten gucken!« Sie lag am Beatmungsgerät und konnte selbst nicht mehr sprechen. Doch sie lachte und drückte meine Hand. Da wusste ich, dass sie mich verstanden hatte.

Ich blieb die ganze Nacht an ihrem Bett, während leise geistliche Musik lief. Am nächsten Morgen schloss man mir die Kapelle auf zum Beten. Derweil hatte man eine weitere MRT-Aufnahme von Marthas Kopf gemacht und festgestellt, dass sich das Gerinnsel in ihrem Gehirn erweiterte. Der medizinische Befund ergab, dass sie nie wieder würde gehen oder sprechen können. Aus ihrer Patientenverfügung, die sie glücklicherweise dabeihatte, ging eindeutig hervor, dass sie in einem solchen Fall keine lebensverlängernden Maßnahmen wollte. So überzeugte man schließlich auch mich davon, diesen Wunsch zu respektieren und dem Abschalten des Beatmungsgeräts zuzustimmen. Ich durfte den Zeitpunkt bestimmen und sprach mich für den Mittag aus. Die Pastorin kam. Mit ihr und Schwester Luise saß ich an Marthas Bett, als man das Gerät ausschaltete. Wir beteten und übergaben sie dem Herrn.

Man ging davon aus, dass sie nur noch wenige Stunden selbstständig atmen würde. Ich blieb an ihrer Seite, doch sie atmete immer weiter.

Man verlegte uns in ein Zweibettzimmer, damit es auch für mich ein Bett mit Waschgelegenheit gab, und versorgte mich mit etwas Krankenhauswäsche. So saß ich weiter an ihrer Bettkante bis zum nächsten Morgen. Gemeinsam mit den Schwestern wusch ich sie noch einmal. Wir zogen ihr ein frisches Nachthemd an. Die Ärzte wunderten sich, dass jemand bei einer derart schweren Erkrankung noch so lange weiterleben konnte. Schließlich wollte man mich überreden, das Krankenzimmer zu verlassen – vielleicht hindere meine Anwesenheit Martha am Loslassen. Aber das wies ich energisch zurück: Gerade deshalb war ich ja zu ihr gekommen, um in der Stunde ihres Todes, wie sie es gewünscht hatte, bei ihr zu sein. Jetzt mochte ich sie nicht allein lassen bei ihren letzten Atemzügen! Ich harrte also bei Martha aus und tatsächlich schlief sie bald in Frieden ein – um 9.09 Uhr am 7. August 2007 hatte sie es geschafft. Ich blieb still an ihrer Seite, bis um zehn Uhr die Tür aufging und die Ärztin nach uns schauen wollte.

Über Handy hatte ich zwischendurch immer wieder mit meinem Mann telefoniert. Er hatte Schmerzen und hätte mich eigentlich im Krankenhaus gebraucht. Diesmal aber konnte ich nicht bei ihm sein. Ich hatte mich zunächst um die Überführung zu kümmern. Petra organisierte die Beerdigung in Iserlohn, die am folgenden Samstag stattfand. Vor Schließung des Sarges kamen wir alle zusammen: Petra und Frank mit ihren Kindern, Fritzi und Friedrich-Wilhelm und ich. Meine Enkelin Klara hatte ein Bild gemalt für Marthi, Anna-Meta einen Luftballon mitgebracht. »Ach Marthi«, sagte sie dazu, »im Himmel gibt es zu feiern, deshalb hast du hier einen Luftballon!« Wir aßen noch gemeinsam zu Mittag. Dann nahmen Fritzi und Friedrich-Wilhelm meinen Mann wieder mit nach Bochum ins Krankenhaus. Ich versprach, am Abend nachzukommen.

Wieder kam es anders als geplant: Das Bochumer Krankenhaus, in dem ja wegen meiner kurzfristigen Abreise noch meine Sachen lagen, hatte mein Bett in den wenigen Stunden, die auch Peter nicht im Klinikzimmer war, kurzerhand neu belegt. Jetzt lag ein fremder Mann darin. Samstagabends war auch kein verantwortlicher Arzt mehr zu sprechen. Unter diesen Umständen fragte ich Peter, ob er mit mir nach

Hause kommen wolle, was er gern tat. Ich musste unterschreiben, dass ich ihn auf eigene Verantwortung mitnehme, und schrieb ergänzend, dass man mir mein Bett genommen hatte. Seine täglichen Spritzen bekam Peter in der Folge in Iserlohn. Er war überglücklich, wieder daheim zu sein. Bald konnte er auch wieder bestimmte Bewegungen trainieren, um den angegriffenen Rücken zu stärken.

Mein lieber Frank

Es gab in der Iserlohner Altstadt, in der Lämmergasse, einen weiteren Traditionsbetrieb, eine Stellmacherei mit Lackiererei. Als keine Kutschen mehr benötigt wurden, fertigte man dort Pritschenaufbauten für LKWs an und übernahm Lackierarbeiten aller Art.

Zwischen meinem Vater und dem Inhaber – ihre Betriebe lagen in fußläufiger Entfernung voneinander – gab es eine mündliche Vereinbarung: Sie sicherten sich gegenseitig zu, niemals in Konkurrenz zueinander zu treten; er sagte zu, keine Fahrzeuge zu verkaufen, und mein Vater versprach, keine Lackierarbeiten auszuführen. Wer Pritschenaufbauten machte, konnte leicht auf den Gedanken kommen, auch die Fahrzeuge dafür zu verkaufen, und bei einem Autowerkstattinhaber lag es nahe, auch Lackierarbeiten auszuführen, was ein einträgliches Geschäft gewesen wäre. In der Nachfolge hielten beide Seiten sich an das gegebene Versprechen. Die Firma wurde später zwar von einer anderen Lackiererei übernommen, aber auch die war froh und darauf angewiesen, regelmäßig Aufträge zum Lackieren von uns zu bekommen. Opel war gar nicht glücklich über diese Vereinbarung und setzte uns immer wieder deswegen zu, denn in damaligen Händlerverträgen war eigentlich festgeschrieben, dass wir selbst hätten lackieren müssen. Wir besänftigten das Werk schließlich damit, dass wir die Opel-Lacke kauften und an die Firma weitergaben.

Eine schöne Kindheitserinnerung möchte ich erzählen. Im Krieg, als wir verdunkeln mussten, bekamen wir von jener Firma Sperrholz für diesen Zweck. Sie hatte genügend Material, weil sie auch Wehrmachtsfahrzeuge zu bearbeiten hatte. Vom Sperrholz aber blieben, wenn man es zurechtgesägt hatte, immer ein paar Stücke übrig. Die holte ich mir mit meiner Freundin zum Basteln. Ich hatte eine elektrische Laubsäge, mit der wir Weihnachtssterne, Märchenfiguren und allerlei anderes aussägten. Anschließend lackierten wir die Werkstücke liebevoll und mit Begeisterung. Noch heute habe ich einiges aus dieser Zeit.

Auch später lebte die Familienverbindung noch einmal auf: Als unsere Tochter Fritzi mit 14 Jahren in Iserlohn zur Tanzschule ging, traf sie dort zufällig auf Frank, einen Enkel des alten Inhabers. Fritzi und der drei Jahre ältere Frank tanzten hervorragend zusammen und brachten es gemeinsam bis zum goldenen Tanzsportabzeichen.

In der zweiten Generation bahnte sich in der Familie eine Tragödie an: Der Vater war gestorben und sein Sohn führte das Unternehmen. Die Lackiererei musste aus der Altstadt heraus. Man baute auf einem Grundstück vor der Stadt eine Halle für den Betrieb sowie ein Wohnhaus für die Familie. Dann aber starb auch der Sohn, er war noch jung, ganz plötzlich. Seine Frau stand mit der Schwiegermutter und den Kindern Frank und Silke ganz allein da. Sie versuchte, den Betrieb weiterzuführen. Wir blieben weiter gute Kunden, sahen aber, dass die Frau es nicht allein schaffte. Peter setzte sich damals sehr dafür ein, dass das Unternehmen am Leben bliebe, bis Frank es vielleicht übernehmen könnte. Der Junge war handwerklich geschickt und konnte alles Mögliche in kurzer Zeit reparieren. Seine technische Begabung war auf einen Blick zu sehen. Er wäre in unseren Augen der Richtige gewesen, um das vom Großvater gegründete Unternehmen weiterzuführen. Wir hätten auch vorübergehend die Führung übernehmen können, bis Frank selber so weit gewesen wäre, den Betrieb zu leiten, denn wir brauchten die Lackiererei ja auch.

All unsere Bemühen hatten indessen keinen Erfolg: Wir bekamen keine vertragliche Regelung mit der Firma zustande. Sie wollten den Betrieb lieber verkaufen. Jetzt wurde auch noch die Mutter schwer krank, sodass ich schließlich die Abwicklung des Geschäftes empfahl. Der Rechtsanwalt legte später den Kindern Frank und Silke nahe, sich bei mir zu bedanken, weil ich einen so guten Preis für sie herausgeschlagen hätte. Die Mutter starb schließlich an Krebs, bevor ihre Tochter Silke volljährig war. Die Oma war schon tot. Jetzt standen die beiden Kinder ganz allein da, als der Familienbetrieb verkauft war. Ich kümmerte mich weiter um sie, weil ich mich aus alter Verbundenheit verantwortlich fühlte. Zunächst brauchte Silke einen Vormund. Ich wollte verhindern, dass ihr großer Bruder diese Aufgabe hätte übernehmen müssen, was eine zusätzliche Belastung für ihn gewesen wäre. Es gab eine Tante in der Nachbarschaft, die eine eigene Firma in Belgien führte und nun die Vormundschaft für Silke übernahm. Allerdings dauerte es nicht sehr lange, da verunglückte diese Tante auf dem Weg nach Belgien tödlich. Zum Glück war Silke kurz vorher volljährig geworden.

Frank nenne ich meinen »Ziehsohn«, weil ich mich in diesen harten Jahren um vieles gekümmert habe. Die Kinder verstanden ja von der ganzen geschäftlichen Aktion fast nichts. Ich war auch menschlich für sie da, als Silke mich anrief und weinend erzählte, die Mutter müsse sterben. Ich ließ sofort alles stehen und liegen und fuhr ins Krankenhaus. Ich musste doch diesen armen Kindern Nähe geben, die einen wirklich brauchten, die am Bett ihrer sterbenden Mutter saßen und damit überfordert waren. Ich setzte mich zu ihnen und drückte ihr die Augen zu, als sie gestorben war.

Die Begleitung eines Menschen in seinen letzten Stunden ist mir wichtig. Ich war bei meiner Schwester, als sie heimging, und konnte noch eine Stunde ruhig an ihrem Bett sitzen und mich innerlich verabschieden. Bei Peter habe ich lange gesessen und seine Hand gehalten, bis er die Augen für immer schloss. Ich habe seinen letzten Blick aus den großen blauen Augen festgehalten. Sie waren das Erste bei unserer ersten Begegnung, was mich beeindruckt hat und was ich an ihm so bewundert habe! Das sind Erlebnisse, die mich mit großer Dankbarkeit erfüllen, auch wenn ich einen Menschen sehe, der sterben muss.

Frank und Silke waren ab und zu bei uns. Er war ratlos, was er beruflich machen sollte, wo es den Familienbetrieb nun nicht mehr gab. Ich sagte: »Ich habe dich im Krankenhaus beobachtet, wie du deine Mutter gepflegt hast. Du hast dich auch jahrelang um sie gekümmert, als sie krank war. Außerdem zeigst du deutlich Fertigkeiten, die man als Ingenieur oder als Chirurg haben sollte. Wenn du mich fragst: Bewirb dich um ein Medizinstudium!« Er sagte, das könne er nicht, er bekomme kein gutes Abitur, aber ich ermunterte ihn, es trotzdem zu versuchen. Glücklicherweise hörte er auf mich. Er bekam tatsächlich einen Studienplatz! Als er mich eines Samstagmorgens anrief und mir das mitteilte, habe ich mich so gefreut, dass mir die Erbsensuppe anbrannte! Heute ist Frank Facharzt am St. Elisabeth Hospital Iserlohn und verheiratet mit einer Freundin von Fritzi, Alexandra, die heute als gute Internistin in einer Iserlohner Gemeinschaftspraxis bekannt ist. Ihr Sohn studiert in Münster Medizin wie seine Eltern.

Die Zeit als Glück

Ein Gedicht von meinem Ehemann Peter Bimberg zu meinem 55. Geburtstag am 17. Juni 1986:

Das Alter kommt ganz leis daher,
und ewig hoffend, bald würd's schöner,
warn wir nur arme Tagelöhner,
geknechtet ständig von Terminen
und von der Pflicht zum Geldverdienen.

Was waren unsre kleinen Freuden?
Nichts als ein wenig Zeit vergeuden.
Tut uns die Uhr den letzten Schlag,
sind wieder tausend Jahr' ein Tag
und aus der Zeit sind wir entlassen.
Wohin? Kein Sterblicher wird's fassen!

Man wird es in der Zeitung lesen,
im besten Fall, dass wir – gewesen.
Die Menschen ungerührt, ja heiter,
sie leben ohne uns dann weiter.

Sie lieben, hassen, hoffen, raufen,
bis ihre Zeit auch abgelaufen.
So gehn wir, wärn wir noch so munter,
im Strom der Zeiten alle unter.

Wie traurig wäre dies Ergebnis,
gäb's nicht die Zeit als Glückserlebnis
und gält's nicht, sich zu rühren wacker:
Die Zeit, sie ist auch unser Acker,
darein auch der geringste Mann
sein Körnlein Gutes streuen kann.

So, wie wir selbst von den entfernten
Vorahnen Fluch und Segen ernten,
im Maß, wie diese einst das Feld
der Zeit bald gut, bald schlecht bestellt
durch die Jahrtausende hindurch.

So müssen wir auch Furch' um Furch'
der Jahre, der vermeintlich schnellen
und doch so dauernden, bestellen.
Nur wenn wir, statt für uns zu raffen,
gemeinsam echte Werte schaffen,

verwandeln wir die flücht'ge Zeit
in eine ird'sche Ewigkeit,
der ganzen Menschheit zum Gewinn!
Dass diesen hohen Lebenssinn
der Mensch sich in der Zeit bewahre,
wünsch ich zum neuen Lebensjahre!

Ein Segen zur rechten Zeit

Ein besonderes Reiseerlebnis mit Peter möchte ich noch schildern. Wir hatten meinen 65. Geburtstag, am 17. Juni 1996, mit der ganzen Familie einschließlich Martha bei Freunden in einem Chalet in Verbier gefeiert, das im Schweizer Kanton Wallis liegt. Petra war damals verlobt, Fritzi schon verheiratet. Wir hatten eine schöne Feier und im Anschluss überredeten uns unsere Freunde, zu zweit doch noch einige Tage dort zu bleiben und auszuspannen. Das wollten wir auch tun. Peter hatte gleich einen guten Vorschlag: »Dann lass uns mal auf den Großen St. Bernhard fahren!« Man fuhr von Verbier aus über Martigny und dann eine furchtbar enge und steile Passstraße hoch. Am liebsten hätte ich das Auto auf einem großen Parkplatz abgestellt und wäre zu Fuß weitergegangen, so mulmig war mir schon beim Anblick des St.-Bernhard-Passes. Peter überzeugte mich davon, dass es dafür schon zu spät sei. Wir fuhren also hinauf, was Peter einiges abverlangte – ein Bus kam uns entgegen und dann landete auch noch, mitten im Juni, eine Schneelawine vor uns auf der Straße.

Irgendwie kamen wir trotz allem wohlbehalten oben an. Wir waren auf dem Großen St. Bernhard! Zu Fuß gingen wir über die italienische Grenze, damals noch mit Grenzposten und Passkontrolle, um uns auf der anderen Seite die Bernhardiner anzusehen, die in der Bergrettung eingesetzt werden, und einen Gottesdienst in einer kleinen Kapelle zu besuchen. Der katholische Gottesdienst wurde auf Französisch gehalten, aber der Priester bemerkte, dass wir Deutsche waren. Er sprach uns am Ende an, ob er uns segnen dürfe. Gerührt willigten wir ein und gingen mit ihm zum Altar. Anschließend tranken wir noch einen Kaffee und fuhren wieder hinunter. Es wurde bereits Abend.

Wieder am Fuße des Großen St. Bernhard angelangt, sah ich auf einer anderen Berghöhe ein wunderbares Gasthaus stehen und bat Peter, dort auch noch mit mir hinaufzufahren. Oben stellte sich heraus, dass das Haus ein Winterhotel war; es gab keinen Betrieb im Sommer. Mit dem Inhaber, den wir dort antrafen, konnten wir uns auf Französisch unterhalten. Er wollte uns Schinkenbrote und ein Glas Wasser servieren. Wir bestellten, Peter ging noch schnell zum Händewaschen

189

und ich setzte mich hin. Essen und Getränke kamen, aber mein Mann nicht. Schließlich ging ich nach ihm schauen und fand ihn beim Auto, wo er herumsuchte. Es stellte sich heraus, dass er sein Portemonnaie vermisste. Vermutlich hatte er es bereits am Großen St. Bernhard verloren. Nun waren wir in Nöten, denn wir hatten auf Reisen die Vereinbarung, dass ich mich um nichts kümmern durfte. Peter meinte, ich hätte im Betrieb genug mit Zahlen zu tun, daher solle im Urlaub mein Portemonnaie zu Hause bleiben, er würde schon für mich sorgen. Wir standen also ohne Geld da, nicht einmal unsere Ausweise hatten wir mehr. Wir mussten doch noch für die Rückfahrt tanken. Außerdem war das bestellte Essen noch nicht bezahlt …

Ich begann, mühsam mit dem Inhaber zu verhandeln. Er ließ sich unsere Lage schildern, wir beschrieben ihm auch, in welchem Café wir gesessen hatten, und er erklärte sich bereit, dort anzurufen. Er fragte sich eine Weile durch, schließlich sollte Peter seinen Namen aufschreiben – und tatsächlich hatten sie beim Saubermachen unser Portemonnaie gefunden! Wir waren selig. Allerdings mussten wir uns sofort ins Auto setzen, um den Geldbeutel zu holen, bevor das Café endgültig geschlossen wurde. In großer Eile fuhren wir also die Berghöhe wieder hinab und ebenso eilig die Passstraße wieder hinauf. Wir beknieten erfolgreich die italienische Gendarmerie, uns ohne Pässe über die Grenze zu lassen, und nahmen dann im Café dankbar das Portemonnaie in Empfang. Es musste Peter beim Bezahlen aus der Hosentasche gerutscht sein. Noch einmal ging es den Pass hinunter, noch einmal auf der anderen Seite hinauf und endlich konnten wir unsere Schinkenbrote essen, unser Wasser trinken und auch bezahlen. Erst spät fuhren wir wieder nach Verbier zurück, erfüllt und glücklich. »Jetzt weiß ich auch«, warum der Priester uns gesegnet hat«, sagte mein Mann – wir hatten es an diesem Tag wirklich gebraucht! Unsere Kinder schenkten uns später einen Plüsch-Bernhardiner, der uns an diesen Ausflug erinnern sollte.

Stabwechsel
in der Firmenleitung

Fritzi in Hamburg

Unsere Tochter Fritzi legte 1982 mit 18 Jahren ihr Abitur ab. Sie hatte sich vorgenommen, Romanistik und Musikwissenschaft zu studieren. Während der letzten Gymnasialjahre hatte sie schon einen passenden Leistungskurs dafür gewählt.

Sie schrieb sich an der Hamburger Universität für diese Studienfächer ein. Schwieriger war es, eine geeignete Unterkunft zu finden. Nach erfolglosen Anfragen in verschiedenen Wohnheimen nahmen wir ein Angebot an, das uns ein Freund gemacht hatte: Wir kauften eine kleine Wohnung in Hamburg. Fritzi war deren erste Bewohnerin. Nach ihrem Auszug konnte man sie vermieten. Das Studieren in Hamburg gefiel unserer jungen Dame gut. Mit ihrer hervorragenden Singstimme, die schon im A-cappella-Chor der Iserlohner Kantorei zur Geltung gekommen war, durfte sie im Chor der Petrikirche mitsingen. Nach einigen Semestern in Hamburg und dann in Münster machte sie schließlich in Bochum ihren Masterabschluss. Wir ließen ihr viel freien Lauf und sie nutzte ihn.

Fritzi spielte schon früh gut Klavier. Bereits als Jugendliche war sie in der Lage, mit Klavierbegleitung ihr erstes eigenes Geld zu verdienen. Dann ergab es sich, dass nach bestandenem Abitur auch ihre Iserlohner Freundin Frauke einen Studienplatz in Hamburg bekam. Sie studierte Betriebswirtschaft und ist heute Wirtschaftsprüferin in Bremen. Frauke spielte Querflöte und Sopranino-Blockflöte. Beide Mädchen nahmen sich vor, gemeinsam am Instrumentalwettbewerb des Hamburger Pianohauses Trübger teilzunehmen. Mein Mann kaufte kurzerhand ein Yamaha-Klavier für Fritzis Studentenbude, obgleich wir zu Hause einen Steinway-Flügel und auch noch ein Klavier hatten, das meine Mutter mit in die Ehe gebracht hatte. Peter wollte den Mädchen die Möglichkeit geben, auch in Hamburg zu üben.

Der Einsatz lohnte sich: Frauke und Fritzi gewannen den Wettbewerb und bekamen die Gelegenheit, in der Hamburger Musikhalle zu konzertieren. Da saßen die beiden mit großem Orchester auf einer stattlichen Bühne. Plakate hatten in der Hansestadt viele Zuschauer angelockt. Bei diesem großen Ereignis wollten auch wir Eltern nicht fehlen. So setzten Peter und ich uns morgens in den Zug und fuhren nach Hamburg. Wegen Eis und Schnee hatten wir das Auto lieber stehen gelassen. Wir trafen uns mit Fritzi an der Musikhalle und hörten ihr Konzert. Leider mussten wir noch am gleichen Abend wegen wichtiger Termine wieder nach Hause fahren.

An dieser Stelle möchte ich einmal meine große Dankbarkeit unseren beiden Töchtern gegenüber zum Ausdruck bringen: Sie haben oft zurückstecken müssen, weil unsere Firma uns immer wieder aufs Neue forderte. Als Fritzi, die Ältere, am 9. Juli 1964 geboren wurde, kreisten meine Gedanken gerade um das Thema, was mit unserem alten Garagenhof in der Innenstadt passieren sollte. Wir waren unter Zugzwang, weil die Stadt uns sonst das Grundstück auf dem Wege der Enteignung weggenommen hätte. Karstadt begann zu planen und zu bauen. Wenn wir das wertvolle alte Firmengelände an der Mendener Straße behalten wollten, mussten auch wir handeln. In die Anfänge unserer Parkhaus-Planung hinein wurde nun Fritzi geboren. Es gibt Bilder, wie ich mit ihr auf dem Arm auf dem frischen Beton des entstehenden Parkhauses herumlaufe. Schon 1968 wurde es eröffnet. Im Rückblick sagte Fritzi manchmal: »Mama, du vergisst, wie oft es bei uns mittags Pommes Frites gab, weil du nicht da warst, das Kindermädchen verhindert war und sonst niemand kochte.« Gern hätten wir damals mehr Zeit für unsere Kinder gehabt, die uns glücklicherweise nie ernsthafte Probleme bereitet haben. Aber ohne die rastlose Weiterentwicklung unseres Unternehmens hätten wir längst nicht das erreicht, was unsere Firma nun ist. Heute stecken unsere Enkelinnen in ähnlicher Weise zurück, damit ihre Mutter Petra die Firma Gebrüder Nolte erfolgreich weiterführen kann.

Inzwischen weiß ich es deutlicher denn je, dass diese Art zu leben ihren Preis hat. Das »Rabenmutter«-Gefühl ist mir nicht fremd. Oft habe ich mich gefragt, ob es richtig war, was ich tat. Hätte ich mich nicht mehr meinen Kindern, meiner älter werdenden Mutter, meinem Mann und meiner Schwester widmen sollen? Meine Schwester fühlte sich wohl häufiger vernachlässigt, wenn sie zuweilen sagte: »Wir sind auch noch da!« Fritzi bedauerte sogar einmal recht deutlich, dass ihr die Firma ihre Eltern genommen habe: »Das möchte ich nicht, wenn ich selber mal eine Familie habe!« Das war die Spannung, in der wir damals lebten. Immer wieder waren in der Firma dringend irgendwelche Weichen zu stellen, während zu Hause eine kluge Kinderfrau und eine liebevolle Großmutter nach dem Rechten sahen. Staunend blicke ich heute auf diese Jahre und auf beide Töchter zurück, die unser Leben tapfer mitgetragen haben.

Fritzi heiratete am 16. März 1990 einen Juristen. Heute ist sie für einen Bundestagsabgeordneten in Berlin und Bochum tätig.

Petra in England

Mit 15 Jahren hegte Petra den Wunsch, für drei Monate nach England in ein College zu gehen. Wir unterstützten ihr Vorhaben, wie wir unseren Töchtern auch immer gern die Teilnahme am Schüleraustausch mit Mädchen aus anderen Ländern ermöglicht haben. Peter und ich brachten Petra persönlich nach Ramsgate ins St Lawrence College. Die vorgeschriebene Schulkleidung bestand aus schwarz-weiß karierten Röcken, schwarzer Jacke oder Pullover und weißer Bluse. Weil es in England immer so kalt sein sollte, hatte ich ihr noch ein warmes Strickkostüm in roter Farbe gekauft. In den College-Anweisungen hatte zwar gestanden, alle Kleidung, ob für die Schule oder privat, solle »non-coloured« sein, aber ich hatte das als »ungemustert« interpretiert – ohne Blümchen oder Streifen. Nun lief sie an ihrem ersten Tag als roter Farbtupfer zwischen all den schwarz-weiß gekleideten Mädchen herum.

Wir Eltern wohnten noch eine Nacht im Hotel, bevor wir am folgenden Morgen mit der Fähre wieder abreisen mussten. Als wir uns von unserer Tochter verabschieden wollten, fanden wir sie nicht gleich und fragten deshalb nach ihr. Eine Mitschülerin sagte schließlich: »Her name is Petra? Oh, she must be the German girl in red!« Damit hatte sie offensichtlich gleich einen schweren Stand unter den Mädchen. Ohnehin war sie die Einzige aus Deutschland. Es gab dort noch eine Schwedin und einige Mädchen aus Übersee, sonst nur Engländerinnen.

Mir fiel es schwer, meine Tochter in der Fremde zurückzulassen. Ich habe furchtbar weinen müssen, als unsere Fähre sich immer weiter von der Insel entfernte. Zwar ist England ja nicht so schrecklich weit entfernt, doch wenn ein Meer dazwischenliegt, fühlt es sich anders an.

Zum Glück wusste ich bei diesem Abschied noch nicht, dass aus den geplanten drei Monaten mehrere Jahre werden würden. Denn Petra fing in England bald Feuer. Sie wollte ihren College-Abschluss machen und ist schließlich auch noch zum Studium auf der Insel geblieben. Das war nicht mehr ganz so schwer für mich zu schlucken, denn in ihrer Iserlohner Schule hatte man mir gesagt, ich könne gar nicht anders, als sie in England zu lassen: »Das Pferd will seinen Hafer haben.« In England fand sie genug Herausforderungen, um geistig satt zu werden. In Canterbury und Oxford studierte sie Wirtschaftswissenschaften und Theologie. Eine Promotion im Fach Altes Testament stand noch zur Debatte. Außerdem hatte sie ins Auge gefasst, Missionarin zu werden. Aber mit zwei Bachelor-of-Arts-Abschlüssen und einem Master-of-Arts-Abschluss in Oxford reichte es ihr dann.

Die schwierige Frage der Unternehmensnachfolge

Uns als Familie stellte sich damals die schwierige Frage der Firmennachfolge. In unserem Testament hatten wir festgelegt: Das Kind, das am besten dafür geeignet war, sollte die Möglichkeit haben, im Betrieb zu arbeiten. Alles andere, so sagten wir uns, würde sich finden. Aber nun – Fritzi im Studium schöngeistiger Fächer, Petra auf theologischen Pfaden in England – reichte es nicht mehr zu warten, was sich finden würde. Wir sahen uns genötigt zu handeln. Zwar war ich selbst von der Tradition geprägt und gab auch die Hoffnung nie ganz auf, dass eine der Töchter sich vielleicht eines Tages doch noch für das Unternehmen interessieren würde, aber darauf wollte ich mich nicht verlassen. Ebenso wenig wollte ich sie unter Druck setzen. Man musste auch damit rechnen, dass sie eines Tages heiraten würden und dann ihre Männer stärkeren Einfluss auf sie haben würden als die Eltern mit ihrem Traditionsbewusstsein. Die Kinder glücklich zu wissen war uns das Wichtigste!

Also begann ich, mit Hochdruck nach einer anderen Lösung für die Firmennachfolge zu suchen. Da kam ich eher zufällig mit einem Stuckateur ins Gespräch, der bei uns am Tyrol ein paar Rundbögen instand setzte, die über den Winter zu Schaden gekommen waren. Ich plauderte ein wenig mit ihm und sagte: »Wenn man nur tüchtige Leute hätte!« – »Mir geht es ja genauso«, sagte der Mann. »Ich habe nur einen Sohn und eine Tochter. Die Tochter macht schon etwas anderes, sie wird mein Geschäft nicht übernehmen können. Und unser Sohn wohl auch nicht. Er hat Flausen im Kopf. Er macht jetzt Abitur und will Jura studieren. Ich weiß nicht einmal, ob ich ihm ein Studium in Hamburg oder München finanzieren kann.« Ich wies ihn auf die renommierte Verwaltungs- und Wirtschaftsakademie in Bochum hin: »Dann kann Ihr Sohn während des Studiums zu Hause wohnen bleiben. Bei uns könnte er außerdem eine kaufmännische Lehre machen und dann Diplom-Betriebswirt werden, ein Beruf, der heute sehr anerkannt ist.«

Auch mein Mann engagierte sich in der Angelegenheit, weil er von der IHK aus mit für den Bereich Ausbildung zuständig war. Der Sohn des Stuckateurs überlegte sich unseren Vorschlag, machte ein gutes Abitur und stellte sich schließlich bei uns vor. Wir hatten einen sehr guten Eindruck von ihm. So begann er ein Studium an der Verwaltungs- und Wirtschaftsakademie mit begleitender Ausbildung. Er machte eine Kaufmannsgehilfen-Prüfung bei uns, was viel Arbeit bedeutete, auch übers Wochenende. Er entwickelte sich hervorragend und ich dachte: »Wenn keines unserer Kinder das macht, wird er derjenige sein, der später unseren Betrieb steuern wird.«

Es kam anders. Ich erkannte nach neun Jahren schließlich, dass der junge Mann im Grunde kein Unternehmertyp war, sondern ein Verwaltungsmann. Er hatte eine Leidenschaft für Zahlen, wir aber brauchten jemanden für das operative Geschäft, einen, der den Vertrieb voranbrachte. Wer das Autogeschäft wirklich kennen und verstehen will, muss auch eine Leidenschaft für den Verkauf entwickeln. Was wir zu verwalten hatten, nahmen uns im Wesentlichen die Soft- und Hardware und die Wirtschaftsprüfer ab. So mussten wir diesen Mann gehen lassen. Er hat jetzt einen guten Geschäftsführerposten in einem großen Autohaus. Mit meinen Sorgen um die Nachfolge stand ich jedoch wieder am Anfang. Das war zu Beginn der 1990er-Jahre, als wir drei Firmenchefs schon alle über 60 Jahre alt waren.

Nächtelang brütete ich über der Nachfolgefrage. Meine Schwester und mein Mann sagten dazu nur: »Das wird sich finden.« Damit konnten sie mich jedoch überhaupt nicht trösten: »Irgendwann wird sich nichts mehr finden, wir werden alle alt!«, schimpfte ich.

Und dann fand es sich doch noch eine gute, ja die bestmögliche Lösung, von der ich nicht zu träumen gewagt hätte: Petra kehrte aus England zurück, um in die Fußstapfen ihrer Eltern und ihrer Tante zu treten und unser Automobilgeschäft zu übernehmen. Ihren Master hatte sie erworben; von dem Angebot zu promovieren wollte sie keinen Gebrauch machen, obwohl man sie in England gern behalten hätte. Aber Petra sah das anders und wir waren darüber sehr glücklich.

Mit ihrer Entscheidung war uns eine große Sorge genommen. Unser Unternehmen gehörte ja nicht nur der Familie, sondern auch seinen vielen Mitarbeitern, die von uns erwarten durften, dass wir das Weiterbestehen der Firma sicherten.

Bei mir war es früher anders gewesen: Ich hatte zwar studieren wollen, auch heiraten und eine Familie haben. Das Unternehmen hatte aber für mich immer an erster Stelle gestanden. Ich habe immer das gemacht, was für die Firma wichtig war. Nie habe ich gefragt, wie viel Geld ich dort verdienen oder welche Anteile ich einmal erben würde. Zunächst war es schwer zu verstehen gewesen, warum meine Schwester als die Ältere Tiermedizin studiert hatte. Wie sich später herausstellte, hatte auch sie die Fähigkeit, eine Firma zu leiten. Ich fühlte mich berufen dazu und war immer glücklich mit dem, was zu erledigen war.

Dankbar bin ich, dass Petra den Mut gefunden hat, das Werk ihres Großvaters fortzuführen. Und das versteht sie heute mit Bravour!

Petra übernimmt das Ruder

1994 begann Petra bei Gebrüder Nolte, zunächst als Geschäftsführerin des von ihr neu gegründeten »Saab Zentrum Sauerland« in Hemer. Das war der erste Schritt zur Markenerweiterung, um die Abhängigkeit von Opel zu verringern. Zuvor hatte sie in Mannheim, Stuttgart und Arnsberg ein Traineeprogramm für Händler verschiedener Marken durchlaufen und dabei unterschiedliche Handelsbetriebe kennengelernt.

Glücklicherweise zeigte sich schnell, dass Petra als Enkelin von Fritz Nolte das Unternehmersein im Blut hatte. Anders als BWL oder Management kann man das nämlich nicht studieren. Sie erwies sich als umsichtige Chefin, konnte zielstrebig leiten, weitsichtig Entscheidungen treffen und verständnisvoll ausgleichen und vermitteln, wo immer dies nötig war. Schnell wurde sie zur erfolgreichsten Saab-Händlerin in Deutschland.

Am 22. Mai 1998 heiratete sie einen Diplom-Informatiker, den sie beim Skifahren mit der SMD kennengelernt hatte. Am 1. März 1999 kam unsere Enkeltochter Anna-Meta zur Welt, am 4. Januar 2002 ihre Schwester Klara. Beide Mädchen bereichern seither unser Leben und entwickeln sich gut. Petra bemüht sich, ihre Nachmittage frei zu halten, um den Töchtern zur Verfügung zu stehen.

Ihre schwere Krebserkrankung im Jahre 2004 nahm sie zum Anlass, ihren Platz in der Unternehmensführung genau definiert einzugrenzen, damit die Kräfte noch lange reichen. Sie trifft die strategischen Entscheidungen, versteht sich als Seele des Gesamtbetriebes, wobei sie christliche Werte vorlebt und stets für ein gutes Klima in Umgang und Kommunikation sorgt. Sie vertritt die Firma nach außen, um zu zeigen, dass Gebrüder Nolte kein gesichtsloses Unternehmen ist, sondern dass dahinter ein Mensch steht, der sich verantwortlich fühlt. Darin sieht sie ihre wichtigsten Aufgaben als Unternehmerin und denen widmet sie sich persönlich. Auf dieser Grundlage haben wir uns seit Langem Mitarbeiter herangebildet, auf deren Arbeit und Loyalität wir uns verlassen können. Ich habe dazu viel in unserer 2014 erschienenen Firmengeschichte erzählt, die im Vorspann dieses Buches genannt ist.

Meine Schwester Martha zog sich 1995 aus der Firmenleitung zurück. Zu dritt arbeiteten Peter, Petra und ich weiter, bis sich mein Mann aus gesundheitlichen Gründen ebenfalls zurücknehmen musste. Da war Petra schon gut in der Lage, die Unternehmensgeschicke allein zu lenken. Peter erlebte den ersten Spatenstich für unser Volkswagen-Autohaus am Seilersee noch mit, die Eröffnung im Sommer 2010 leider nicht mehr. Er ging am 26. Februar 2010 heim. In jenem Sommer hatten wir am 8. Juli goldene Hochzeit feiern wollen, die Umschläge für die Einladungen waren bereits gedruckt, das Fest im Rahmen der Landesgartenschau im späteren Sauerlandpark in Hemer war geplant. Petra spürte, dass dieser Tag eine besondere Bedeutung für mich hatte. Deswegen setzte sie alles daran, die Eröffnung von Volkswagen auf den 8. Juli zu legen, was auch gelang. So gab es etwas zu feiern und ich musste nicht allein sein. Im Rahmen dieses Festes übergab ich Peters Gehstock als symbolischen Staffelstab an unsere Tochter Petra. Diese Geste sollte zeigen, dass sie nun die Chefin bei Gebrüder Nolte ist. Ich arbeite, sie täglich unterstützend, weiter mit. Wir sind ein gutes Duo, das sich hervorragend ergänzt.

Neue Herausforderungen

Umzug nach Villigst

Nachdem Petra mit ihrem Mann in Schwerte selbst gebaut hatte und Fritzi mit ihrem Mann schon viele Jahre in Bochum wohnte, schmiedeten wir zunächst Umbaupläne für das 400 qm Wohnfläche umfassende elterliche Haus am Tyrol. Wir hätten es gerne umgestaltet zu einem Dreifamilienhaus: eine Wohnung für uns, eine für meine Schwester und eine dritte zum Vermieten, womit wir die Nebenkosten des Hauses hätten abdecken können. Ein Architekt hatte bereits alles geplant, aber meine Schwester als Mitbesitzerin des Anwesens sperrte sich gegen den Umbau. Sie hing sehr an ihrem großen Garten, den sie dann hätte teilen müssen. Immerhin wäre auch die Gartenarbeit aufgeteilt worden, die man als alter Mensch allein ohnehin nicht mehr hätte gut leisten können. Wir kamen mit diesem Thema nicht weiter. Im Nachhinein habe ich jedoch für ihre Bedenken Verständnis.

So zogen wir nach Villigst, wo wir seit 1996 das Haus am Holbeinweg mit der Nummer sieben für uns vorgesehen hatten, das später unser Altersruhesitz werden sollte. Vorübergehend war es von uns als Wochenendhaus genutzt worden. Wir hatten lange geglaubt, es unserer Tochter Fritzi und ihrem Mann als Familienheim übergeben zu können, zumal es sich auch für eine Anwaltspraxis geeignet hätte. Als Rechtsanwalt hätte unser Schwiegersohn das Haus beruflich vortrefflich nutzen können, zumal er und Fritzi in Bochum noch kein Eigentum besaßen. Dann aber kam es anders: Bei meinem Mann trat nach einem Sturz im Wald zum ersten Mal Wirbelgleiten auf. Da wurde uns klar, dass wir die erste Etage im Hause am Tyrol nicht mehr lange würden erklimmen können. Auch wäre es wohl zu anstrengend gewesen, das Haus am Holbeinweg in Schuss zu halten und zur gleichen Zeit den Haushalt am Tyrol zu führen. So zogen wir ganz nach Villigst um, wo Peter und ich uns immer wohlgefühlt haben. Den Umzug haben wir nie bereut. Meinen 80. Geburtstag haben wir gemeinsam mit der damaligen Bürgermeisterin als ein lustiges Straßenfest mit allen Nachbarn gefeiert. Aus diesem Ereignis entstand ein ganzes Buch über den Holbeinweg im Schwerter Ortsteil Villigst. Es ist in der Straße ein wunderschönes Zusammenleben. Jetzt, wo Peter tot ist und ich mein Alleinsein sehr spüre, sehne ich mich indessen wieder zurück nach meiner alten Heimat Iserlohn.

Martha lebte ohne uns bis zu ihrem Tode in dem riesigen Haus am Tyrol. Wir behielten aber auch dort unser Zuhause. Marthas gesamter Besitz ging an meine Tochter Fritzi, der nun mit mir zusammen das Haus gehörte. Sie hätte den Wert dieser Besitzung gerne ausgezahlt bekommen, doch habe ich mich, weil ich mich dazu finanziell nicht in der Lage sah, um einen Käufer bemüht. Wieder hatte ich Glück und konnte das wertvolle Grundstück mit Haus sehr gut veräußern. So kam Fritzi zu der ihr zustehenden Hälfte des Geldes.

Es tat mir doppelt weh, dass der Käufer, der gutes Geld für das Anwesen am Tyrol bezahlt hatte, wenig Glück damit hatte. Es war ein polnischer Spediteur, der über 140 LKWs verfügte und dazu noch eine große Fabrik besaß. Aber 2008 kam die Wirtschaftskrise auch nach Polen. Sein Unternehmen geriet in Schieflage. Ich lieh dem Mann die Hälfte des Kaufpreises, den er an mich gezahlt hatte, damit er das Geld in sein Geschäft stecken konnte. Der Notar hatte mich zwar davor gewarnt, aber ich tat es trotzdem. Tatsächlich konnte der Pole den Konkurs seines Unternehmens abwenden. Ich hatte einen Metallblock als Sicherheit bekommen, der laut Schätzung der Bank einen beträchtlichen Wert hatte, aber ich habe mein Geld auf Heller und Pfennig wiederbekommen. Und ich war froh, ein »gutes Werk« getan zu haben.

Jahrelang stand unser Elternhaus leer. Ich habe es mir immer wieder aus der Ferne angesehen. Endlich, im Jahr des hundertjährigen Firmenbestehens, haben wir – d. h. unsere Firma – es zurückgekauft. Ich hatte Vorkaufsrecht, daher fiel mir die Entscheidung leicht; immerhin habe ich in diesem Hause mit meiner Familie 48 Jahre lang glücklich gelebt, wie davor schon gemeinsam mit Eltern und Schwester. An unserem Hochzeitstag, dem 8. Juli, kam es zurück in unseren Besitz. Es gehört jetzt wieder Gebrüder Nolte, denn dahin gehört es auch! Am

1. September 2014 haben wir die Schlüssel zurückbekommen. Jetzt überlegen wir, wie wir es vermieten können. Iserlohn entwickelt sich als Stadt gut und wird auch als Wohnort für vermögende Ruhrgebietler oder Sauerländer immer attraktiver. Vielleicht findet sich ein Mieter, der an dem Anwesen Gefallen findet.

Der Kirche treu geblieben

Manchmal ist es mir schwergefallen auszuhalten, was im Namen der Kirche um uns herum geschieht. Immer wieder kam ich an eine Grenze, an der ich ernsthaft überlegte, aus der Kirche auszutreten. Gelegentlich habe ich mit unseren Pfarrern über solche Fragen hart diskutiert.

Einmal war ich so weit, dass ich erzürnt sagte: »Jetzt ist Schluss, ich trete aus der Kirche aus!« – »Aber wie ist es dann mit der Beerdigung?«, hieß es sofort. Das machte mir keine Sorgen, das könnte im Notfall auch unsere Tochter übernehmen. Den entscheidenden Einwand aber sprach mein Mann aus: Es geht um die Vorbildfunktion. »Stell dir vor, du würdest aus der Kirche austreten, dann würde ich das natürlich ebenfalls tun – wir sind ja eine Einheit. Und dann ginge es wie ein Lauffeuer herum: Warum treten die Bimbergs aus der Kirche aus? Man würde die falschen Schlüsse daraus ziehen, womöglich annehmen, wir wollten nur die Kirchensteuer sparen, und viele würden es uns nachtun. Dann gäbe es bald keine Kirche mehr, mein Kind!«, sagte Peter. »Kämpfe für deine Überzeugungen, mache weiterhin den Mund auf, aber lass uns in der Kirche bleiben. Wir bleiben uns treu!« Damit hatte er recht: Man darf nicht eine ganze Institution infrage stellen, weil man sich über Fehlentwicklungen und über einzelne Pastoren ärgert.

Mein Mann gehörte in den 1970er-Jahren für einige Zeit dem Presbyterium unserer Kirchengemeinde an. Als Presbyter geriet er hin und wieder mit Pastoren aneinander, die zum Beispiel Kinder tauften, deren Eltern nicht mehr der Kirche angehörten, oder Paare trauten, von denen einer kein Kirchenmitglied war. Das lehnte Peter entschieden ab. Er war der Meinung, man könne nicht die »Dienstleistungen«

unserer Kirche in Anspruch nehmen, ohne sich auch an den Kosten dafür zu beteiligen.

Nicht vom Bildschirm abhängig werden!

Im Betrieb haben wir 1973/74 die Buchführung per Computer eingeführt, waren sogar Pioniere bei der Entwicklung einer geeigneten Software. Heute fasse ich privat keinen Computer mehr an. Ich möchte keinen Bildschirm zu Hause haben. Lieber lasse ich mir etwas ausdrucken und lese es auf Papier. Diese Hektik mit der ständigen Erneuerung der Software und Hardware mache ich nicht mehr mit. Ich will auch kein Internet zu Hause haben. Mit über 80 Jahren will ich meine Lebenszeit lieber anders nutzen, ohne Mattscheibe. Im Stillen lächele ich über Altersgenossen, die abends in Volkshochschulkurse gehen, um den Umgang mit Internet und E-Mail zu lernen, damit sie am Ball bleiben – nein, das möchte ich nicht. Ich muss nicht mehr modern sein.

Meine Enkelin Anna-Meta hat mit zwölf Jahren ein Handy bekommen. Meine Tochter hatte festgestellt, dass es Situationen gibt, in denen es hilfreich ist, ein solches Gerät zu haben – etwa wenn man vergeblich auf einen Bus wartet und gerne abgeholt werden möchte. Aber Anna-Meta hat mir selbst erklärt, ich solle bloß nicht glauben, dass sie nun bei jedem Anruf ihrer Mutter ans Handy gehe oder gar SMS-Nachrichten lese – und das trotz des Berufes ihres Vaters, der den ganzen Tag mit seinen Computern wirtschaftet. Klara, ihre jüngere Schwester, hat mich neulich gefragt, ob ich auf Facebook sei. »Nein«, habe ich geantwortet. »Bei Twitter denn?« – »Nein, auch nicht.« – »Aber Oma Irmgard schon!« – »Ja, die schon. Ich nicht, ich will das nicht.« – »Dann bist du wie Mama, die ist auch nicht auf Facebook!«, stellte sie fest.

Mir ist selbst der Fernseher schon ein Bildschirm zu viel. In Grömitz ging uns unser kleines Fernsehgerät kaputt, zwei Jahre vor dem Tod meines Mannes. Peter entschied sofort, ein neues Gerät sei unnötig. Und jetzt genieße ich es, wenn ich Zeit habe und nach Grömitz fahre, dass mich kein Fernseher in Versuchung führt. Ich nutze unsere schöne Musikanlage und höre einige der vielen schönen Platten und CDs, die mein Mann gesammelt hat, und genieße so gute klassische oder geistliche Musik und auch Hörbücher. Man kann sich zu etwas Gutem »zwingen«, indem man anderes entbehrt. Auch Schreiben kann eine Lust sein. Ich habe neulich meine alten Briefe gefunden, ein Schatz – ebenso wie die über 500 handgeschriebenen Briefe meines Mannes und meine Gegenbriefe. Nur leider geht das Schreiben nicht mehr so gut wie früher, weil meine Hände dafür nicht mehr beweglich genug sind.

Aus meinem ersten Tagebuch

Zu Weihnachten 2000 schenkte mir Petra einen Kalender als Tagebuch mit der Anregung, darin doch wenigstens ein paar Erinnerungen festzuhalten. Es war mein erstes und einziges Tagebuch, das ich im Januar 2001 mit guten Vorsätzen zu führen begann. Weil es jener Januar besonders in sich hatte, zitiere ich hier daraus:

Was im Januar wichtig ist:
1) Gebet
2) Gott danken, dass wir das Jahr 2001 gesund beginnen durften an Leib und Seele und im Vertrauen auf ihn
3) Aktiv aufräumen, was im Weg ist, äußerlich und innerlich!
16. Januar: Bin auf Fußweg zur Firma 7.45 Uhr gestürzt, habe Oberarm und dreimal die Schulter gebrochen, Schmerzen – Schmerzen – Schmerzen, keine OP!
17. Januar: Peter lernt Waschmaschine und nimmt meine Erklärungen gütig an.
20. Januar: Frl. Frohwein bringt mir die ersten Akten ins Krankenhaus.
24. Januar: Besuch von Elisabeth.
25. Januar: Beerdigung der Mutter eines Mitarbeiters.
26. Januar: Um 11 Uhr wird Elisabeth per Notarzt ins Krankenhaus gebracht, Reanimation gelingt nicht, sie stirbt.

27. Januar: Hanna fliegt mit Hubschrauber nach Lünen: Hirnblutung. Ihre Blumen stehen noch bei mir im Krankenhaus.

28. Januar: Ich bin in die Messe gegangen. Frei nach Jeremia ging es darum, wie ein Autoreifen 3 mm Profil haben muss, um gut zu laufen, so braucht auch ein Christ drei Profile: Berufung, Bekenntnis und Vertrauen. Das erste Mal mit Peter im Krankenhausgarten gewesen, nachmittags auch mit Petra.

29. Januar: Tod einer weiteren Mitarbeiter-Mutter; Beginn meiner Bewegungsübungen mit Motorschiene und Pendeln.

30. Januar: Blutdruck 200/110, die Nacht war beängstigend; Chef ordnet Ruhe an, kein Besuch! Mittagsgebet mit Kai-Uwe, 10 Minuten mit Sondererlaubnis.

31. Januar: Beerdigung Elisabeth.

9. Februar: Erstmals wieder im Betrieb.

So begann also das Jahr 2001. Im Frühjahr kam dann noch der lebensbedrohliche Brustkrebs hinzu. Meine Aufzeichnungen habe ich nicht weitergeführt.

Auch Krankheiten gehören zum Leben

Ich frage mich als alter Mensch manchmal, ob die Menschen nicht wieder mehr Mut zum Leben und auch zum Kinderkriegen haben müssten. Oft sind die jungen Leute heute so verzagt und auch zu bequem: Sie schrecken vor den Lasten zurück, die mit einer Familie verbunden sind. Die Folge ist: Sie müssen auch auf die Freuden verzichten, die eine glückliche Familie schenkt!

Das gleiche gilt für Krankheiten: Ich habe genügend Krankheiten durchgemacht, um mitreden zu können, wenn mir jemand sein Leid klagt. Das aber will ich gar nicht. Natürlich gibt es noch viel Schwereres, als ich zu tragen hatte. Es ist oft eine Frage, wie man mit seinen Krankheiten umgeht. Mir hat ein Arzt gesagt: »Mit deiner krummen Wirbelsäule musst du doch immer Schmerzen haben!« – »Das mag sein«, antwortete ich, »aber ich spüre sie nicht.« Das, so sagte er, liege wohl daran, dass die Schmerzen zu meinem Leben gehörten. »Du hast sie als einen Teil von dir angenommen, ebenso wie deine ungefärbten grauen Haare. Das ist es, was dich ausmacht, und deshalb kannst du damit fertigwerden.«

Gott legt keine größere Last auf, als wir zu tragen imstande sind. Ein Kamel in der Wüste, das zu schwer beladen wird, geht keinen Schritt weiter! So erlebte ich es auch selbst immer wieder: Gott legte mir immer wieder die Last der Krankheit auf, damit ich zur Ruhe kam.

Einmal litt ich an einer schweren Brustdrüsenentzündung, die nach einer weiteren Operation entstanden war. Ich konnte die starken Schmerzmittel nicht vertragen, sodass mein Mann schließlich in die Apotheke ging, um Morphiumpflaster für mich zu kaufen. Der behandelnde Arzt hatte mir dafür ein spezielles Rezept ausgestellt. Peter saß an meinem Bett, las sich den Beipackzettel durch und bat mich schließlich: »Nimm das nicht!« – »Aber du hast doch ein paar Hundert Mark dafür bezahlt!«, sagte ich. »Darauf kommt es hier nicht an; ich denke, du wirst bewahrt, wenn du das nicht nimmst«, gab Peter zu bedenken. Die Schmerzen waren kaum zum Aushalten, ich stand förmlich neben mir. Aber diese Bitte meines Mannes half mir, das Leiden ohne weitere schmerzstillende Medikamente zu überstehen. Ich hatte mir gesagt: »Jetzt will ich wenigstens meinem Mann den Gefallen tun und das Morphium nicht nehmen.«

All meine schweren Krankheiten habe ich nur überstehen können, weil mein Mann immer bei mir war. Er hat immer mit mir im Zimmer gelegen und mich nicht allein gelassen. Zum ersten Mal tat er das 2001, als mir in Mönchengladbach ein Chefarzt sagte, ich hätte Brustkrebs; er müsste mich umgehend, und zwar innerhalb von zwei Tagen, operieren. »Bin ich denn schon des Todes?«, fragte ich zurück. »Nein, aber wir dürfen die Operation nicht aufschieben«, erklärte der Arzt mit Entschiedenheit.

Erst wenige Wochen zuvor hatte mich ein Gynäkologe untersucht und nichts Auffälliges gefunden. Wo sollte ich nun hin? Am einfachsten war es, gleich in Mönchengladbach zu bleiben. »Aber nur, wenn mein Mann mit aufgenommen wird«, sagte ich. »Das geht nicht!«, wehrte der Arzt ab. »Das haben wir noch nie gemacht, Sie müssen doch in die Gynäkologie, da sind nur Frauen! Was meinen Sie, was passiert, wenn dort auf dem Flur oder womöglich noch im Waschraum plötzlich ein Mann auftaucht!« Ich bestand jedoch auf Peters Begleitung, und so verlegte der Arzt zwei Frauen aus dem einzigen Zweibettzimmer, das ein eigenes Bad hatte, in ein anderes Zimmer und wir wurden beide aufgenommen. Peter hatte versprechen müssen, sich so unsichtbar wie möglich zu machen. Er durfte nur auf den Flur treten, wenn allgemeine Besuchszeit war. So habe ich an der Seite meines Mannes diese schwere Operation und die Krankheit überstanden.

Anfang Juni 2003, kurz vor dem 75. Geburtstag meines Mannes am 1. Juli, den wir als seinen Ehrentag groß feiern wollten, konnte ich eines Morgens in Grömitz nicht aufstehen, weil mein Knie nicht mehr zu bewegen war. Ich hatte furchtbare Schmerzen. Ein weitläufig verwandter Sportarzt aus dem benachbarten Cismar spritzte mir Cortison und stellte fest, dass die Kniescheibe verrutscht war – ohne irgendeine besondere Belastung. Da Einrenken nicht funktionierte, Wickel und Bandagen ebenfalls nichts nützten, musste ich zum CT. Nach Auswertung der Bilder wollte man mich gleich im Krankenhaus behalten, um mir ein künstliches Kniegelenk einzusetzen – denn in meinem Knie sei nichts mehr an seinem Platze. Schon in jungen Jahren hatte ich mir beim Skifahren einen Meniskusschaden zugezogen.

Jetzt aber dachte ich an den nahenden Geburtstag meines Mannes, der in seinem Elternhaus auf Gut Lenninghausen in der ehemaligen Scheune gefeiert werden sollte, die inzwischen für größere Feste hergerichtet war. Die Einladungen waren bereits verschickt. Also bestand ich erfolgreich darauf, zurück nach Iserlohn zu fahren. Von der Autobahn ging es direkt ins Krankenhaus, mit den CT-Bildern im Gepäck. Da ich zudem eine schwere Bronchitis bekam, musste man mich zwischenzeitlich auch noch in einen Inhalationsraum hieven. Eine Operation schien unvermeidlich. Man entschloss sich auf meinen Wunsch hin zu einem minimalinvasiven Eingriff, um mich schneller wieder auf die Beine zu kriegen. Erneut kam ich unter Narkose. Ich hatte bereits zwei Jahre zuvor den schweren Brustkrebs überstanden und eine

Bauch-OP hinter mir, bei der man mir 50 cm meines Darms nach einem Durchbruch herausgeschnitten hatte. Die dreifach gebrochene Schulter war inzwischen ebenfalls repariert. Leider klappte es jetzt mit dem schnellen Auf-die-Beine-Kommen nicht: Trotz geringfügiger Operationsbelastung blutete mein Knie immer weiter und wollte nicht heilen. Auch laufen konnte ich nach wie vor nicht, obwohl man mithilfe eines Bewegungsapparates versuchte, das Gelenk wieder belastbar zu machen. Zu Peters Geburtstagsfeier fuhr man mich im Rollstuhl. Es dauerte noch Wochen, bis ich wieder gehen konnte.

Eine kleine Begegnung am Rande beeindruckte mich damals nachhaltig. Ich traf im Krankenhaus einen jungen Mann, der beim 1. FC Köln in der Fußballbundesliga spielte. Der erzählte mir, dass der Iserlohner Professor Garde eine Koryphäe auf dem Gebiet der Knieprothetik und Knorpelverpflanzung sei; der habe ihm endlich helfen können, nachdem andere Ärzte erfolglos geblieben waren. Der junge Fußballer freute sich darauf, bald wieder spielen zu können. Er berichtete mir von einer Stiftung, die die Forschung auf dem Gebiet der Knorpelverpflanzung unterstützt. Ich freute mich, dass dieser Fußballer ausgerechnet in Iserlohn zu neuer Gesundheit gefunden hatte, und war gleich bereit, diese Stiftung zu unterstützen. Wunder gibt es immer wieder, wenn man sich aufgeschlossen zeigt.

Leidige Rückenprobleme

Als Reiterin bin ich früher einige Male vom Pferd gestürzt. Da ich jung war, beschäftigte mich das nicht lange. Selbst als ich einmal den Zügel nicht lang genug gelassen hatte und neben meiner tragenden Zilla in der Stalltür eingequetscht wurde, waren meine Schmerzen bald wieder vergessen. Wenige Jahre später aber, als ich in Freiburg studieren wollte und davor routinemäßig geröntgt wurde, fiel dem Arzt auf, dass mit meinem Rücken etwas nicht stimmte: Ich wirkte irgendwie »platt gedrückt«. Da fielen mir meine Reitunfälle ein, die wohl ihre Spuren hinterlassen hatten.

Zum ersten Mal machte mir mein Rücken zu schaffen kurz nach

Fritzis Geburt. Ich hatte einen geblümten Teppich aus altem Familienbesitz zur Reinigung gegeben, den ich im Kinderzimmer ausrollen wollte, damit das Baby darauf liegen konnte. Der saubere Teppich war zusammengeschnürt per Post geliefert worden. Nun wollte ich ihn in der Mittagspause schnell ausbreiten. Als ich mich bückte, um das schwere Paket aufzuschnüren, fuhr mir ein furchtbarer Schmerz in den Rücken. Es war mir unmöglich, mich wieder aufzurichten. Peter fuhr mich – krumm, wie ich war – ins Krankenhaus, wo man die betroffenen Wirbel wieder einrenkte. Zu Hause musste ich zur Schmerzlinderung noch regelmäßig, auf einem Brett liegend oder in unserer übergroßen Schürzenwanne badend, massiert werden. Ich stillte ja noch unsere Fritzi. Deshalb ging ich zunächst nicht wieder in den Betrieb.

Ein weiteres Mal geschah mir Ähnliches, als ich mit den Kindern in Grömitz war. Wir kamen vom Strand in unsere Ferienwohnung. Ich war vermutlich unterkühlt, da ich nach dem Schwimmen zuerst dafür gesorgt hatte, dass die Kinder wieder etwas Trockenes anzogen, bevor ich selber meinen Bikini wechselte. So kam ich nass nach Hause. Als ich das Schnapprollo an der Loggia hochzog, fühlte ich einen stechenden Schmerz im Rücken, der mich nahezu bewegungsunfähig machte. Peter brachte mich danach jeden Tag zum Arzt, wo ich Spritzen gegen die Schmerzen bekam. Da der Nerv im Wirbelkörper eingeklemmt war, litt ich auch unter kalten Füßen und Händen. Ich schlief daher auf einem übergroßen Heizkissen. Es dauerte eine Zeit, bis es wieder besser ging. Man legte mir nahe, ein Korsett zu tragen, um den empfindlichen Rücken zu stabilisieren. Doch ich wollte nicht so eingeschnürt sein, befürchtete auch ein Erschlaffen meiner Muskulatur.

Den letzten und größten »Crash« im Rücken erlebte ich im Winter Ende 1994, ausgerechnet kurz vor Eröffnung unseres Saab-Zentrums in Hemer. Petra und ich kamen gerade von der kalten Baustelle zurück. Als ich im Betrieb eine Akte in die Hand nehmen wollte, ging plötzlich nichts mehr. Ein Wirbel im Rücken war gebrochen, genau an meiner empfindlichen Stelle. Vermutlich hatte ich ihn mir früher bei einem der Reitunfälle bereits angebrochen. Die kittende Knorpelmasse, die ein junger Körper schnell aufbaut, gibt im Alter wieder nach. Zum Glück hielt sich gerade ein Arzt, ein Freund meines Mannes, auf unserem Parkdeck auf und konnte mich sofort versorgen, indem er mich im Büro auf den Boden legte und mir eine Spritze gab, damit ich überhaupt etwas bewegen konnte. Ich wurde nach Hause gebracht und bekam dort morgens und abends mit langer Nadel Spritzen rechts und links der Wirbelsäule gesetzt. Immer wieder überprüfte der Arzt, ob noch Leben in den Armen und Beinen war. Wegen der starken Schmerzen, die nicht nachließen, zog man ernsthaft in Erwägung, mein Leiden mithilfe einer Operation zu beenden. Der Hubschrauber nach Hamburg, wo der eingeklemmte Nerv durchtrennt werden sollte, war schon bestellt. Ich wäre danach gelähmt, aber schmerzfrei gewesen. Noch einmal untersuchte mich ein Radiologe per CT. Er stellte fest, dass die verletzte Stelle nur 1 mm entfernt war von dem Wirbel, wo der damalige Innenminister Wolfgang Schäuble vier Jahre zuvor eine Querschnittslähmung erlitten hatte. Für mich war es ein Wunder. Ich wurde nicht operiert, sondern schließlich mit konservativem Verfahren geheilt.

Ich konnte sogar an Petras erster Betriebseröffnung in Hemer teilnehmen. Es war der 11. November 1994, ihr Geburtstag. Zwar hatte mir der Arzt dringend von der Teilnahme abgeraten, doch ich mochte seinem Rat nicht folgen. Er spritzte mir daraufhin die höchstmögliche Dosis Cortison, damit ich den für mich so wichtigen Tag überstehen konnte. Petra besorgte mir einen geeigneten Bürostuhl zum Sitzen, denn ich wollte nicht im Rollstuhl auftreten. Auf den Fotos dieser Eröffnung sieht man mein ganzes Elend. Ich kauerte auf meinem Sitz, trug drei Strickjacken übereinander, weil ich so erbärmlich fror – aber ich war dabei! Anschließend ging es weiter mit dem Spritzenprogramm, bis der Rücken wieder neue Tragkraft gewonnen und sich der Nerv beruhigt hatte.

Ich behaupte: Alles ist Gottes Wille, alles hat seinen Sinn! Mir half er, mit den Schmerzen fertigzuwerden. Inzwischen ist eine Niere von den vielen Medikamenten geschädigt, aber die andere arbeitet noch.

Ich weiß wohl, dass ich keine Schmerzmittel mehr nehmen darf, weil ich sonst an die Dialyse muss. Das möchte ich unbedingt vermeiden, zumal man ohnehin kaum noch Venen an mir findet, die sich von einer Spritze erwischen lassen. Dem linken Arm, der stets anschwillt, kann wegen der 19 gezogenen Lymphknoten kein Blut mehr entnommen werden. Im rechten Arm machen sogenannte Rollvenen die Blutentnahme recht schwierig. Mein Dilemma ist, dass ich, um die Nieren zu unterstützen, viel trinken müsste, aber wegen des schwachen Herzens nur wenig trinken darf, um es nicht zu überlasten – eine Folge des Herzinfarktes, der mich am 9. Februar 2010 nachts ereilte.

Dennoch nehme ich das alles nicht so schwer, sondern freue mich, dass ich noch auf Erden sein darf. Ich versuche alles, um meine Gesundheit zu erhalten und die schwachen Glieder und Organe zu entlasten, so gut es geht. Der Pflegedienst der Diakonie ist täglich pünktlich morgens um sechs Uhr zum Anziehen bei mir. Ab und zu muss jedoch wegen anderer Notwendigkeiten in Betrieb und Familie die Vorsorge häufig zurückstehen. Es fällt mir oft schwer, neben all dem, was ich bedenken und leisten muss, auch auf mich selbst zu achten.

Täglich bin ich dankbar dafür, dass mir Hilfe von freundlichen Menschen zuteilwird. Ein kluges Wort von Petra Würth geht mir nicht aus dem Sinn:

Gut, dass es Menschen gibt, mit denen wir leben!
Was wäre die Welt ohne ihre Ideen, ihre Energien, ihre Worte, ihre Talente,
ihre Stärken und auch ihre Schwächen?
Sie würden uns fehlen!

Auch ich sage: Wenn ich keine Menschen gehabt hätte mit all ihren Kräften und Fähigkeiten – wo wäre ich heute?

Glücksmomente

Hin und wieder werde ich von Gleichaltrigen gefragt, ob ich wirklich in der Arbeit mein ganzes Glück fände, denn immerhin arbeitete ich doch nun schon fast 20 Jahre länger, als es Handwerker, Angestellte oder Beamte tun, die nach einem langen Berufsleben mit 65 (plus/minus) in Rente bzw. Pension gehen und ihren Ruhestand genießen. Auf solche Fragen antworte ich stets: Arbeiten bedeutet für mich, »Freude zu schaffen«. Mein Leben lang bin ich von bösen Krankheiten bedroht gewesen. Wenn ich nach vielen Tagen der Angst an meinen Arbeitsplatz zurückkehren konnte, freute ich mich immer riesig, dass ich mich wieder erfolgreich im Gefüge unseres Betriebes bewähren durfte. Arbeit wie auch der Segen Gottes haben mich zu einem glücklichen und dankbaren Menschen gemacht, besonders wenn ich spürte, dass meine Arbeit reiche Früchte trug.

»Dann geht es Ihnen also um neue Früchte, die sie ernten möchten, um Ihren Reichtum weiter zu mehren«, hörte ich einmal von einem recht frech-forschen Mann. »Wahrer Reichtum ist nicht der Besitz eines Menschen, sondern das ist er selbst!«, war meine Antwort. »Der eigentliche Sinn des Reichtums ist, freigiebig davon weitergeben zu dürfen. Es geht nicht um mich, sondern um ein jetzt über hundert Jahre bestehendes Unternehmen und ganz besonders um Sicherheit und Glück unserer rund 200 Mitarbeiter. Dafür bin ich gern mit ihnen zusammen Tag für Tag auf den Beinen. Aber es gibt tatsächlich noch höhere Werte als Reichtum. Denken wir dabei einmal an den Begriff ›Zufriedenheit‹! Sie übertrifft den Reichtum bei Weitem. Das gilt sowohl für mich und meine Familie wie auch für die Familien unserer Beschäftigten.«

Nun zeigte sich mein Fragensteller einsichtig: »Wenn Sie das so sehen, bin ich natürlich gleichen Sinnes wie Sie.« Damit war der Disput beendet, nicht aber jene bohrende Fragen, die mich nun selbst beschäftigten.

Mir ist klar, dass der Begriff »Glück« schwer zu fassen ist und dass das Glück meines Lebens von der Beschaffenheit meiner eigenen Gedanken abhängt. Dem rastlos Tätigen bleibt tagsüber keine Zeit, sich darüber Gedanken zu machen. In Wirklichkeit kann Glück wohl nie ein andauernder Zustand sein, sind es doch zumeist nur Glücksmomente, in denen wir selig und von erfreulichen Erlebnissen oder guten Nachrichten wie berauscht sein dürfen. Diese Momente des Glücks tragen uns weiter. Wir bekommen dadurch neue Kraft und Lust zum Schaffen. Hier einige Beispiele aus meinem Leben:

· So bin ich häufig zutiefst beglückt vom Geigenspiel meiner Enkelin Anna-Meta und der spürbaren Harmonie zwischen ihr und ihrer jüngeren Schwester Klara, besonders wenn beide, die eine mit dem sicher geführten Geigenbogen, die andere mit ihrem bezaubernden Gitarrenanschlag, konzertieren.
· Glück empfinde ich, wenn sie mir freudestrahlend eine gelungene Klassenarbeit oder ein Zeugnis vorlegen, das besser ausgefallen ist als gedacht.
· Glücklich bin ich, wenn ich die Familien meiner Töchter in einem entspannenden Urlaub weiß, zumal ich meiner hart arbeitenden Tochter Petra die Last der Geschäftsführung dadurch erleichtern darf, dass ich die Leitung dann allein übernehme und ihr so die Gelegenheit gebe, sich für wenige Tage ganz ihrer Familie zu widmen.
· Weit zurück führen mich immer die Gedanken, wenn ich bei Jubilarfeiern Menschen vor mir sehe, die ich vor 25, 40 oder 50 Jahren eingestellt habe und die nun ihre redlich verdiente Ehrung als treue Mitarbeiter empfangen. Das sind für mich Augenblicke, in denen ich mich glücklich fühle!
· Ganz besonders freue ich mich aber auch über großartige Erfolge unserer Mitarbeiter in den Werkstätten. Und ganz besonders dann, wenn es ihnen gelang, die gefürchteten Werkstatttests der DEKRA hundertprozentig und mit Bestnote abzuschließen. Seit 1999 überprüfen die unabhängigen Experten der DEKRA mit diesen Qualitätskontrollen jährlich die Betriebe der Opel-Service-Partner und die Leistungsfähigkeit ihrer Werkstätten. Bei einem unangekündigten Test wird ein mit versteckten Mängeln präpariertes Kraftfahrzeug von einem uns unbekannten Fahrzeugführer abgegeben, um mängelfrei fachmännisch repariert zu werden. Mit unseren Meistern und Mitarbeitern der Gebrüder Nolte Teams bin ich total glücklich, wenn

alle Fehler entdeckt und fachmännisch beseitigt werden konnten, sodass die technische Werkstattleistung und die optimal abgestimmten
Kundendienstmaßnahmen bei Inspektionen mit »sehr gut« bewertet
und der gesamte Serviceablauf von der Terminvereinbarung bis zur
erfolgten Rechnungsstellung ebenfalls mit der Bestnote »sehr gut«
belohnt werden. Das sind Glücksmomente, die bei allen Beteiligten
noch lange nachwirken!

- Auch wenn ich verfolgen kann, mit wie viel Begeisterung Lehrer mit
  ihren Schülern unsere Werkstätten besuchen, um den jungen Menschen die Welt der Technik zu erschließen, ist es für mich jedes Mal
  eine Freude, in ihre neugierigen Augen zu schauen und zu erleben,
  wie aufgeschlossen sie die Arbeit unserer Instrukteure und Monteure
  verfolgen. Wie sehr sie solche Werkstattbesuche zu schätzen wissen,
  zeigen ihre Fragen, die mich immer wieder zum Staunen bringen.

- Ein Glücksmoment in jüngster Zeit war für mich, als 2016 das In-
  nungshandwerk der Kreishandwerkerschaft Märkischer Kreis der
  Firma Gebrüder Nolte für das Engagement in der beruflichen Ausbildung eine Urkunde verlieh, in der uns bestätigt wird: »Sie leisten
  mit dieser Ausbildung einen wichtigen Beitrag zur Zukunftssicherung
  des regionalen Handwerks.«

Zum Schluss dieses Kapitels passen gut zwei Strophen aus dem
»Glück« betitelten Gedicht eines unbekannten Verfassers (es wird zuweilen fälschlich Clemens von Brentano zugeschrieben):

> *Glück ist eine stille Stunde,*
> *Glück ist auch ein gutes Buch,*
> *Glück ist Spaß in froher Runde,*
> *Glück ist freundlicher Besuch.*
>
> *Glück ist niemals ortsgebunden,*
> *Glück kennt keine Jahreszeit,*
> *Glück hat immer der gefunden,*
> *der sich seines Lebens freut.*

Peters Heimgang

Als unsere lieben portugiesischen Helfer Maria und Antonius 2009 in ihr Heimatland zurückkehrten, ging es Peter bereits nicht mehr gut. Es war abzusehen, dass ich es bald nicht mehr schaffen würde, ihn allein zu versorgen. Maria und Antonius versprachen, uns zu unterstützen, wann und wo immer es nötig sein würde.

Peter war 2007 nach einem Sturz im Wald ins Krankenhaus gekommen, weil er Wirbelgleiten hatte. Dabei können Nerven eingeklemmt, gedehnt und verletzt werden, was starke Schmerzen und Lähmungen verursachen kann. Peter war inzwischen hoch in den Siebzigern, das Leben war für ihn sichtlich mühsamer geworden. Meine vielen bedrohlichen Krankheiten hatten auch ihm sehr zu schaffen gemacht. Als er im Krankenhaus lag, starb am 8. August 2007 meine Schwester – ein weiterer schwerer Schlag für ihn. Aber mein Mann kam wieder auf die Füße und arbeitete sogar weiter im Geschäft, bis er 2009 ganz aus dem Arbeitsleben ausscheiden musste. Wir zogen, wie oben berichtet, vom Tyrol weg nach Schwerte-Villigst in unser dortiges Haus, das wir bis dahin nur an Wochenenden ab und zu benutzt hatten. Hier konnte ich Peter wesentlich besser versorgen. Zudem konnte er sich auf einer Ebene mit Rollator, Rollstuhl oder mit Krücken selbstständig bewegen. Im Garten bauten wir befestigte Wege, auf denen er unterwegs sein konnte. Auf diesem herrlichen Grundstück fühlte er sich inmitten der uns umgebenden landwirtschaftlich genutzten Flächen zunehmend wohler.

Pfingsten 2009 besuchten wir noch zusammen den Kongress der IVCG (Internationale Vereinigung Christlicher Geschäftsleute und Führungskräfte Deutschland e. V.) in Berlin. Helmut Matthies hatte in der sonntäglichen Morgenandacht die Predigt gehalten. Die hatte meinen Mann so berührt, dass er sich unbedingt dafür bedanken wollte. Plötzlich stand er einfach so vom Tisch auf und ging ohne Stock zu ihm – in diesem Augenblick hatte er plötzlich eine solche Kraft!

Anschließend wollten wir noch einen Ausflug zum Wannsee machen. Ich bat an der Rezeption des Maritim Hotels, in dem wir logierten, um einen Rollstuhl. »Oh, leider haben wir keinen Rollstuhl!«, war die Antwort. »Aber wir werden Ihnen einen besorgen.« Sofort lief der hilfreiche Mann auf die Straße, um wenig später wieder zurückzukehren, indem er mitten durch den lebhaften Hauptstadtverkehr einen Rollstuhl vor sich herschob wie andere einen Kinderwagen. Dieses Bild sehe ich heute noch vor mir. Er stellte den Rollstuhl gleich vor ein Taxi und half uns hinein. Das war wunderbar! So fuhr uns das Taxi an den Wannsee und dort schob ich Peter bis direkt ans Wasser heran, während mein lieber Ehemann fröhlich sang: »Pack die Badehose ein, nimm dein kleines Schwesterlein und dann nichts wie auf zum Wannsee!« Wir saßen bald in einem Café am Ufer und genossen die Ruhe. Anschließend fuhren wir zum Hotel zurück und dann mit eigenem Auto weiter nach Grömitz, wo wir noch gemütlich manches Glas Wein zusammentranken. Wenn ich heute eine Flasche Rotwein sehe, muss ich immer an diesen schönen Abend denken – es war der letzte, den wir zusammen in Grömitz erlebten.

In unserem Feriendomizil verschlechterte sich Peters Zustand zusehends. Montags wollte er nach Hause, es ging ihm nicht gut. Wir hatten uns vorgenommen, wenige Tage später wiederzukommen und richtig Urlaub zu machen. Doch daraus wurde nichts mehr.

Wir ließen uns dennoch nicht entmutigen. Am 1. Juli 2009 feierten wir Peters 81. Geburtstag zu Hause. Er besorgte dafür sogar eine Livekapelle, die hier aufspielte. Mit Rollstuhl und Rollator bemühte er sich, in Bewegung zu bleiben.

Danach suchten wir in Siegen einen Rückenspezialisten auf, der sich das Wirbelgleiten noch einmal ansehen sollte. Der schickte uns zur Behandlung nach Münster und dann nach Herne ins St. Anna Hospital. Weil man dort den Wirbelkanal mit der Spritze nicht richtig traf, brach Peter fast zusammen. Wir wollten jedoch nichts unversucht lassen. Ein anderer Arzt passte ihm ein Korsett an, das den Rücken stabilisieren sollte, doch das drückte ihn furchtbar. Schließlich wurde uns noch eine Klinik am Tegernsee empfohlen. Wir hatten bereits gebucht, traten aber die Reise nicht mehr an, weil es Peter immer schlechter ging und er zudem Magenprobleme bekam. Man vermutete zunächst einen Gallenstein, stellte jedoch nach eingehender Untersuchung fest, dass er einen gutartigen Tumor hatte, der ihm irgendetwas abdrückte. Immer wieder musste er ins Krankenhaus. Das war für ihn eine schwere Zeit!

Im Januar 2010 war es so weit, dass ich dringend Hilfe brauchte: Ich rief Antonius in Portugal an und bat ihn zu kommen. Ich war mir sicher, dass er der richtige Helfer für meinen Mann sein würde. Er sollte ihm draußen Wege durch den hohen Schnee bahnen, damit Peter dort seine geliebten Spaziergänge machen könnte. »Ich komme sofort, das habe ich Ihnen versprochen!«, antwortete er. Ich bezahlte die Flugtickets, sodass beide, Antonius und Maria, kommen konnten, um uns zu unterstützen. In meiner Zweizimmerwohnung in der Mendener Straße füllte ich ihnen den Kühlschrank, denn Peter wollte nachts gerne mit mir allein in unserem Hause sein. Sie reisten abends an, ich gab ihnen den Schlüssel und bestellte sie für den nächsten Morgen um sieben Uhr, damit sie mich ablösten und Peter versorgten. Das war am 9. Februar 2010.

Kaum waren sie aufgebrochen nach Iserlohn, da merkte ich, dass etwas mit mir nicht stimmte. Ich fing plötzlich zu frieren an, kalter Schweiß brach mir aus. Ich legte mich neben Peter ins Bett und begann, laut nach ihm zu rufen. Er war aber schon eingeschlafen und hörte mich nicht. Ich lief in die Küche und trank ein wenig. Ich bekam Angst, schloss die Haustür auf und rief Doktor Spanke an, der vier Häuser weiter wohnt, und bat ihn, sofort zu kommen. Dann legte ich mich wieder ins Bett, um nicht umzufallen. Als der Arzt kam, sah er sofort, dass ich einen Herzinfarkt erlitten hatte. Auch die Nieren hatten wohl ausgesetzt, sodass ich gar nicht mehr richtig bei mir war. Sofort wurde der Notarzt geholt, man legte mich auf die Trage und ich hörte mich rufen: »Petra muss her! Ist denn keiner im Haus? Peter kann nicht alleine bleiben!« Danach bekam ich nichts mehr mit.

Die Umstände waren denkbar unglücklich: Petra war abends zu einem Vortrag in Witten, während ihr Mann auf einer Dienstreise in Nürnberg weilte, Maria hütete die Kinder im Hause Pientka. Antonius und die andere Maria waren in Iserlohn und telefonisch nicht zu erreichen. Ich war im Krankenwagen unterwegs nach Dortmund in die Klinik, fror entsetzlich, wurde gespritzt, doch es stand gar nicht gut um mich. Noch in der Nacht setzte man mir drei Stents ein, aber es war offen, ob ich durchkommen würde, weil meine Nieren versagt hatten.

Dr. Spanke blieb bei Peter, bis Petra am späten Abend nach Hause kam und sofort zu ihrem Papa fuhr. Peter regte sich wohl furchtbar auf, weil er nicht verstand, warum ich weg war und andere Leute im Hause herumliefen. Maria blieb die ganze Nacht bei den Kindern. Morgens kamen die Portugiesen zur Ablösung und Petra konnte sich um ihre Kinder kümmern, bevor sie ins Geschäft fahren musste. Nun blieben Antonius und Maria bei uns im Haus, um Tag und Nacht zur Hilfe bereit zu sein. Ich lag mit meinen drei neuen Stents noch auf der Intensivstation in Dortmund; die Narbe blutete gefährlich nach.

Die guten Portugiesen versorgten meinen Peter vorbildlich. Antonius schaufelte Peter sogar Wege im verschneiten Garten frei, damit er draußen ein wenig spazieren gehen konnte. In einer Nacht war Peter stark verwirrt, wie mir Antonius im Nachhinein berichtete: Mein Mann wollte mich unbedingt sofort sehen, so sehr waren wir verbunden. Antonius blieb nichts anderes übrig, als ihn anzuziehen und im Rollstuhl zu einem direkten Nachbarn zu fahren. Peter bestand darauf, dort zu klingeln, um mich abzuholen; er dachte, ich machte dort eben einen Besuch. Vielleicht erinnerte er sich daran, dass ich gelegentlich zu diesen Leuten ging. »Wenn sie nicht hier ist, dann ist sie im Garten!«, sagte Peter und ließ sich durch den Schnee fahren, um nach mir zu schauen, natürlich ohne Erfolg.

Nach kurzem Krankenhausaufenthalt kehrte ich am 16. Februar zurück. Drei Tage hatte ich auf der Intensivstation verbracht, dann war ich einen Tag an die Monitore zur Überwachung angeschlossen gewesen, um danach zwei Tage mit einer weiteren Frau im Zimmer zur Beobachtung zu liegen. Endlich durfte ich nach Hause, nachdem ich schriftlich zugesagt hatte, unverzüglich in die Reha zu gehen. Das unterließ ich aber, denn Peter brauchte mich jetzt. Der freute sich riesig, dass seine Fritzi endlich wieder bei ihm sein konnte. Er suchte sich sorgfältig Anzug, Hemd und Krawatte aus, um mich an der Tür zu empfangen. So konnten wir uns endlich wieder in die Arme schließen!

Leider fing sich Peter dann wohl eine Darminfektion ein, die ich möglicherweise aus dem Krankenhaus von meiner Zimmergenossin mitgebracht hatte, was mich noch heute belastet. Obwohl ich in einem Einbettzimmer lag, hatte man aus Platzmangel diese Frau zu mir ins Zimmer geschoben. Sie litt an einer bösen Infektion. Dann bekam sie Durchfall und durfte nicht mehr die Zimmertoilette benutzen. Trotzdem steckte sie mich wohl an. Diesen Durchfall bekamen nach meiner Rückkehr auch die Portugiesen und leider auch mein Mann, bei dem noch eine Gelbsucht dazukam. Leider konnten die Ärzte das Bilirubin in seinem Körper nicht senken. Es sollte wohl so sein.

Peter lag in seinen letzten Tagen in einem Pflegebett in unserem Schlafzimmer, ich im Gästebett neben ihm, damit er meine Hand halten und mit mir beten konnte. Als er schon sehr schwach war, verbrachte ich die meiste Zeit an seinem Bettrand sitzend. In der letzten Nacht schickten mich unsere Portugiesen für eine Stunde zum Ausruhen in das Gästezimmer. Um vier Uhr nachts aber weckten sie mich wieder: »Der Doktor ist ganz anders als gestern Abend!«, sagten sie. Ich konnte das nicht bestätigen, ich war ja kaum ein oder zwei Stunden vorher noch bei ihm gewesen. Ich setzte mich erneut an sein Bett, in dem er friedlich schlief. Die Infusionen waren durchgelaufen; der Arzt wollte am nächsten Morgen neue anschließen. Nachmittags hatten wir noch das Abendmahl zusammen gefeiert und das Lied »Ich lobe meinen Gott von ganzem Herzen« gemeinsam gesungen. Alles schien da in Ordnung zu sein.

Aber jetzt entschloss ich mich, ihn anzusprechen: »Peter? Ich bin jetzt hier! Deine Fritzi ist hier.« Es war kurz vor fünf Uhr am frühen Morgen des 26. Februar 2010. Er hörte mich, nahm seine Hände hoch und schaute mich mit seinen blauen Augen an – wie damals, als ich ihn zum ersten Mal bei der Fuchsjagd getroffen hatte. Dann schloss er seine Augen, seine Hände fielen wieder hinab – er war friedlich eingeschlafen und heimgegangen. Wie er mich das erste Mal angesehen hatte, so hatte er sich nun auch von mir verabschiedet. Das hat mich tief berührt und mir anschließend die nötige Kraft gegeben. Antonius, der neben mir stand, sagte, Peter habe offensichtlich auf mich gewartet; das habe er gespürt. Deshalb hatte Antonius mich wohl auch schnell geholt.

Peter wurde bei uns zu Hause aufgebahrt, so war es mein Wunsch. Wir beide hatten wiederholt darüber gesprochen, wie schön es wäre, wenn man zu Hause einschlafen könnte. Er sollte nun so lange wie nur möglich noch zu Hause bleiben. Ich besprach das mit unserem Arzt Dr. Spanke. Er ließ sich noch einmal versichern, ob ich mir das wirklich zutraute, und stellte dann den dafür nötigen Antrag, damit alles vorschriftsgemäß geregelt werden konnte. Bis es so weit war, nahm ich die Angelegenheit auf meine Kappe. Der Bestatter kam und bettete meinen Mann in einen Sarg aus knorriger Eiche ein, wie er zu unserer Familie passte. Den Raum gestalteten wir würdevoll. Und so lag mein Mann noch fünf Tage aufgebahrt bei uns im Hause. Familie und Freunde konnten sich dort in aller Ruhe von ihm verabschieden. Erst am Morgen der Beerdigung – es war Mittwoch, der 3. März – kam auch die Antragsgenehmigung von der Stadt mit einer Anzahl von Verhaltensregeln, die zu beachten seien; für uns spielten sie keine Rolle mehr. Bestattet wurde Peter in Iserlohn in der Nolte-Grabstätte, wie wir es Jahre zuvor mit meiner Schwester besprochen hatten.

Im Nachhinein sehe ich mich darin bestätigt, dass manche Entscheidungen, die man »aus dem Bauch heraus« für richtig hält, einfach getroffen werden müssen, notfalls ohne auf eine Erlaubnis zu warten. Noch heute gebe ich auf die Frage »Dürfen wir das denn?« gelegentlich zur Antwort: »Wir machen das einfach! Wenn wir es nicht dürfen, werden wir es später schon erfahren.« Wenn man immer auf eine Erlaubnis warten will, kann es leicht einmal zu spät sein.

Danach kam für mich die Stille der Einsamkeit. »Einfach dasitzen«, riet ein Onkologe aus Mönchengladbach. Das habe ich beherzigt. An einem schönen Sommertag im Schatten zu sitzen und ins Grüne zu blicken kann die beste aller möglichen Erquickungen sein, denn Gottes schöne Schöpfung Erde ist für viele Menschen schon zu einem Gesundbrunnen geworden, so auch für mich.

Gern übernommene kulturelle Verpflichtungen

Zuweilen ertappe ich mich dabei, in von mir sorgfältig verwahrten Papieren zu kramen. Ich hebe sehr viel – vielleicht zu viel – auf an schön formulierten Einladungen, Programmen und Veranstaltungsankündigungen, die mir besondere Freude gemacht haben. Bei Durchsicht solcher Erinnerungsstücke von Liederabenden, Hauskonzerten und Vorträgen aller Art kommt bei mir immer wieder Freude auf. Wie vielfältig ist doch das Kulturangebot in meiner Heimatstadt Iserlohn gewesen! Wie viele bekannte Größen aus den Bereichen Musik, Philosophie, Literatur und Kunst habe ich kennenlernen dürfen und wie reich hat uns unser Parktheater auf der Alexanderhöhe mit Darbietungen von Sängern, Orchestern, Schauspielern, auch außergewöhnlich geistreichen, oft humorvollen Vortragenden beschenkt! Wer bedenkt, wie viele Preisträger bei regional und bundesweit ausgetragenen Musikwettbewerben aus der Iserlohner Musikschule hervorgegangen sind, die später große Erfolge als Sänger, Instrumentalisten und Dirigenten feierten, darf ich ein wenig stolz sein auf die in Iserlohn geleistete Kulturarbeit.

Wer das Glück hatte, eine sorglose Jugend zu verleben und weit in der Welt herumzukommen, und dann einen Beruf ausübt(e), der ihm erlaubt, frei vom finanziellen Zwängen zu leben, der sollte auch an die denken, denen das Glück weniger hold war oder ist. Er muss die Verpflichtung verspüren, seinen Mitmenschen, und hierbei ganz besonders den jungen und strebsamen unter ihnen, von seinem Reichtum etwas abzugeben. Unter Reichtum verstehe ich nicht nur klingende Münze oder materielle Werte. Ein großer Erfahrungsschatz, eine noble und großzügige Grundeinstellung und ein Gefühl tiefer Dankbarkeit, das sind in meinen Augen wahre Reichtümer. Gebefreudige sollten bereit sein, aus einem solchen Fundus etwas abzugeben, um damit andere zu bereichern und zu beglücken, auch auf kulturellem Gebiet. Erfreulicherweise haben erstaunlich viele Iserlohner Unternehmer dies immer wieder als ihre Verpflichtung angesehen.

Nicht immer finden Menschen leicht Zugang zur Sphäre des Kulturellen, besonders wenn sich ihr Sinnen und Schaffen fast ausschließlich der Technik und der Fertigung bestimmter Dinge zugewandt hat. Oft wissen sie gar nicht, was sie entbehren. Deshalb sollten wir ihnen helfen, den rechten Weg zu finden. Üblicherweise haben Schulen und Kirchen schon wegweisend gewirkt, doch häufig fehlt solchen rastlos Schaffenden Zeit, Anstoß und manchmal auch Geld, sich dem »Wahren, Schönen und Guten« zuzuwenden. Hier sind nicht zuletzt erfolgreiche Unternehmer gefragt, ihren Mitmenschen Wege zum Verständnis von Kunst und Kultur aufzuzeigen.

Ich habe es lebenslang für meine Pflicht gehalten, im Rahmen unserer und meiner Möglichkeiten Kulturpflege im weitesten Sinne zu betreiben. Dafür habe ich großes Verständnis breiter Kreise gefunden. Inzwischen habe ich erkannt, dass diese Ziele nicht ohne notwendige Spendenbeiträge zu erreichen sind. Florierende Unternehmen als Sponsoren können hier manches finanzieren und möglich machen.

Auch im Kleinen können wir alle etwas tun, um Interesse zu wecken und Begabte zu fördern, etwa auf dem Gebiet der Musik. Schon als wir noch unser Wohnhaus am Tyrol in Iserlohn hatten, waren unsere dortigen Hauskonzerte ein fester Bestandteil unseres Lebens. Die seinerzeit eigens gedruckten Programme künden noch heute von der Qualität des Dargebotenen und den froh musizierenden Interpreten. Es waren neben Jugendlichen aber auch weithin bekannte Solisten, die Bedeutendes zu Gehör brachten. Oft haben sich Leiter und Lehrer der Iserlohner Musikschule dabei verdient gemacht. Franz Weilnhammer und Attila Kubinyi verstanden es, uns nicht nur gute Solisten zu vermitteln, sie wirkten selbst mit ihren großartigen Beiträgen als Pianisten, Klarinettisten, Meistergeiger und Gitarristen von Weltrang in unseren Häusern mit. Sie gaben den anwesenden jungen Solisten die Gelegenheit, Selbstvertrauen zu gewinnen, wenn sie hier auftraten, um zu zeigen, was sie konnten. Kostproben ihres Könnens haben unsere Kinder Petra (Geige) und Fritzi (Klavier) im Hauskonzert am 22. Dezember 1984 abgelegt. Von unseren Hauskonzerten sind mir die »Märchenerzählungen« op. 132 von Robert Schumann und das bezaubernde Trio Nr. 7 für Klarinette, Viola und Klavier (»Kegelstatt-Trio«) von Mozart in lebhafter Erinnerung.

Nach Bezug unseres Hauses in Schwerte-Villigst haben wir diese Konzerte fortgeführt. Grund dafür waren die erfreulichen Fortschritte unserer Enkelinnen in der Beherrschung ihrer Instrumente. Unseren Gästen boten wir neben dem Musikgenuss aber auch andere »geistige Kost«. Mal sprach ein Botschafter über sein Land und seine Landsleute; mal hatten Pfarrer und Schuldirektoren das Wort; Wirtschaftsprüfer und Politiker verstanden es, unseren Horizont zu weiten. Es gab Dichterabende; Schriftsteller lasen aus ihren neu erschienenen Werken. Bei Quizveranstaltungen konnte jeder Gast unter Beweis stellen, wie umfangreich seine Allgemeinbildung war. Unter den Vortragenden waren auch Bundestags- und Landtagsabgeordnete, sogar Präsidenten. Hier darf ich Professor Dr. Otto Wulff, den Vorsitzenden der Senioren-Union (CDU), besonders erwähnen. Auch Heimatforscher wie Rektor Friedhelm Arno Berthold und der Heimatpfleger, Architekt und Dichter Ernst Dossmann, Dr. Cochlovius vom Gemeindehilfsbund, Referenten aus der IVCG, profilierte Vertreter der Kirchen und manch andere trugen ihren Teil zum Gelingen unserer Veranstaltungen bei.

So dürfen wir behaupten, dass wir als Gastgeber das »Kultivieren« ähnlich wie unsere Ahnen mit Fleiß betrieben haben. Wir verstehen unter Kultur heute die Gesamtheit der geistigen und künstlerischen Ausdrucksformen unseres Volkes wie auch anderer Völker unserer Erde. Dabei wollen wir ständig bemüht bleiben, mithilfe geistiger, seelischer und geistlicher Fortbildung eine Lebensweise zu erreichen, von der man sagen darf, sie sei »kultiviert« und in rechter Weise »verfeinert«.

Frei für die Firma

Der liebe Gott macht keine Fehler. Davon bin ich überzeugt. Auch wenn er uns Peter genommen hat, wird das seinen Sinn haben. Ich darf jetzt Petra wieder uneingeschränkt zur Verfügung stehen. Sie braucht mich nicht mehr für die alltägliche Arbeit. Doch im gemeinsamen Gespräch kann ich manche Hilfe leisten. Sie hat noch viele Fragen an mich und gewinnt mit jedem Tag besser den Überblick über die oft komplizierten Firmenverpflichtungen. Deshalb wünscht sie sich meine Begleitung, die ich ihr gern gebe. Ich werde so lange arbeiten, wie mich der liebe Gott lässt. Die wichtigsten Entscheidungen zu treffen, überlasse ich jedoch ihr.

Früher war es leichter, eine Firma wie die unsere zu führen. Ich bin aufgewachsen in einer OHG, einer offenen Handelsgesellschaft. Mein Vater hat dann die KG gegründet, da war es ähnlich: Alle Erlöse flossen in einen Topf für die Investitionen der Firma. Als das Unternehmen größer wurde, wuchs die Einsicht, Grundstücke und Gebäude trennen zu müssen vom operativen Geschäft, wie es heute die meisten Firmen halten. Außerdem mussten für die unterschiedlichen Automarken, die wir führen, eigene Firmen gegründet werden. Immer noch sind wir eine Personengesellschaft, eine GmbH & Co. KG. Vor den Gesellschaften haben dann die Verwaltungs- und Beteiligungsfirmen ihren Platz: Die eigene Autofirma muss von der eigenen Immobilienfirma mieten. Bei Investitionen sind wichtige Fragen zu klären: Gehören zum Beispiel die neuen Hebebühnen zum Gebäude oder zum »operativen Geschäft«? Wer muss bezahlen, wie ist es mit den anfallenden Reparaturen? Ich kenne den Aufbau genau. Die Trennung der Geschäftsbereiche ist nötig und wichtig!

Seit 2009 haben wir Volkswagen im Angebot. Damals stellte sich die Frage: Sollte dieses Geschäft zu einer neuen Firma werden oder sollten wir es integrieren? Wir waren für das Integrieren, um nicht wieder mit einer neuen Firma anzufangen. Volkswagen ist insofern problematisch, als der Konzern eine sehr strenge Wirtschaftspolitik hat. Für uns aber ist wichtig, dass wir mit VW und Honda neben Opel und Chevrolet etwa 30 bis 35 Prozent des heimischen Marktes abdecken. Das heißt: Jeder Dritte, der hier ein Auto kauft, kauft es bei uns. Wir können den Markt ein wenig mitgestalten.

Und unsere Zielsetzung ist klar: Bei uns geht der Mensch und damit die Sicherung der Arbeitsplätze vor. Wir müssen alles daransetzen, gute Autos zu verkaufen und beste Serviceleistungen anzubieten, um so unseren Mitarbeitern ihre Arbeitsplätze zu erhalten und auch weiterhin junge Menschen ausbilden zu können. Möglichst alle sollen in Lohn und Brot bleiben und eine sinnvolle Aufgabe haben.

Petra sieht heute dank moderner EDV im Nu, wie stabil die einzelnen Betriebe dastehen. Sie hat die Konten ständig im Blick. Auch unsere Betriebsleiter sehen jeden Tag die Ergebnisse und wissen daher genau Bescheid. Schon mein Vater vertrat den Standpunkt, dass wir nichts zu verbergen hätten. Wer Verantwortung trägt, muss die nötigen Einblicke haben. Geld spielt bei einem solchen Unternehmen natürlich eine wichtige Rolle. Schnell bleibt einmal ein paar Monate in Folge eine rote Zahl unterm Strich stehen, denn Löhne, Gehälter und Sozialbeiträge fließen kontinuierlich ab. Wenn die Eigenkapitaldecke zu dünn ist, gerät man schnell ins Schlingern. Diese Zusammenhänge muss man erkennen und ständig im Auge halten!

Ich sage deshalb: Liquidität geht vor Rentabilität. Wenn Ware alt ist, muss man sie schnell loswerden. Augen zu und ab damit in den Verkauf, denn wir brauchen das Geld! Was nützt es mir, wenn ich an überalterter Ware festhalte, nur weil ich sie einst teuer eingekauft habe? Wenn der Markt es nicht anders erlaubt, muss eben mit Verlust verkauft werden; das passiert immer wieder. Wenn Geld fehlt, kann man nichts Neueres einkaufen. Leicht verkalkuliert man sich schon beim Einkauf, die Verluste kommen später unweigerlich.

Die Opel-Krise macht sich natürlich auch bei uns bemerkbar. »Verkaufen kann man alles, es kommt nur auf den Preis an«, heißt die Devise. Es gibt kein unverkäufliches Auto, aber unter bestimmten Umständen gelingt es nicht, dafür einen angemessenen Preis zu erzielen. Die Modelle »Adam« und der »Mokka«, beides neue Modelle, laufen zur Zeit fantastisch bei Opel, aber wir haben Lieferzeiten von mehreren Monaten, das bringt uns also heute keinen Gewinn. Der Marktanteil von Opel pendelt sich zur Zeit bei sieben oder acht Prozent ein. Er lag aber mal bei 20! Wir selber haben das Glück, dass wir erfahrene Händler sind und diese Marke bis hoch ins Sauerland verkaufen. Trotzdem bleibt die Preisfrage: Wenn man die Fahrzeuge billiger anbietet, muss man mehr davon verkaufen, sonst kann man seine Kosten nicht decken.

Unsere Konten fließen alle in einer Buchführung zusammen, weil alle Marken-Häuser die gleichen Besitzverhältnisse haben, das ist eine

Besonderheit und Sicherheit bei Gebrüder Nolte. Wenn es aber um den Autokauf geht, muss man achtsam sein: Wollen wir noch kaufen? Wie sind die Preise? Wie hoch ist das Risiko? Das sind nach wie vor Entscheidungen von großer Tragweite. Obgleich Petra nun schon 20 Jahre lang im Betrieb ist, sucht sie gern eine zweite oder dritte fundierte Meinung und trifft dann ihre Entscheidung.

Im letzten Lebensabschnitt

Auf meinem letzten Lebensabschnitt als Witwe begleitet mich mein Mann weiterhin täglich. In der mir bekannten Literatur wird empfohlen, nicht plötzlich alles zu verändern, wenn man allein ist. Das habe ich mir zu Herzen genommen: Mein Tagesrhythmus ist der gleiche wie mit Peter, die Seelenverbindung spüre ich, seine körperliche Nähe fehlt mir. Die habe ich anfangs noch sehr vermisst.

Vom ersten Tag unserer Ehe an haben wir immer gemeinsam die Morgenandacht im Radio gehört, auch wenn wir in Grömitz in den Ferien waren. Den Sender, WDR 2, hat Peter auf allen unseren Radios eingestellt. Ich brauche nur den Anschaltknopf zu drücken. Weil ich meines schlechten Blutdrucks wegen immer schon früh eine Tasse Kaffee brauchte, stand ich stets als Erste allein auf. Einmal sagte Peter, es dufte so schön nach Kaffee, da brachte ich ihm eine Tasse ans Bett; und fortan hielten wir es immer so: Ich kochte Kaffee, trank meine Tasse für besseren Blutdruck, duschte und zog mich an und setzte mich anschließend zu ihm ans Bett, damit er seinen Kaffee trinken und wir zusammen die Morgenandacht um 5.55 Uhr hören konnten. Das wurde unser Ritual.

Nach der Andacht beteten wir gemeinsam, sprachen uns den Segen zu und hörten die Sechsuhrnachrichten, bevor es fröhlich in den Tag ging. Am Tyrol hatte ich sogar eine Zeitschaltuhr so programmiert, dass der Kaffee durchgelaufen war, wenn ich frisch geduscht durch das kalte Treppenhaus nach unten in die Küche kam. Später ließ ich oben bei uns eine kleine Kaffeeküche einbauen, um mir den Gang – oft noch im Bademantel – durch den kalten Flur zu ersparen.

Ich machte mich immer sehr früh fertig, auch als unsere Töchter noch klein waren. Ich wollte nie in Zeitdruck geraten. Die Kinder mussten oft schon um sieben Uhr in die Schule. Zur gleichen Zeit fuhr auch Peter in die Firma. Ich machte erst noch unsere Betten und wartete auf die Kinderfrau Hilda, bevor ich losfuhr und ihr den Rest der Hausarbeit überließ. Die gemeinsame Zeit am Morgen haben wir allesamt immer genossen.

Nachdem mein Mann am 26. Februar 2010 um kurz vor 5 Uhr am Morgen heimgegangen ist, werde ich immer um diese Zeit wach. Ich glaube, auf diese Zeit bin ich jetzt eingestellt. Dann mache ich mir in der Küche meinen Kaffee fertig, inzwischen ohne Zeitschaltuhr, ziehe mich an und stelle mir vor, mein Mann liege noch im Bett. Ich lege mich gern selbst noch einmal hin, um Andacht und Nachrichten zu hören, im Herzen ganz mit meinem geliebten Mann verbunden.

Die einzige Veränderung, die ich bisher im Haus vorgenommen habe: Der bequeme Ledersessel meines Mannes steht jetzt im Schlafzimmer und hilft mir, mich abzustützen, wenn ich aufstehen will. Mit seiner Hilfe komme ich sehr viel besser hoch. Das entlastet meinen angegriffenen Rücken wunderbar. Alles andere ist wie immer. Der Vormittag gehört ganz unserem Unternehmen. Ich arbeite in unserem Iserlohner Stammhaus an der Isenburg und unterstütze unsere Tochter Petra, wo ich nur kann. Am Nachmittag besuche ich mit Petra gern ab und zu unsere Autohäuser und Kfz-Betriebe in Iserlohner Heide, Hemer, Westhofen, Schwerte, Hagen, Lüdenscheid und neuerdings auch Gevelsberg oder entspanne mich bei der Pflege unseres Hausgartens in Schwerte-Villigst.

Auto fahre ich möglichst nicht mehr. In den Betrieb nimmt mich jetzt manchmal meine Tochter mit, deren Familienheim mit weitem Blick in die Ruhraue nur wenige Hundert Meter von meinem Wohnsitz entfernt liegt. Dabei denke ich manchmal: »Du brauchst das doch eigentlich gar nicht. Du könntest heute auch mal zu Hause bleiben.« Aber was soll ich dort? Der Betrieb ist doch mein Leben! Ich weiß: Es ist nicht gut für mich, aus meinem gewohnten Rhythmus zu geraten.

Noch habe ich den schönen Wagen meines Mannes in der Garage

stehen und für die Einfahrt viel Platz, der mir das Einparken erleichtert. Mein Rücken ist aber inzwischen steif, sodass ich Schwierigkeiten habe zurückzuschauen. Als mein geliebter Corsa seine Fahrbereitschaft in Frage stellte, haben unsere Mitarbeiter alles versucht, um mir einen neuen Wagen zu empfehlen. Alle Marken haben um mich geworben und mich sogar schriftlich zum Kaffeetrinken und Probefahren eingeladen, aber ich wollte kein neues Auto mehr. Was hätte dann mit dem Wagen meines Mannes geschehen sollen? Der ist ja noch topfit und schaut mich stets so vertraut an, als wolle er mich fragen, ob ich nicht auch wie er an meinen Peter dächte?

Solange der 17. Juni Feiertag war, habe ich meinen Geburtstag immer groß gefeiert, denn die Bekannten hatten alle Zeit und wussten, dass ich an diesem Tag zu Hause war. Den Geburtstag meines Mannes 14 Tage später haben wir dann nicht gefeiert.

Seit meinem 60. Geburtstag aber war der 17. Juni kein Feiertag mehr. Einige Jahre später, 1997, ging ich an dem Tag zu Fuß in die Firma und sang fröhlich vor mich hin: »Mit 66 Jahren, da fängt das Leben an …« So versuchte ich mich damit zu arrangieren, dass mein Geburtstag ein Arbeitstag geworden war. Aber als ich in der Firma zur angesetzten Besprechung kam, lag eine weiße Decke auf dem Tisch und Gläser standen bereit. »Heute wird Geburtstag gefeiert!«, sagten die Mitarbeiter, und so kam ich doch noch zu meinem Fest.

Aber fortan haben wir immer am 1. Juli, dem Geburtstag meines Mannes, gefeiert. Und nach seinem Tod habe ich am 1. Juli seine alten Freunde zu mir eingeladen. Seinen Todestag und seinen Geburtstag begehe ich seither mit Freunden und der engsten Familie. Das tut mir gut und sie kommen alle gerne. Und was mir jetzt immer noch positiv auffällt: Mein Mann war stets korrekt gekleidet, immer mit Schlips und Kragen; nur ganz selten, im Urlaub oder bei der Gartenarbeit, nicht. Dann trug er aber wenigstens ein Einstecktuch. Wenn heute seine Freunde zu mir kommen, sind auch sie immer tipptopp angezogen. Im Sommer, wenn es heiß ist, fordere ich sie manchmal auf, es sich doch bequemer zu machen. Das aber lehnen sie zumeist kategorisch ab: »Das hätten wir bei Peter auch nicht gedurft.« So strahlt er weiter in unser Leben hinein.

Das Letzte geben für den Betrieb

Eine Freundin warf mir einmal vor: »Du kannst ja nicht genug kriegen. Warum würdest du sonst immer noch arbeiten?« Dieser Vorwurf kränkte mich schwer, denn damals – es war im Jahre 2004 – war unsere Tochter schwer krank und ich durfte unseren Betrieb nicht ohne zuverlässigen Steuermann lassen. Das wollte ich unserer Mitarbeiterschaft nicht antun. »Es gibt doch Geschäftsführer!«, erwiderte diese Freundin. Ja, die hätte es schon gegeben, man hätte sie aber zuerst »ein-nolten« müssen – wie wir zu sagen pflegen –, sodass sie den Geist der Firma verinnerlichten. »Ich bin doch meinen Mitarbeitern und Kunden gegenüber verantwortlich! Ich darf doch ein solches Unternehmen nicht sich selbst überlassen wie ein ausgesetztes Kind!«, wehrte ich mich.

Gebrüder Nolte ist für mich tatsächlich einem eigenen Kind gleich! Ich würde das Letzte hergeben für den Betrieb. Bis 1992 haben wir unser Unternehmen noch als OHG geführt: Wenn etwas schiefgegangen wäre, hätten wir mit unserem gesamten persönlichen Besitz haften müssen! Es ist eine Rechtsform, die heute keiner mehr wählen würde. Ich trauere dieser Firmenform allerdings immer noch nach, weil mir die Verantwortung wichtig ist. Heute führen wir eine ganze Firmengruppe. Deren Verwaltung wäre einfacher, wenn wir eine Holding gründeten, aber dagegen sträuben wir uns bisher. Eine zusätzliche Führungsinstanz würde zusätzliches Geld verschlingen! Dieses Geld steht unserer Auffassung nach jedoch den Angestellten zu, die vorbildlich ihre Arbeit tun. Wir wollen mit den Gewinnen keine Geschäftsführer und Aufsichtsräte bezahlen, die wir bisher nie nötig gehabt haben.

Zu jedem Auto gehört ein verantwortungsvoller Fahrer

Ein paar letzte Worte möchte ich noch zum Auto sagen: Ohne ein von Menschen gesteuertes Radfahrzeug ist das Leben heute nicht mehr denkbar. Wir verfügen nicht mehr über Zeit und Mittel, wie Goethe sie einst für seine Italienreise hatte, die zwei Jahre dauerte. Wie viele Wochen war er mit der Kutsche wohl unterwegs bis dahin? Länger, als heute ein üblicher Jahresurlaub dauert. Deswegen gehört das Auto heute zu uns, denn es führt auch uns Menschen zusammen. In unserem Sauerland kann man ohne ein eigenes Auto kaum noch auskommen. Aus entlegenen Orten, die von Bussen und Bahnen nicht angefahren werden, könnten Kinder sonst nicht zur Schule kommen und Eltern nicht zur Arbeit gelangen.

Eine mögliche Weiterentwicklung betrachte ich jedoch mit Sorge: das fahrerlose Automobil, das man bereits im Straßenverkehr testet. Der Mensch setzt sich nur noch als Nutzer hinein, denn das Auto steuert sich von allein. Damit vertraue ich der Technik Leib und Leben an, auch das Leben anderer Verkehrsteilnehmer. Wenn es sich um Elektroautos handelt, kann man sie nicht einmal mehr hören. Sie brausen einfach über die Straßen, weil irgendein Satellit entscheidet, ob es nach rechts oder nach links gehen soll. Was mag denn das für ein Chaos werden, wenn der Mensch alle Verantwortung aus der Hand gibt? Ein solches Fahrzeug werde ich gewiss nicht benutzen.

Neulich wurde ich in einem Mercedes mitgenommen. Ich fragte den Fahrer, warum er denn so langsam fahre. »Hier gilt 30 km/h als Höchstgeschwindigkeit«, antwortete er mir. »Wo steht das?«, fragte ich zurück, denn ich kannte die Strecke gut. »Ich habe kein Schild gesehen!« Der Fahrer hatte ein solches Schild auch nicht gesehen, aber sein Mercedes war der Meinung, dass diese Höchstgeschwindigkeit gelte, und fuhr deswegen so langsam. Der Fahrer hatte das einfach nur hinzunehmen. Ist das eine gute Weiterentwicklung der Technik? Ich sehe das nicht so. Man gibt Verantwortung ab, statt sie selbst zu tragen, und verlässt sich zu sehr auf die Technik.

Als junge Mutter, die auch im Betrieb sehr gefordert war, hatte ich zu Hause einen Herd mit Zeitschaltuhr. Ich habe diese Funktion allerdings nie benutzt. Sie war mir zu unsicher. Wenn da mal die Technik versagt hätte, wenn es vielleicht zu einem Hausbrand gekommen wäre und kein Mensch in der Nähe – was dann? Wir sollten auch in Zukunft bereit sein, unseren Teil der Verantwortung stets gewissenhaft zu tragen.

RÜCKBLICK UND AUSBLICK IN DANKBARKEIT

Ich möchte Danke sagen!

Manchmal werde ich gefragt, was ich anders gemacht hätte, wenn ich auf mein Leben zurückblicke, und welche Entscheidung ich vielleicht im Nachhinein bereue. Dann sage ich: »Im Nachhinein hat sich alles als richtig herausgestellt.« Auch wenn andere Gutes und Schlechtes darin finden würden, kann ich ein deutliches »Danke!« aussprechen: Ich habe trotz allem Leid ein wundervolles Leben gehabt. Hätte ich keine Familie gegründet, wäre ich wahrscheinlich Diakonisse geworden und hätte mir dort mein Zuhause gesucht, wo ich gebraucht worden wäre! Jetzt habe ich meine Kinder, nette Enkelkinder und eine riesengroße Familie – die Firma Gebrüder Nolte. Ich sehe das Leben in all unseren Gebäuden, die Vertrauen und Wohlbefinden ausstrahlen, und fühle mich jedem Mitarbeiter in Verantwortung verbunden. Auch ehemalige Mitarbeiter und Rentner zähle ich zur Jubiläumsfamilie Nolte. Der Mensch ist das Wichtigste. Mit Menschen kann man arbeiten. Wir sind dazu da, Gottes schöne Welt zu erhalten und mit den wachsenden Herausforderungen fertigzuwerden.

Ich möchte so lange arbeiten, wie es nur geht. Warum Menschen nach dem Ruhestand streben, sobald das Haus abbezahlt ist, kann ich nicht nachvollziehen: Arbeiten heißt, sich zu bewegen und beweglich zu bleiben, solange Gott es zulässt. Wenn ich mich nur noch hinsetzen, mich bedienen lassen und auf das Ende warten würde, müsste ich bald trübsinnig werden! Die alte Bethel-Schwester Edith, von der ich erzählte, sagte mir einmal, ihr werde es sicher nicht passieren, dass sie einsam würde. Das konnte ich mir auch nicht vorstellen. »Aber dafür muss man auch etwas tun«, erklärte sie. »Dafür muss man sich selbst bewegen!« Andere alte Leute beneideten sie um ihre vielen Kontakte.

»Dafür tue ich auch was«, gab sie dann selbstbewusst zurück. »Ich schreibe, ich telefoniere, ich kümmere mich und bin täglich im Einsatz. Ich mache das gerne. Ich brauche doch die Menschen, und sie brauchen mich!« So ähnlich sehe ich das auch.

Manchmal sieht man im Altersheim jemand neidvoll zur Seite schielen, weil andere schon wieder Besuch bekommen. »Warum kriegen Sie denn keinen Besuch?«, frage ich dann. »Sie können auch mal etwas unternehmen, mal jemanden einladen zum Kaffee!« Ich kannte eine andere alte Dame, die körperlich nicht mehr viel vermochte, aber sie betete jeden Tag für eine Anzahl von Leuten – sie tat etwas! Nur zu jammern, weil andere sich nicht um einen kümmern, ist zu wenig.

Beziehungen muss man pflegen, wenn man jung ist; da wird der Grundstein für die Freundschaften gelegt, die einen durch das ganze Leben tragen. Für Freunde haben mein Mann und ich uns immer Zeit genommen, wir hatten einen großen Freundes- und Bekanntenkreis. Wenn ich mir auch sonst wenig Zeit gegönnt habe: Mit Menschen zusammen zu sein, mal ein schönes Glas Wein zusammen zu trinken, ein schönes Essen zu machen, das war uns wichtig und daran hatten wir Spaß. Freuden und Freunde gehören zum Leben wie die Wellen zum Meer.

Noch heute sprechen viele Bekannte von unseren Weihnachtskonzerten. Stets wenige Tage vor Heiligabend machten wir traditionell Hausmusik; unser Steinway-Flügel stand im Wohnzimmer, unsere Töchter und Freunde musizierten und wir luden rund 50 Personen dazu ein. Mit unserer Musik dankten wir Gott für ein gutes Jahr und zugleich wollten wir etwas von unserer Freude an die Freunde weitergeben. Also stellte ich mich vorher für ein paar Stunden in die Küche, manchmal bis tief in die Nacht hinein, um etwas Besonderes zum Essen vorzubereiten. »Das kannst du dir doch auch bestellen!«, riet dann meine Mutter, die sich Sorgen machte, dass ich mich übernehmen würde. Doch ich bestand darauf: »Nein, diese Gänsebrüste backe ich selbst!« Ich schnitt sie kalt auf und bot sie mit verschiedenen Soßen und Salaten meinen Gästen an. Auf Petras Anregung (meist bereitete sie es selbst zu) gab es dann echten englischen Trifle – eine spezielle Süßspeise – als Nachtisch. Wenn es kalt war, machten wir auch eine Feuerzangenbowle, die man heute kaum noch kennt. Das hat mir immer Spaß gemacht! Es störte mich auch nicht, wenn ich danach spätnachts noch zu putzen hatte, damit das Haus zum familiären Weihnachtsfest wenige Tage darauf wieder geordnet war. Wenn ich zurückdenke, ist jeder Weg mit Menschen eine Geschichte des Segens. Glücklich sind nicht die, die am meisten haben, sondern die, die am meisten danken.

Peter hielt im Rahmen dieser Weihnachtskonzerte meistens eine Ansprache, in der er kurz auf das vergangene Jahr zurückblickte. Die von 2005 gebe ich hier exemplarisch wieder:

Liebe Freunde!
»Freunde sind wie Gärten, in denen man sich ausruhen kann« (Antoine de Saint-Exupéry). Dazu gehört, dass man sich auf seine Freunde freut und etwas einbringt in die Beziehung. Ein paar Schritte auf den anderen zugehen, ein bisschen Mut, sich dem anderen anzuvertrauen: Man hat Zeit. Freundschaften und Nachbarschaft sind wie Gärten: Sie wollen gepflegt sein. Wie viel Glück liegt darin, wenn man sich gegenseitig etwas zu erzählen hat, statt zu verstummen? Es gibt doch immer wieder Gespräche, bei denen der Stoff nie ausgeht. Dankbarkeit ist das Schlüsselwort für morgen, für die Zukunft, wie viel oder wie wenig wir auch davon noch haben mögen. Dankbarkeit hat ihren Grund in der Gewissheit, in guten Händen zu sein und zu bleiben. Das meiste im Leben ist ein Geschenk. Menschen, die es gut mit uns meinen, sind ein Geschenk. Angenehme Erfahrungen sind Geschenke. Erfolg zu haben ist ein Geschenk. Für jemanden wichtig zu sein ist ein Geschenk, von jemandem gebraucht zu werden ist ein Geschenk. Etwas annehmen, was nicht mehr so gut funktioniert, ist ein Geschenk. Dankbarkeit ist unsere Antwort darauf. Unfassbar ist, was das Leben uns auferlegt, unfassbar auch, was das Leben uns schenkt. Im Hinblick auf Weihnachten möchten wir euch heute nun von uns berichten:
Das Jahr 2005 ist für uns noch nicht zu Ende. Welche Erinnerungen

haben wir heute nun noch an dieses Jahr? Überlagert waren unsere Ge-
danken natürlich immer wieder von Fritzis und Petras Gesundheit. Gott
sei Dank waren alle Nachuntersuchungen bei Fritzi in Ordnung, wenn
sie auch noch Schmerzen hat in den Armen, an den Füßen und am Knie,
die sie, ohne zu klagen, aushält. Petra bekam gleich zu Anfang des Jahres
Bestrahlungen, nachdem sie ihre Chemo Ende 2004 tapfer überstanden
hatte. Bestärkt durch eine Reha-Zeit in Wyk auf Föhr, konnte sie im Som-
mer bereits ihre Arbeit in ihrer Firma wieder aufnehmen. Auch die erste
onkologische Untersuchung brachte ein gutes Ergebnis, Gott sei Dank! Wir
hoffen, dass die Operationen früh genug geschehen sind.

Noch zu meinem 80. Geburtstag schwärmte ein guter Freund meines
Mannes von diesen Abenden bei uns am Tyrol, von der Gastfreund-
schaft und dem Erlebnis, dass Hausmusik wie selbstverständlich zu
unserem innigen Familienleben gehörte. Ich freue mich darüber, wenn
es auch bei den Freunden so angekommen ist. Zum Dank nach oben
gehört auch der Dank zur Seite, nämlich zu den Menschen. Immer
habe ich gern gearbeitet, stets meine volle Energie und Leidenschaft
dabei eingesetzt. Jetzt im Alter spüre ich die nachlassende Kraft, doch
ich habe gelernt, meinen Stolz zurückzusetzen und um Hilfe zu bitten,
wenn ich sie benötige. Dann bitte ich auch mal einen jungen Mann,
mir im Betrieb die Treppe hinunterzuhelfen, und sage mir dabei: »Es
ist wichtig, dich zu erhalten! Du machst andere Leute traurig, wenn
du jetzt hinfallen solltest.«

Es tut mir natürlich leid, vieles nicht mehr so gut zu können, wie
ich es gerne möchte. Häufig muss ich mich bremsen, um nicht doch
in meinem Haus zu putzen und mit Schrubben zu beginnen. Aber da
ich weiß, dass ich dann gesundheitlich zurückfalle, habe ich das lang-
samere Tempo und die geringer werdende eigene Kraft zu akzeptieren.
Beweglich möchte ich trotzdem bleiben! Das Rad muss rollen, auch
wenn ich kein flotter Sportwagen mehr bin.

Hundert Jahre Gebrüder Nolte

2014 haben wir unser großes Jubiläum gefeiert – hundert Jahre Gebrüder Nolte! Im Automobilhandel ist das eine erstaunliche Geschäftsgeschichte. Mich bewegten dabei die unterschiedlichsten Gefühle: Respektvoll stehe ich vor der Pionierleistung meines Vaters, der die Firma gründete, als noch kaum jemand in Autos steigen wollte. Er hat es mit ihnen durch zwei Weltkriege geschafft, lange treu begleitet von meiner Mutter. Innig verbunden fühle ich mich meinem geliebten Mann Peter und meiner Schwester Martha, die mit mir zusammen die Geschicke der Firma viele Jahrzehnte gemeinsam gelenkt haben. Herzliche Dankbarkeit erfüllt mich gegenüber allen Mitarbeiterinnen und Mitarbeitern und unseren Kindern – die oft auf ihre Eltern verzichten mussten –, die die Firmenfamilie mit ihrer Arbeit und ihrem Einsatz bereichert und den Erfolg unseres Unternehmens ermöglicht haben. Liebevoll und staunend sehe ich nun auf meine Tochter Petra, die an der Firmenspitze allein zurechtkommen muss, zwar mit meiner Unterstützung, aber doch in voller eigener Verantwortung: Sie erfüllt ihre Aufgabe hervorragend.

Demütig erkenne ich den Segen Gottes, der uns immer begleitet hat, durch alle Schwierigkeiten hindurch. Wie können wir alle miteinander glücklich sein, dass Gebrüder Nolte uns so lange beschäftigt und ernährt hat! Möge die Firma weiter sicher durch das oft wechselvolle Fahrwasser der Wirtschaftsströmungen steuern! Habe ich genug gedankt? Habe ich deutlich genug ausgedrückt, wie wichtig für uns Unermüdlichkeit und Treue unserer Mitarbeiter durch all die Jahrzehnte gewesen sind? Ich will es hier und immer wieder betonen.

Die Eröffnung unseres Opel-Autohauses in Gevelsberg

Die Eröffnung unseres neunten Betriebes, des neuen Opel-Autohauses der Gebrüder Nolte in Gevelsberg, am 11. November 2015 markiert eine weitere Station unseres Weges als Unternehmen in der Region. Möge Gottes Segen uns auch an diesem Standort begleiten.

Bereits die Vertragsunterzeichnung ein Jahr zuvor war mir sehr zu Herzen gegangen: Gevelsbergs Bürgermeister Claus Jacobi hatte damals besondere Pralinen anfertigen lassen, die das Bild meines Vaters Fritz mit seinem ersten Automobil vor hundert Jahren zierte – eine Kostbarkeit, in die niemand hineinzubeißen sich traute. Als ich sie vor mir liegen sah, war es mir, als sei mein Vater, Petras Großvater, mitten unter uns. Und wieder ist mir die Bedeutung von Geschichte und Tradition deutlich geworden! Wie wichtig sind doch alte Bilder, wie wichtig Texte, die aus alten Zeiten berichten. Sie verbinden uns mit unseren Wurzeln und halten sie in der Gegenwart lebendig. Das bewegte mich bei der Betrachtung dieses Kleinods aus der Konditorenkunst. Es beflügelte mich, auch diese ganz persönlichen Erinnerungen zu Papier zu bringen.

In Gevelsberg eröffneten wir einen der größten Betriebe der Gebrüder Nolte auf mehr als 10.000 qm Grundstücksfläche. Von Anfang an haben wir uns hier willkommen gefühlt. Die Lage an der Rosendahler Straße im Gewerbegebiet »Im Winkel« lässt sich gut bildhaft deuten. Ich denke zunächst an die Zeile »mit Rosen bedacht« aus dem Lied »Guten Abend, gut' Nacht«: Es gibt »keine Rose ohne Dornen«, wie es zu Recht im Sprichwort heißt. (Biologen sehen das zwar anders, weil Rosen streng genommen keine Dornen, sondern Stacheln besitzen, dennoch bleibe ich bei der überlieferten Bezeichnung.) Es ist zweifellos gut, darauf eingestellt zu sein – auch im Geschäft, in dem wir nicht nur die kostbaren und duftenden Rosenblätter zu spüren bekommen werden, sondern auch die Dornen, wie es eben im Leben ist. Der Winkel dagegen erinnert mich an den Eckstein, von dem es im Brief des Apostels Paulus an die Gemeinde in Ephesus heißt: »Denn ihr seid ja in den Bau eingefügt, dessen Fundament die Apostel und Propheten bilden, und der Eckstein im Fundament ist Jesus Christus« (Epheser 2,20). Auch dieses neue Grundstück stellt uns also vor die Verpflichtung, die Liebe Gottes an die Menschen weiterzugeben. Das wollen wir mit Freuden tun.

Mein 85. Geburtstag 2016

»Ja, ich werde 85! Grund, Danke zu sagen!« So hatte ich die Einladung zu einem Dank- und Festgottesdienst überschrieben, der anlässlich meines 85. Geburtstags in der Obersten Stadtkirche in Iserlohn am 18. Juni 2016 gefeiert wurde. Zahlreiche Menschen, mit denen ich mich verbunden fühle, lauschten der Predigt von Pfarrerin Bärbel Wilde, die uns den »Vier-Punkte-Blick« aus Psalm 103,1–2, nahebrachte: verbotener Rückblick auf Schlechtes, gebotener Rückblick auf Gutes, dankbarer Aufblick zu Gott und hoffnungsvoller Ausblick in die Zukunft. Das gesungene Gotteslob und einige musikalische Darbietungen, u. a. von meinen beiden Enkeltöchtern, erfreuten Herz und Ohr. Beim anschließenden Empfang gab es ausgiebig Gelegenheit zum Gespräch; und wer am Ende hungrig nach Hause ging, war selber schuld … Eine besondere Freude war mir die praktizierte Dankbarkeit der Gäste, die in der Kollekte eine großzügige Summe für die kirchenmusikalische Arbeit der evangelischen Versöhnungs-Kirchengemeinde zusammenlegten und anstelle von Geschenken reichlich für ein Bildungsprojekt für Kinder in Bangladesch spendeten, das von World Vision Deutschland verantwortet wird. Ja, so soll es sein: Wir sind von Gott beschenkt und geben weiter an andere!

Wir haben hier keine bleibende Stadt

»Denn wir haben hier keine bleibende Stadt, sondern die zukünftige suchen wir«, heißt es im Neuen Testament (Hebräer 13,14). Diese biblische Aussage hat unsere Tochter Petra zu einem Bild inspiriert, das sie für meine Freundin Dita Elten kurz vor deren Tod gemalt hat und das im Bildteil dieses Buches enthalten ist. Es steht für mich als Zusammenfassung des ganzen geheimnisvollen Lebens. Es schlägt einen Bogen zu unserer Firmenchronik »Da hinten wird es schon wieder hell …«: Wir richten den offenen Blick gen Himmel, wo die Augen Gottes bereits auf uns warten. Außerdem sind die drei Farben der von uns derzeit vertretenen Automarken darin enthalten: das Gelb für Opel, das Blau für Volkswagen und das Rot für Honda. Diese drei zusammen stellen für uns eine Einheit dar.

Allen Leserinnen und Lesern wünsche ich weiterhin eine gute Fahrt und dann, so Gott will, hinein in die schönste Zeit ihres Lebens!